CEDU 쎄듀는 A **C**omprehensive **E**nglish e**DU**cation(종합적 영어교육)의 약자입니다.

Mobile & PC 동시 학습이 가능한

쎄듀런 단어 암기 서비스

문제 유형	유료 서비스		무료 서비스
	영단어 카드학습	예문 빈칸 쓰기	영단어 카드학습
	영단어 고르기	영단어 쓰기	단어 매칭 게임
	뜻고르기	단어 매칭 게임	
	예문 빈칸 고르기		

천일문 VOCA 온라인 유료 학습 50% 할인 쿠폰 (모든 유형)

할인 쿠폰 번호 **LFJRXL3CXWQA**
쿠폰 사용기간 **쿠폰 등록일로부터 90일**

PC 쿠폰 사용 방법

1 쎄듀런에 학생 아이디로 회원가입 후 로그인해 주세요.
2 [결제내역→쿠폰내역]에서 쿠폰 번호를 등록하여 주세요.
3 쿠폰 등록 후 홈페이지 최상단의 [상품소개→(학생전용) 쎄듀캠퍼스]에서 할인 쿠폰을 적용하여 상품을 결제해주세요.
4 [마이캠퍼스→쎄듀캠퍼스→천일문 VOCA 중등 필수 클래스]에서 학습을 시작해주세요.

유의사항

- 학습 이용 기간은 결제 후 1년입니다.
- 본 할인 쿠폰과 이용권은 학생 아이디로만 사용 가능합니다.
- 쎄듀캠퍼스 상품은 PC에서만 결제할 수 있습니다.
- 해당 서비스는 내부 사정으로 인해 조기 종료되거나 정가 등이 변경될 수 있습니다.

천일문 VOCA 온라인 무료 학습 이용권 (일부 유형)

무료 체험권 번호 **TGTNYCZ78ECN**
클래스 이용기간 **이용권 등록일로부터 90일**

Mobile 쿠폰 등록 방법

1 쎄듀런 앱을 다운로드해 주세요.
2 쎄듀런에 학생 아이디로 회원가입 후 로그인해 주세요.
3 마이캠퍼스에서 [쿠폰등록]을 클릭하여 번호를 입력해주세요.
4 쿠폰 등록 후 [마이캠퍼스→쎄듀캠퍼스→천일문 VOCA 중등 필수 무료 클래스]에서 학습을 바로 시작해주세요.

쎄듀런 모바일앱 설치

PC 쿠폰 등록 방법

1 쎄듀런에 학생 아이디로 회원가입 후 로그인해 주세요
2 [결제내역→쿠폰내역]에서 쿠폰 번호를 등록하여 주세요.
3 쿠폰 등록 후 [마이캠퍼스→쎄듀캠퍼스→천일문 VOCA 중등 필수 무료 클래스]에서 학습을 바로 시작해주세요.

쎄듀런 홈페이지
www.cedulearn.com

쎄듀런 카페
cafe.naver.com/cedulearnteacher

1001개 문장으로 완성하는 중등 필수 영단어

천일문 VOCA

이 책을 만든 사람들

김기훈 現 ㈜ 쎄듀 대표이사
現 메가스터디 영어영역 대표강사
前 서울특별시 교육청 외국어 교육정책자문위원회 위원
저서 천일문 <Starter·입문편·기본편·핵심편·완성편> / 천일문 GRAMMAR
어법끝 / 쎄듀 본영어 / 어휘끝 / 빈칸백서 / 오답백서
첫단추 / 파워업 / ALL씀 서술형 / 수능실감
Grammar Q / Reading Q / Listening Q
잘 풀리는 영문법 / 거침없이 Writing / 쓰작 / 리딩 릴레이 등

쎄듀 영어교육연구센터
쎄듀 영어교육센터는 영어 콘텐츠에 대한 전문지식과 경험을 바탕으로
최고의 교육 콘텐츠를 만들고자 최선의 노력을 다하는 전문가 집단입니다.

장혜승 선임연구원 · **홍세라** 연구원

마케팅	콘텐츠 마케팅 사업본부
영업	문병구
제작	정승호
인디자인 편집	올댓에디팅
표지 디자인	유은아
내지 디자인	윤혜영
일러스트	최유진
영문교열	James Clayton Sharp

펴낸이	김기훈·김진희
펴낸곳	(주)쎄듀 / 서울시 강남구 논현로 305 (역삼동)
발행일	2024년 1월 2일 초판 1쇄
내용문의	www.cedubook.com
구입문의	콘텐츠 마케팅 사업본부 Tel. 02-6241-2007 Fax. 02-2058-0209
등록번호	제22-2472호
ISBN	978-89-6806-287-2 978-89-6806-285-8(세트)

Foreword

<천일문 VOCA> 시리즈를 펴내며

처음 발간된 이래 지금까지 누적 판매 수가 500만 부를 훌쩍 넘어선 천일문 시리즈를 통해 "문장 중심의 영어 효과"는 이미 검증되었습니다. <천일문 VOCA>에서도 문장 중심의 체계적인 어휘 학습이 가능하며, 학습 효과를 극대화하기 위해 다음과 같이 크게 두 가지 도구를 마련하였습니다.

❶ 1,001개 예문을 통한 자동 복습 시스템

어휘 학습에서 가장 중요한 것은 단연코 '반복'입니다. 뇌 과학적으로 우리는 하루 이내에 모든 새로운 정보의 50%를 잊어버리고, 일주일 이내에 90%를 잊어버리기 때문입니다. 결국 반복을 여러 번 할수록 장기 기억의 가능성이 커지는데, '단어-뜻'만 기계적으로 반복하는 것은 시간 대비 효율이 낮고, 낯선 문맥에서 맞닥뜨렸을 때 저장된 기억에서 불러오는 것이 쉽지 않습니다. 반면, **배운 단어를 문장으로 반복**하면, 그 단어의 뜻과 사용법이 우리의 뇌에 자동으로 기억됩니다.

<천일문 VOCA>에서는 1,001개 예문을 다음과 같이 A, B, C 세 단계로 나누어 문장에 적용하는 훈련을 합니다. 2~3개 DAY 씩 묶어 누적 학습함으로써 자동 복습이 가능합니다. (40~60개 표제어)

각 단어에 제공된 예문 외에 새로운 문맥에서 적용하는 훈련을 반복해야 독해 지문에서 맞닥뜨렸을 때도 자연스럽게 뜻을 떠올릴 수 있습니다.

A 주어진 단어를 각각 빈칸에 채워 문장을 완성하세요.

315 She is in ____________ ____________ now. (condition, serious)

단어의 각 품사와 의미를 파악해서 적용하기

B <보기>에서 알맞은 단어를 골라 문장을 완성하세요.

<보기> terrible / anxious / cure / touching / fear / disease / screamed / suffered / breath / tears

320 The scientist found a ____________ for the ____________.

<보기> 단어들의 의미를 모두 떠올려 보고 문맥에 조합해 보며 적용하기

C 주어진 우리말에 맞게 다음 빈칸에 알맞은 단어를 쓰세요. (필요시 형태 바꿀 것)

325 This ____________ can help your ____________ throat.

이 알약은 인후염에 도움이 될 수 있다.

우리말에 알맞은 단어 떠올리기
→ 영어 어순에 맞게 알맞은 빈칸에 넣기
→ 어법에 맞게 단어 변형하여 문장 완성하기

❷ 쉬운 우리말 뜻풀이

문해력(글을 읽고 이해하는 능력) 부족 문제는 국어뿐만 아니라 영어에서도 걸림돌이 됩니다. 영어단어의 우리말 뜻을 제대로 이해하지 못한 채 달달 외우기만 하면 결국 영어 지문을 독해할 때도 어떤 의미인지 완전하게 이해하기 어렵습니다. <천일문 VOCA>에는 어려운 우리말 뜻마다 쉬운 뜻풀이를 함께 제공하여, 이해 없는 기계적인 암기를 지양하도록 했습니다.

명 경이*, 놀라움 쉬운뜻 *놀랍고 신기한 일 | 전 1. 도처에* 2. ~동안, 내내 쉬운뜻 *여러 곳에

구성과 특징

Preview Check

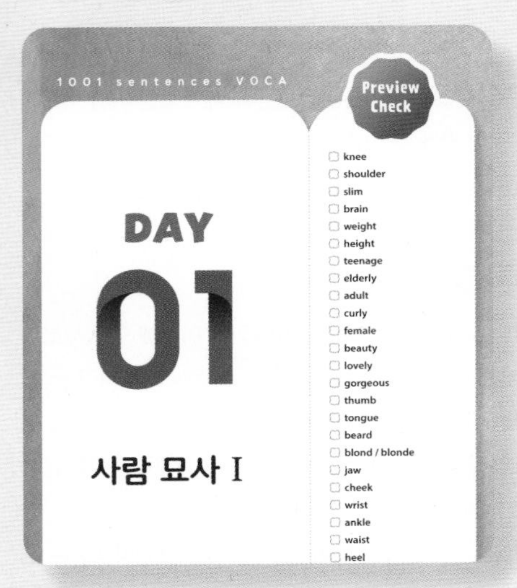

DAY마다 공부할 단어를 미리 ☑ 체크해 보세요. 학습을 마친 후에는 복습용으로도 활용할 수 있어요.

연상 학습 효과를 Up시키는 주제별 분류

각 주제는 최신 교육과정 및 중등 교과서 수록 단어와 표현들을 완벽 분석하여 엄선했어요.

Voca Exercise

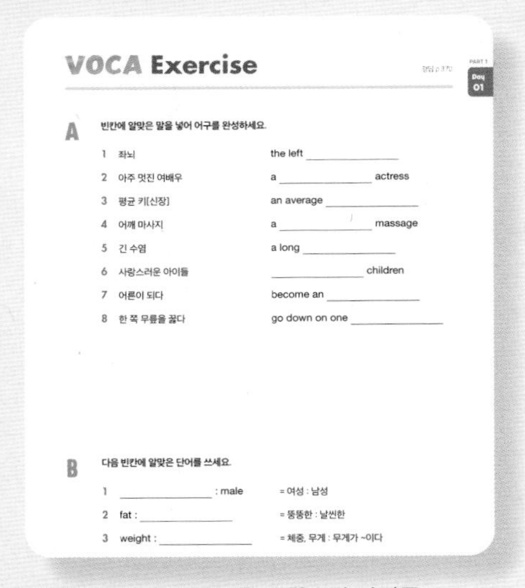

다양한 유형의 문제를 통해 학습한 단어를 점검해요.

1001 Sentences Review

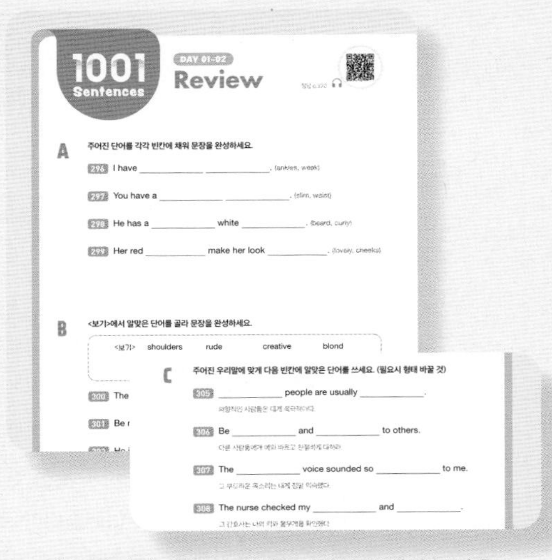

2~3개 DAY마다 배운 단어들을 다양한 문맥의 문장을 통해 복습해요. 여러 문제들을 풀다 보면 자연스럽게 반복 & 누적 학습이 가능해요.

온라인/오프라인 반복 학습 방법

1 휴대용 단어 암기장

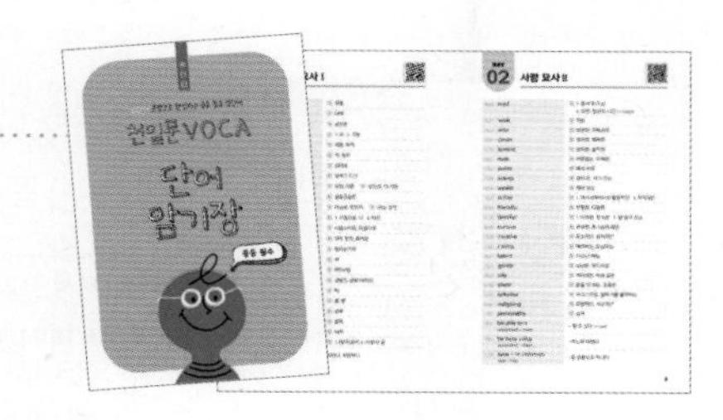

휴대하고 다니면서 어디서나 간편하게
반복 학습이 가능한 단어장을 수록하였습니다.

2 총 세 가지 버전의 MP3파일 제공

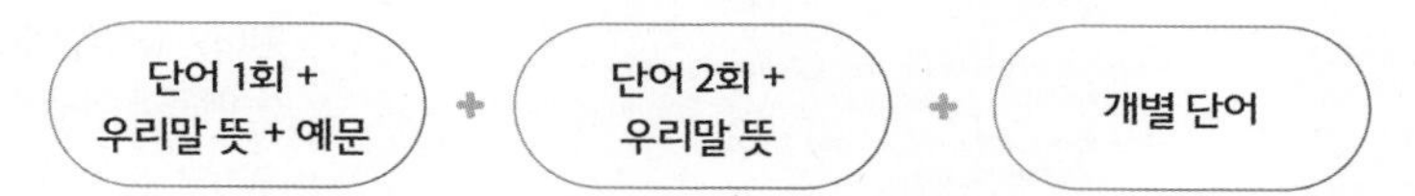

QR코드 하나로 학습 목적에 따라 여러 버전의 음원을 선택 재생할 수 있습니다.
개별 단어 파일도 제공하여 보다 편리한 학습이 가능합니다.

3 무료 부가 서비스 자료 활용

www.cedubook.com

다양한 유형의 부가 서비스 자료를 활용하여 학습한 어휘를 완벽하게 복습할 수 있습니다.

4 쎄듀런 학습하기

www.cedulearn.com

암기한 어휘를 쎄듀런 웹사이트와 앱을 통해 학습할 수 있습니다.

학생

무료 온라인 학습
- 학습 TR(Training) 제공(일부 유형)

유료 온라인 학습
- 학습 TR(Training) 제공(모든 유형)
- 복습 TEST 제공
- 누적 TEST 제공

선생님

- 온라인 TR/TEST 및 학사관리 제공
- 학교 및 학원용 인쇄 서비스 제공

자세히 보기

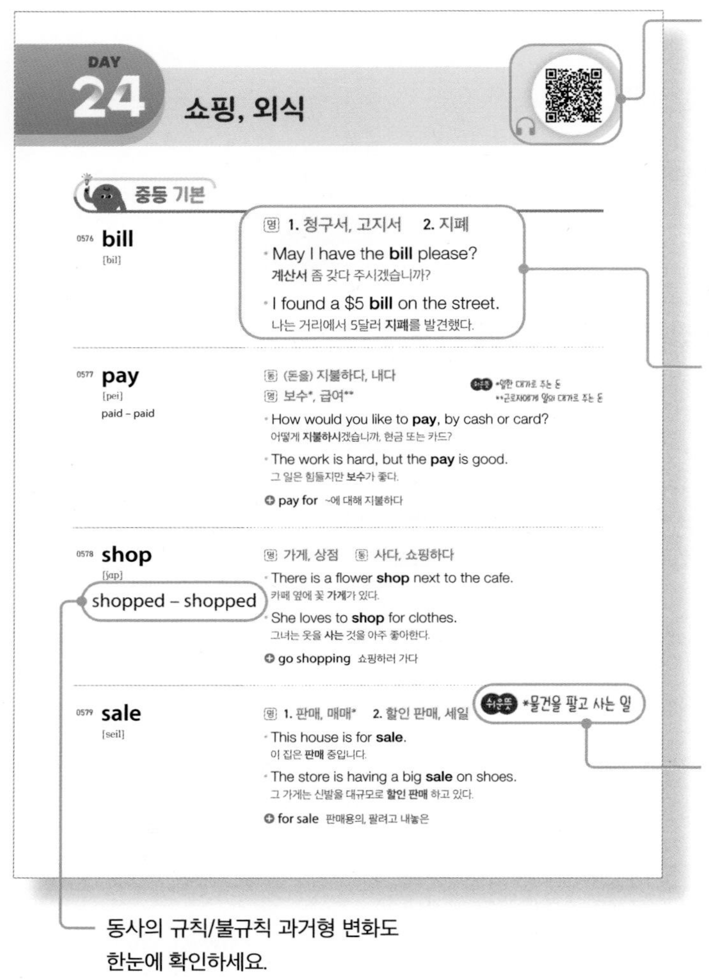

QR코드

세 가지 버전의 음원을 선택 재생할 수 있어요.

- **전체:** 단어, 우리말, 예문 1회
- **셀프스터디:** 단어 2회, 우리말 1회
- **개별 단어:** 단어 1회

우리말 뜻+실용적인 예문

- 원어민들이 실제로 자주 사용하는 예문과 어구를 수록했어요.
- 우리말 뜻, 품사마다 예문을 제시하여 문장에서의 다양한 쓰임을 확인할 수 있어요.
- 유의어/반의어/파생어는 물론, 해당 표제어를 포함한 자주 쓰이는 표현까지 함께 제시했어요.

쉽게 풀어쓴 우리말 뜻

- 한자어가 많은 우리말의 특성상 뜻을 이해하기 어려운 경우가 많아요. 기계적으로 우리말 뜻만 암기하지 않도록 쉬운 우리말 풀이를 수록했어요.

동사의 규칙/불규칙 과거형 변화도 한눈에 확인하세요.

본문에 등장하는 품사와 기호

명 명사 대 대명사 동 동사 형 형용사 부 부사 전 전치사 접 접속사 감 감탄사

⊕ 파생어, 추가 표현 | ⊖ 반의어

= 유의어(구) | (-s) 복수형의 의미 | [ ] 대신 쓸 수 있는 표현 | ( ) 의미 보충 설명 센터 (특정 활동을 위한 건물)

큰 ( ) 우리말 일부 머리(카락) | 작은 ( ) 의미의 보충 설명 (소리 내어) 웃다

단어 암기와 이해도를 넓힐 수 있는 다양한 코너 수록

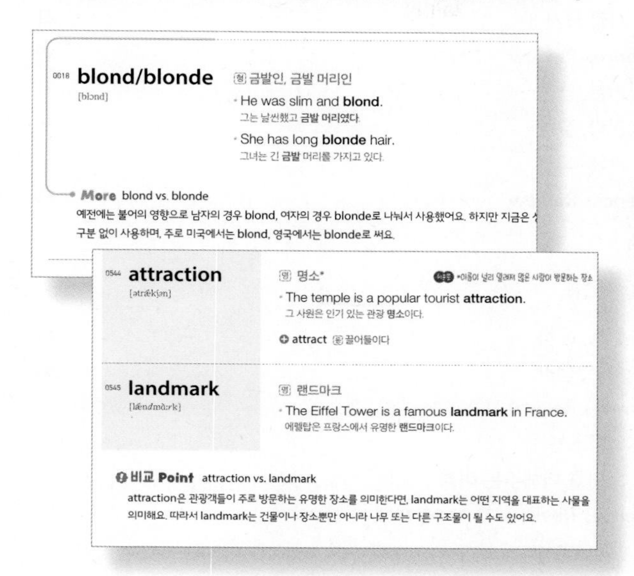
0018 **blond/blonde** [blɔnd]
형 금발인, 금발 머리인
· He was slim and **blond**.
그는 날씬했고 **금발** 머리였다.
· She has long **blonde** hair.
그녀는 긴 **금발** 머리를 가지고 있다.

More blond vs. blonde
예전에는 불어의 영향으로 남자의 경우 blond, 여자의 경우 blonde로 나눠서 사용했어요. 하지만 지금은 성 구분 없이 사용하며, 주로 미국에서는 blond, 영국에서는 blonde로 써요.

0544 **attraction** [ətrǽkʃən]
명 명소*
· The temple is a popular tourist **attraction**.
그 사원은 인기 있는 관광 **명소**이다.
⊕ attract 동 끌어들이다

0545 **landmark** [lǽndmɑ̀ːrk]
명 랜드마크
· The Eiffel Tower is a famous **landmark** in France.
에펠탑은 프랑스에서 유명한 **랜드마크**이다.

비교 Point attraction vs. landmark
attraction은 관광객들이 주로 방문하는 유명한 장소를 의미한다면, landmark는 어떤 지역을 대표하는 사물을 의미해요. 따라서 landmark는 건물이나 장소뿐만 아니라 나무 또는 다른 구조물이 될 수도 있어요.

- **More**
자주 헷갈리거나 궁금해 하는 내용, 중요한 문법 규칙 등을 통해 단어를 더 깊이 있게 이해할 수 있어요.

- **비교 Point**
비슷한 우리말 뜻을 가진 단어들의 쓰임이나 뉘앙스의 차이점들을 쉬운 설명과 예문을 통해 구분할 수 있어요.

엄선된 1,001개 문장으로 자연스러운 누적 학습

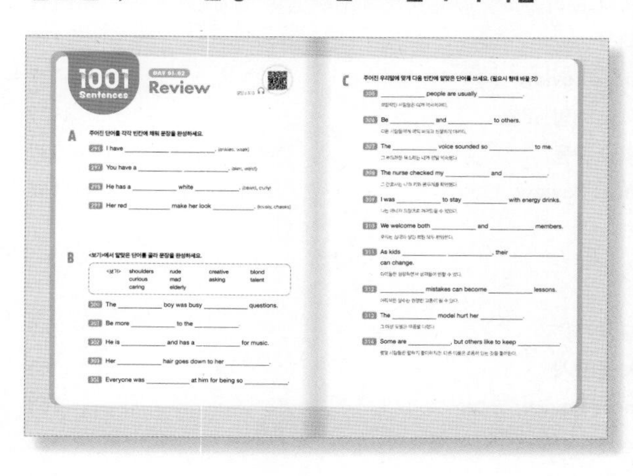

- 시리즈 내 1,001개 문장은 문장 길이와 난이도 순서대로 구성되었으며, 학습한 단어들을 새로운 문맥에서 확인할 수 있습니다.
- 각 예문에 단어를 채워 문장을 완성하세요. 문맥에 가장 자연스러운 문장을 만드는 것이 중요합니다.
- 필요시 단어의 형태를 바꾸면서 문법 응용력을 키울 수 있어요.
- 복습과 반복 학습을 돕는 다양한 부가 서비스 자료를 활용해 보세요. (무료로 다운로드)

Contents

Part 5

Leisure and Culture

Part 6

The Society

Part 7

The World

학습 계획표

천일문 VOCA로 단어 암기 효과 높이는 방법: 복습은 무조건 한다!

기본 학습: 본책에 등장하는 전 코너를 학습

반복 학습: 우리말 뜻을 외우지 못한 단어 위주, 미니 암기장, 천일문 문장 학습을 통한 반복 학습

*학습 계획표는 쎄듀북 홈페이지에서도 다운로드 가능합니다. 학습자의 계획에 따라 수정하여 사용할 수 있습니다.

1회 복습용

	1일차	2일차	3일차	4일차	5일차	6일차	7일차
기본 학습	DAY 01	DAY 02	DAY 03	DAY 04	DAY 05	DAY 06	DAY 07
반복 학습		DAY 01	DAY 02	DAY 03	DAY 04	DAY 05	DAY 06
	8일차	9일차	10일차	11일차	12일차	13일차	14일차
기본 학습	DAY 08	DAY 09	DAY 10	DAY 11	DAY 12	DAY 13	DAY 14
반복 학습	DAY 07	DAY 08	DAY 09	DAY 10	DAY 11	DAY 12	DAY 13
	15일차	16일차	17일차	18일차	19일차	20일차	21일차
기본 학습	DAY 15	DAY 16	DAY 17	DAY 18	DAY 19	DAY 20	DAY 21
반복 학습	DAY 14	DAY 15	DAY 16	DAY 17	DAY 18	DAY 19	DAY 20
	22일차	23일차	24일차	25일차	26일차	27일차	28일차
기본 학습	DAY 22	DAY 23	DAY 24	DAY 25	DAY 26	DAY 27	DAY 28
반복 학습	DAY 21	DAY 22	DAY 23	DAY 24	DAY 25	DAY 26	DAY 27
	29일차	30일차	31일차	32일차	33일차	34일차	35일차
기본 학습	DAY 29	DAY 30	DAY 31	DAY 32	DAY 33	DAY 34	DAY 35
반복 학습	DAY 28	DAY 29	DAY 30	DAY 31	DAY 32	DAY 33	DAY 34
	36일차	37일차	38일차	39일차	40일차	41일차	42일차
기본 학습	DAY 36	DAY 37	DAY 38	DAY 39	DAY 40		
반복 학습	DAY 35	DAY 36	DAY 37	DAY 38	DAY 39	DAY 40	

2회 복습용

	1일차	2일차	3일차	4일차	5일차	6일차	7일차
기본 학습	DAY 01	DAY 02	DAY 03	DAY 04	DAY 05	DAY 06	DAY 07
1회 복습		DAY 01	DAY 02	DAY 03	DAY 04	DAY 05	DAY 06
2회 복습				DAY 01	DAY 02	DAY 03	DAY 04
	8일차	9일차	10일차	11일차	12일차	13일차	14일차
기본 학습	DAY 08	DAY 09	DAY 10	DAY 11	DAY 12	DAY 13	DAY 14
1회 복습	DAY 07	DAY 08	DAY 09	DAY 10	DAY 11	DAY 12	DAY 13
2회 복습	DAY 05	DAY 06	DAY 07	DAY 08	DAY 09	DAY 10	DAY 11
	15일차	16일차	17일차	18일차	19일차	20일차	21일차
기본 학습	DAY 15	DAY 16	DAY 17	DAY 18	DAY 19	DAY 20	DAY 21
1회 복습	DAY 14	DAY 15	DAY 16	DAY 17	DAY 18	DAY 19	DAY 20
2회 복습	DAY 12	DAY 13	DAY 14	DAY 15	DAY 16	DAY 17	DAY 18
	22일차	23일차	24일차	25일차	26일차	27일차	28일차
기본 학습	DAY 22	DAY 23	DAY 24	DAY 25	DAY 26	DAY 27	DAY 28
1회 복습	DAY 21	DAY 22	DAY 23	DAY 24	DAY 25	DAY 26	DAY 27
2회 복습	DAY 19	DAY 20	DAY 21	DAY 22	DAY 23	DAY 24	DAY 25
	29일차	30일차	31일차	32일차	33일차	34일차	35일차
기본 학습	DAY 29	DAY 30	DAY 31	DAY 32	DAY 33	DAY 34	DAY 35
1회 복습	DAY 28	DAY 29	DAY 30	DAY 31	DAY 32	DAY 33	DAY 34
2회 복습	DAY 26	DAY 27	DAY 28	DAY 29	DAY 30	DAY 31	DAY 32
	36일차	37일차	38일차	39일차	40일차	41일차	42일차
기본 학습	DAY 36	DAY 37	DAY 38	DAY 39	DAY 40		
1회 복습	DAY 35	DAY 36	DAY 37	DAY 38	DAY 39	DAY 40	
2회 복습	DAY 33	DAY 34	DAY 35	DAY 36	DAY 37	DAY 38	DAY 39
	43일차						
2회 복습	DAY 40						

VOCABULARY IS A MATTER OF WORD-BUILDING AS WELL AS WORD-USING.

어휘는 단어를 사용하는 것뿐만 아니라 쌓고 확장해 나가는 일이다.

×

David Crystal 데이비드 크리스털

DAY 01

사람 묘사 I

Preview Check

- ☐ knee
- ☐ shoulder
- ☐ slim
- ☐ brain
- ☐ weight
- ☐ height
- ☐ teenage
- ☐ elderly
- ☐ adult
- ☐ curly
- ☐ female
- ☐ beauty
- ☐ lovely
- ☐ gorgeous
- ☐ thumb
- ☐ tongue
- ☐ beard
- ☐ blond / blonde
- ☐ jaw
- ☐ cheek
- ☐ wrist
- ☐ ankle
- ☐ waist
- ☐ heel
- ☐ grow up

사람 묘사 I

중등 기본

0001 **knee**
[niː]

명 무릎

- This skirt goes below my **knees**.
  이 치마는 내 **무릎** 아래까지 내려온다.

0002 **shoulder**
[ʃóuldər]

명 어깨

- He put his arm around my **shoulders**.
  그는 팔을 내 **어깨**에 둘렀다[어깨동무를 했다].

⊕ put arms around one's shoulders 어깨동무를 하다

0003 **slim**
[slim]

형 날씬한

- How do you stay so **slim**?
  당신은 어떻게 그렇게 **날씬한** 몸매를 유지하세요?

⊖ fat 형 뚱뚱한

0004 **brain**
[brein]

명 1. 뇌 2. 지능

- The human **brain** does many different jobs.
  인간의 **뇌**는 많은 다양한 일들을 한다.
- He has a good **brain**.
  그는 **지능**이 높다[머리가 좋다].

0005 **weight**
[weit]

명 체중, 무게

- I run every day to lose **weight**.
  나는 **체중**을 줄이기 위해 매일 뛴다.
- The elevator has a **weight** limit of 1,000 kg.
  그 엘리베이터는 1,000kg의 **무게** 제한이 있다.

⊕ weigh 동 무게가 ~이다

0006 **height**
[hait]

명 키, 높이

- I am 165 cm in **height**.
  나는 **키**가 165cm이다.
- I am afraid of **heights**.
  나는 **높은 곳**을 무서워한다.

⊕ heights 명 높은 곳[위치]

0007 **teenage**
[tíːnèidʒ]

형 십대의

- The singer has many **teenage** fans.
  그 가수는 많은 **십대** 팬들이 있다.

⊕ teenager 명 십대, 청소년기

0008 **elderly**
[éldərli]

형 연세가 드신

- These seats are for the **elderly**.
  이 좌석들은 **연세가 드신** 분들을 위한 것입니다.

⊕ the elderly = elderly people

0009 **adult**
[ədʌ́lt]

명 성인, 어른 형 성인의, 다 자란

- Tickets are $5 for **adults** and $3 for children.
  입장권은 **성인**은 5달러이고 어린이는 3달러입니다.
- She spent most of her **adult** life writing books.
  그녀는 **성인의** 삶[성년 시절] 대부분을 책을 쓰면서 보냈다.

⊖ child[kid] 명 아이, 어린이

0010 **curly**
[kə́rli]

형 곱슬곱슬한

- She has black **curly** hair.
  그녀는 검은 **곱슬**머리를 가졌다.

⊕ curl 명 (머리털의) 컬, 곱슬 털

0011 **female** [fíːmeil]

형 여성의, 암컷의 명 여성, 암컷

- There are more **female** students in my class.
  내 반에는 **여**학생들이 더 많다.
- The **females** are larger than males.
  그 **암컷들**은 수컷들보다 더 크다.

⊖ male 형 남성의, 수컷의 명 남성, 수컷

0012 **beauty** [bjúːti]

명 1. 아름다움, 미 2. 미인

- This picture shows the **beauty** of nature.
  이 사진은 자연의 **아름다움**을 보여준다.
- She won the **beauty** contest.
  그녀는 **미인** 대회에서 우승했다.

⊕ beautiful 형 아름다운

0013 **lovely** [lʌvli]

형 사랑스러운, 아름다운

- She has a **lovely** smile.
  그녀는 **사랑스러운** 미소를 가졌다.

0014 **gorgeous** [gɔ́ːrdʒəs]

형 아주 멋진, 화려한

- You look **gorgeous** in the dress.
  너는 그 드레스를 입으니 **아주 멋져** 보인다.

0015 **thumb** [θʌm]

명 엄지손가락

- I cut my **thumb** on a paper.
  나는 종이에 **엄지손가락**을 베었다.

⊕ two thumbs up 최고 《양손 엄지를 들어 추천한다는 의미》

0016 **tongue**
[tʌŋ]

명 혀

- I bit my **tongue** by accident.
  나는 실수로 **혀**를 깨물었다.

⊕ stick one's tongue out 혀를 내밀다

0017 **beard**
[biərd]

명 (턱)수염

- grow a **beard**
  수염을 기르다
- He shaves his **beard** every morning.
  그는 매일 아침 **수염**을 민다[면도한다].

0018 **blond/blonde**
[blɔnd]

형 금발인, 금발 머리인

- He was slim and **blond**.
  그는 날씬했고 **금발 머리였다**.
- She has long **blonde** hair.
  그녀는 긴 **금발** 머리를 가지고 있다.

More blond vs. blonde
예전에는 불어의 영향으로 남자의 경우 blond, 여자의 경우 blonde로 나눠서 사용했어요. 하지만 지금은 성별 구분 없이 사용하며, 주로 미국에서는 blond, 영국에서는 blonde로 써요.

0019 **jaw**
[dʒɔː]

명 턱

- My **jaw** hurts when I chew.
  나는 씹을 때 **턱**이 아프다.

0020 **cheek**
[tʃiːk]

명 볼, 뺨

- He was so shy, and his **cheeks** turned pink.
  그는 너무 부끄러워서 **뺨**이 분홍색으로 변했다.

0021 **wrist**
[rist]

명 손목

- She wears a watch on her **wrist**.
  그녀는 **손목**에 시계를 차고 있다.

0022 **ankle**
[ǽŋkl]

명 발목

- The snow came up to my **ankles**.
  눈은 내 **발목**까지 왔다.

0023 **waist**
[weist]

명 허리

- This belt is too tight for my **waist**.
  이 벨트는 내 **허리**에 너무 꽉 끼어.

0024 **heel**
[hi:l]

명 **1.** (발)뒤꿈치 **2.** (신발의) 굽

- The **heel** of this sock has a hole.
  이 양말 **뒤꿈치**에 구멍이 있어.
- She doesn't often wear high **heels**.
  그녀는 **굽**이 높은 구두[하이힐]를 자주 신지 않는다.

교과서 빈출 표현

0025 **grow up**

grew – grown

자라다, 성장하다

- He **grew up** in Canada.
  그는 캐나다에서 **자랐다**.
- What do you want to be when you **grow up**?
  너는 **성장하면**[다 크면] 무엇이 되고 싶니?

VOCA Exercise

정답 p.370

A 빈칸에 알맞은 말을 넣어 어구를 완성하세요.

1 좌뇌 the left ____________

2 아주 멋진 여배우 a ____________ actress

3 평균 키[신장] an average ____________

4 어깨 마사지 a ____________ massage

5 긴 수염 a long ____________

6 사랑스러운 아이들 ____________ children

7 어른이 되다 become an ____________

8 한 쪽 무릎을 꿇다 go down on one ____________

B 다음 빈칸에 알맞은 단어를 쓰세요.

1 ____________ : male = 여성 : 남성

2 fat : ____________ = 뚱뚱한 : 날씬한

3 weight : ____________ = 체중, 무게 : 무게가 ~이다

4 curl : ____________ = 곱슬 털 : 곱슬곱슬한

5 teenage : ____________ = 십대의 : 십대

6 ____________ : beautiful = 아름다움 : 아름다운

VOCA Exercise

C <보기>에서 알맞은 단어를 골라 문장을 완성하세요.

<보기> heels elderly waist thumb

1 Show respect for the ________________.

2 She pushed the button with her ________________.

3 Her hair comes down to her ________________.

4 I can't wear high ________________. They are not comfortable at all.

D 주어진 우리말에 맞게 빈칸에 알맞은 단어를 채워 문장을 완성하세요. (필요시 형태 바꿀 것)

1 눈물이 그녀의 두 뺨을 타고 흘러내렸다.

→ The tears ran down her ________________.

2 나는 넘어져서 발목을 다쳤다.

→ I fell and twisted my ________________.

3 그녀는 테니스를 칠 때 오른쪽 손목을 다쳤다.

→ She hurt her right ________________ when she was playing tennis.

4 그는 부러진 턱으로 입을 잘 벌릴 수 없다.

→ He can't open his mouth well with a broken ________________.

5 아이들이 성장할 때 잘 먹는 것은 중요하다.

→ Eating well is important when kids ______________ ______________.

DAY 02

사람 묘사 Ⅱ

Preview Check

- [ ] mad
- [ ] weak
- [ ] wise
- [ ] clever
- [ ] honest
- [ ] rude
- [ ] polite
- [ ] asleep
- [ ] awake
- [ ] active
- [ ] friendly
- [ ] familiar
- [ ] curious
- [ ] creative
- [ ] caring
- [ ] talent
- [ ] gentle
- [ ] silly
- [ ] silent
- [ ] talkative
- [ ] outgoing
- [ ] personality
- [ ] be able to-v
- [ ] be busy v-ing
- [ ] have ~ in common

사람 묘사 II

0026 **mad**
[mæd]

형 **1.** 몹시 화가 난 **2.** 미친, 정신이 나간 (= crazy)

- He was **mad** at me for breaking his laptop.
  그는 그의 노트북을 고장 낸 걸로 내게 **몹시 화가 났다**.
- go **mad**
  미치다

0027 **weak**
[wi:k]

형 약한

- I felt **weak** after running.
  나는 뛰고 나서 **약해졌다**.
- The old bridge looks **weak**.
  그 오래된 다리는 **약해** 보인다.

0028 **wise**
[waiz]

형 현명한, 지혜로운

- Picking that color was a **wise** choice.
  저 색을 고른 것은 **현명한** 선택이었다.

⊕ wisely 부 현명하게

0029 **clever**
[klévər]

형 영리한, 똑똑한

- The **clever** girl solved the problem easily.
  똑똑한 소녀는 그 문제를 쉽게 풀었다.

0030 **honest**
[ánist]

형 정직한, 솔직한

- You should be **honest** with your parents.
  너는 부모님께 **정직해**야 한다.

⊕ honesty 명 정직, 솔직함

0031 **rude**
[ru:d]

형 버릇없는, 무례한

- The server was very **rude** to us.
  그 종업원은 우리에게 매우 **무례했다**.

0032 **polite**
[pəláit]

형 예의 바른

- We should be **polite** to the elderly.
  우리는 어르신들에게 **예의 바르게** 행동해야 한다.

⊕ politely 부 예의 바르게
⊖ impolite 형 무례한

중등 필수

0033 **asleep**
[əslí:p]

형 잠이 든, 자고 있는

- I was very tired, so I fell **asleep** right away.
  나는 너무 피곤해서 바로 **잠이** 들었다.

⊕ fall asleep 잠이 들다

0034 **awake**
[əwéik]

형 깨어 있는

- A noise kept me **awake** all night.
  어떤 소음이 나를 밤새 **깨어있게** 했다.

0035 **active**
[ǽktiv]

형 1. (특히 신체적으로) 활동적인 2. 적극적인

- He is **active** and likes to play sports.
  그는 **활동적이고** 운동하는 것을 좋아한다.
- She is an **active** member of the club.
  그녀는 그 동아리의 **적극적인** 회원이다.

⊕ activity 명 활동

0036 **friendly**
[fréndli]

형 친절한, 다정한

- She welcomed us with a **friendly** smile.
  그녀는 **친절한** 미소로 우리를 환영했다.

0037 **familiar**
[fəmíljər]

형 1. 익숙한, 친숙한 2. 잘 알고 있는

- You look **familiar** to me. Have we met?
  당신은 나에게 **익숙하네요**[낯이 익네요]. 우리 만난 적 있나요?
- I'm not **familiar** with this area.
  나는 이곳 지리를 **잘 알지** 못한다.

⊕ be familiar with ~을 잘 알다

0038 **curious**
[kjú(:)riəs]

형 궁금한, 호기심이 많은

- I was **curious** about what happened next.
  나는 다음에 무슨 일이 일어났는지 **궁금했다**.
- Children are **curious** about everything.
  아이들은 모든 것에 **호기심이 많다**.

⊕ curiosity 명 호기심

0039 **creative**
[kriéitiv]

형 창조적인, 창의적인

- He loves **creative** activities like writing.
  그는 글쓰기 같은 **창의적인** 활동을 아주 좋아한다.

⊕ creativity 명 창조성, 창의력

0040 **caring**
[kέəriŋ]

형 배려하는, 보살피는

- She's a very **caring** person.
  그녀는 **배려심이 많은** 사람이다.

0041 **talent**
[tǽlənt]

명 (타고난) 재능

- The boy has a **talent** for singing.
  그 남자아이는 노래에 **재능**이 있다.

+ talented 형 재능이 있는, 유능한

0042 **gentle**
[dʒéntl]

형 상냥한, 부드러운

- Please be **gentle** with the children.
  아이들에게 **상냥하게** 대해주세요.
- She spoke in a **gentle** voice.
  그녀는 **부드러운** 목소리로 말했다.

+ gentleman 명 신사

0043 **silly**
[síli]

형 어리석은, 바보 같은

- I sometimes make **silly** mistakes.
  나는 가끔 **어리석은** 실수를 한다.

0044 **silent**
[sáilənt]

형 말을 안 하는, 조용한

- He was **silent** for a minute.
  그는 잠시 동안 **말을 하지 않았다**.
- The night was cold and **silent**.
  그 밤은 춥고 **조용했다**.

+ silence 명 침묵, 고요

0045 **talkative**
[tɔ́:kətiv]

형 수다스러운, 말하기를 좋아하는

- She is **talkative** and easily talks with anyone.
  그녀는 **말하기를 좋아하고** 아무와도 쉽게 대화한다.

0046 **outgoing**
[áutgòuiŋ]

형 외향적인, 사교적인

- She is **outgoing** and easily makes friends.
  그녀는 **외향적이**고 쉽게 친구를 사귄다.

0047 **personality**
[pə̀ːrsənǽləti]

명 성격

- My brother and I have different **personalities.**
  내 형과 나는 다른 **성격**을 가지고 있다.

교과서 빈출 표현

0048 **be able to-v**

was[were] – been

~ 할 수 있다 (= can)

- He **is able to** speak Spanish.
  그는 스페인어를 **할 수 있다**.
- Will you **be able to** visit soon?
  조만간 방문**하실 수 있겠습니까**?

0049 **be busy v-ing**

was[were] – been

~하느라 바쁘다

- I **was busy** study**ing** for the exams.
  나는 시험 공부**하느라 바빴다**.
- He **is busy** practic**ing** the piano.
  그는 피아노를 연습**하느라 바쁘다**.

0050 **have ~ in common**

had – had

~을 공통으로 지니다

- She and I **have** a lot **in common**.
  그녀와 나는 많은 것을 **공통으로 지니고 있다**[공통점이 많다].
- We **have** nothing **in common**.
  우리는 아무런 **공통점이** 없다.

VOCA Exercise

정답 p.370

A

빈칸에 알맞은 말을 넣어 어구를 완성하세요.

1 영리한 학생 a ______________ student

2 익숙한 목소리 a ______________ voice

3 보살펴주는 가족 a ______________ family

4 수다스러운 아이 a ______________ child

5 어리석은 농담 a ______________ joke

6 부드러운 손길 a ______________ touch

7 친절한 선생님 a ______________ teacher

8 타고난 재능 a natural ______________

B

다음 빈칸에 알맞은 단어를 쓰세요.

1 honest : ______________ = 정직한, 솔직한 : 정직, 솔직함

2 ______________ : creativity = 창조적인, 창의적인 : 창조성, 창의력

3 ______________ : silence = 조용한 : 고요

4 wise : ______________ = 현명한, 지혜로운 : 현명하게

5 polite : ______________ = 예의 바른 : 무례한

6 ______________ : activity = 활동적인 : 활동

VOCA Exercise

C 다음 영영풀이에 해당하는 단어를 <보기>에서 골라 쓰세요.

<보기> rude curious weak awake

1 not sleeping ________

2 wanting to know or learn ________

3 showing bad manners, not polite ________

4 not having much strength or power ________

D 주어진 우리말에 맞게 빈칸에 알맞은 단어를 채워 문장을 완성하세요. (필요시 형태 바꿀 것)

1 나는 외향적인 성격을 가지고 있다.

→ I have an outgoing ________.

2 그녀는 거짓말한 것 때문에 나한테 화가 났다.

→ She is ________ at me for lying.

3 그는 그 문제를 해결할 수 있었다.

→ He ________ ________ ________ solve the problem.

4 대부분의 사람들은 일하고 공부하느라 바쁘다.

→ Most people are ________ ________ and studying.

정답 p.370

A

주어진 단어를 각각 빈칸에 채워 문장을 완성하세요.

296 I have ______________ ______________. (ankles, weak)

297 You have a ______________ ______________. (slim, waist)

298 He has a ______________ white ______________. (beard, curly)

299 Her red ______________ make her look ______________. (lovely, cheeks)

B

<보기>에서 알맞은 단어를 골라 문장을 완성하세요.

<보기>				
	shoulders	rude	creative	blond
	curious	mad	asking	talent
	caring	elderly		

300 The ______________ boy was busy ______________ questions.

301 Be more ______________ to the ______________.

302 He is ______________ and has a ______________ for music.

303 Her ______________ hair goes down to her ______________.

304 Everyone was ______________ at him for being so ______________.

C 주어진 우리말에 맞게 다음 빈칸에 알맞은 단어를 쓰세요. (필요시 형태 바꿀 것)

305 ______________ people are usually ______________.

외향적인 사람들은 대개 적극적이다.

306 Be ______________ and ______________ to others.

다른 사람들에게 예의 바르고 친절하게 대하라.

307 The ______________ voice sounded so ______________ to me.

그 부드러운 목소리는 내게 정말 익숙했다.

308 The nurse checked my ______________ and ______________.

그 간호사는 나의 키와 몸무게를 확인했다.

309 I was ______________ to stay ______________ with energy drinks.

나는 에너지 드링크로 깨어있을 수 있었다.

310 We welcome both ______________ and ______________ members.

우리는 십대와 성인 회원 모두 환영한다.

311 As kids ______________ ______________, their ________________ can change.

아이들은 성장하면서 성격들이 변할 수 있다.

312 ______________ mistakes can become ______________ lessons.

어리석은 실수는 현명한 교훈이 될 수 있다.

313 The ______________ model hurt her ______________.

그 여성 모델은 무릎을 다쳤다.

314 Some are ______________, but others like to keep ______________.

몇몇 사람들은 말하기 좋아하지만, 다른 이들은 조용히 있는 것을 좋아한다.

DAY 03

기분, 감정

Preview Check

- alone
- tear
- fear
- scared
- calm
- jealous
- worried
- surprise
- terrible
- awesome
- emotion
- shock
- scream
- horror
- serious
- pity
- anger
- anxious
- pleased
- comfortable
- touching
- amusing
- be sorry to-v
- be tired of
- cheer up

DAY
03 기분, 감정

0051 **alone**
[əlóun]

형 혼자, 외로운　부 홀로, 혼자

- She felt **alone** in her room.
  그녀는 방 안에서 **외로웠다**.
- The actor stood **alone** on the stage.
  그 배우는 무대에 **홀로** 서 있었다.

0052 **tear**
[tiər]

명 눈물

- **tears** of joy
  기쁨의 **눈물**
- She was **in tears** after hearing the news.
  그녀는 소식을 듣고 **눈물을 흘리고** 있었다.

+ in tears 눈물을 흘리며, 울고 있는

0053 **fear**
[fiər]

명 두려움

- I have a **fear** of spiders.
  나는 거미에 **두려움**을 느낀다.
- Her hands were shaking **in fear**.
  그녀의 손은 **두려움에** 떨리고 있었다.

+ in fear 두려워하는, 겁에 질린

0054 **scared**
[skɛərd]

형 겁을 먹은

- I get **scared** easily when I watch horror movies.
  나는 공포 영화를 볼 때 쉽게 **겁을 먹는다**.

+ scare 동 겁을 주다

0055 **calm**

[kɑːm]

calmed – calmed

형 차분한, 침착한　동 진정시키다

- He spoke in a **calm** voice.
  그는 **차분한** 목소리로 말했다.
- She tried to **calm** the crying baby.
  그녀는 우는 아기를 **진정시키려고** 했다.
- **Calm down**. She will be here soon.
  진정해. 그녀가 여기에 곧 올 거야.

⊕ calm down　진정시키다, 진정하다

0056 **jealous**

[dʒéləs]

형 질투하는

- Many people were **jealous** of his success.
  많은 사람들이 그의 성공을 **질투했다**.

⊕ be jealous of　~을 질투하다

0057 **worried**

[wə́ːrid]

형 걱정하는

- Where were you? I was **worried**.
  너 어디에 있었니? 나는 **걱정했어**.
- She is **worried** about her health.
  그녀는 자신의 건강에 대해 **걱정한다**.

⊕ worry　동 걱정하다, 걱정하게 만들다

0058 **surprise**

[sərpráiz]

surprised – surprised

동 놀라게 하다　명 놀라운 일

- I **surprised** her with a big present.
  나는 큰 선물로 그녀를 **놀라게 했다**.
- I have a **surprise** for you.
  네가 **깜짝 놀랄 일**이 있어.

⊕ surprising　형 놀라운

⊕ surprised　형 놀란

0059 **terrible**

[térəbl]

형 1. 끔찍한, 무서운　2. 심한, 지독한

- I had a **terrible** nightmare last night.
  나는 어젯밤 **끔찍한** 악몽을 꿨다.
- She's in bed with a **terrible** cold.
  그녀는 **심한** 감기로 침대에 누워있다.

0060 **awesome**
[ɔ́:səm]

형 굉장한, 아주 멋진

- That's **awesome**!
  그것은 **굉장해**!
- I think your drawing is really **awesome**.
  나는 네 그림이 정말로 **아주 멋진** 것 같아.

0061 **emotion**
[imóuʃən]

명 감정

- He doesn't show his **emotions**.
  그는 자신의 **감정**을 드러내지 않는다.

⊕ emotional 형 감정적인

⊕ emotionally 부 감정적으로

0062 **shock**
[ʃɑk]

명 충격

- The news was a **shock** to us.
  그 소식은 우리에게 **충격**이었다.
- The accident left people **in shock**.
  그 사고는 사람들을 **충격에 빠뜨렸다**.

⊕ in shock 충격에 빠진

0063 **scream**
[skri:m]
screamed – screamed

동 비명을 지르다 명 비명

- The boy was scared, so he **screamed**.
  그 남자아이는 무서워서 **비명을 질렀다**.
- I heard a **scream** outside my house.
  나는 내 집 밖에서 **비명**을 들었다.

0064 **horror**
[hɔ́:rər]

명 공포

- There was a look of **horror** on her face.
  그녀의 얼굴은 **공포** 어린 표정이었다.
- We jumped **in horror** when we heard a scream.
  우리는 비명을 들었을 때 **무서워하며** 펄쩍 뛰었다.

⊕ in horror 공포 속에서, 무서워하며

0065 **serious**
[sí(:)riəs]

형 1. 진지한 2. 심각한, 나쁜

- Dad is **serious** about moving.
  아빠는 이사를 **진지하게** 생각하고 계시다.
- The car has a **serious** problem.
  그 차는 **심각한** 문제가 있다.

0066 **pity**
[píti]

명 1. 동정, 연민* 2. 유감

쉬운뜻 *불쌍하고 가엾게 생각하는 마음

- She feels **pity** for the sick children.
  그녀는 아픈 아이들에게 **연민**을 느낀다.
- What a **pity**.
  유감이군요.

0067 **anger**
[ǽŋgər]

명 화, 분노

- His face turned red with **anger**.
  그의 얼굴이 **분노**로 빨개졌다.
- She shouted at me **in anger**.
  그녀는 **화가 나서** 나에게 소리쳤다.

⊕ in anger 화가 나서

0068 **anxious**
[ǽŋkʃəs]

형 불안한

- Some people get **anxious** about the future.
  어떤 사람들은 미래에 대해 **불안해한다**.

0069 **pleased**
[pli:zd]

형 기쁜, 만족스러운

- I am **pleased** to meet you.
  당신을 만나게 되어 **기쁩니다**.

⊕ pleasing 형 즐거운, 만족스러운

0070 **comfortable**
[kʌ́mfərtəbl]

형 편안한, 편한

- I'm not **comfortable** with speaking in public.
  나는 사람들 앞에서 말할 때 **편안하지** 않다.
- These shoes are very **comfortable**.
  이 신발은 매우 **편하다**.

0071 **touching**

[tʌtʃiŋ]

형 감동적인

- The movie is so **touching**. You should watch it.
  그 영화는 너무 **감동적이야**. 너도 한번 봐야 해.

0072 **amusing**

[əmjúːziŋ]

형 재미있는

- His travel story was very **amusing**.
  그의 여행 이야기는 매우 **재미있었다**.

교과서 빈출 표현

0073 **be sorry to-v**

was[were] – been

~해서 유감이다

- I'**m sorry to** hear the news.
  그 소식을 듣게 **되어 유감입니다**.

0074 **be tired of**

was[were] – been

~에 싫증이 나다, 질리다

- She **is tired of** living in the cities.
  그녀는 도시에서 사는 게 **싫증이 난다**.
- I **am tired of** this rainy weather.
  나는 비 오는 날씨가 **지겹다**.

0075 **cheer up**

cheered – cheered

기운을 내다, 격려하다

- **Cheer up**! It's not so bad.
  기운 내! 그렇게 나쁘지 않아.
- I bought flowers to **cheer** her **up**.
  나는 그녀를 **격려하려고** 꽃을 샀다.

VOCA Exercise

정답 p.370

A

빈칸에 알맞은 말을 넣어 어구를 완성하세요.

1 혼자 살다 — live ________

2 아파서 비명을 지르다 — ________ in pain

3 깜짝 파티 — a ________ party

4 ~에 대해 걱정하다 — be ________ about

5 끔찍한 사고 — a ________ accident

6 진정하다 — stay ________

7 뱀에 대한 공포 — a ________ of snakes

8 다른 사람들을 질투하다 — be ________ of others

B

빈칸 (a)와 (b)에 공통으로 들어갈 단어를 쓰세요.

1 (a) He had a ________ look on his face.
그의 얼굴은 진지한 표정이었다.

(b) There was ________ damage from the fire.
화재로 인한 심한 피해가 있었다.

2 (a) I don't feel ________ for her.
나는 그녀를 동정하지 않는다.

(b) It's a ________ that they lost the game.
그들이 경기에 져서 유감이다.

VOCA Exercise

C

다음 영영풀이에 해당하는 단어를 <보기>에서 골라 쓰세요.

<보기>	amusing	anxious	shock	comfortable

1 feeling worried or nervous ______________

2 making you feel relaxed ______________

3 a strong feeling of surprise ______________

4 funny and entertaining ______________

D

주어진 우리말에 맞게 빈칸에 알맞은 단어를 채워 문장을 완성하세요. (필요시 형태 바꿀 것)

1 그는 화가 나서 방을 나섰다.

→ He left the room in ______________.

2 그녀는 결과에 만족스러웠다.

→ She was ______________ with the results.

3 나는 내 감정들을 숨기는 것을 잘 못한다.

→ I'm not good at hiding my ______________.

4 그 책은 감동적인 이야기로 인기가 있다.

→ The book is popular for its ______________ story.

5 나는 네 변명이 지겹다.

→ I ______________ ______________ ______________ your excuses.

DAY 04

건강, 질병

Preview Check

- [ ] health
- [ ] pain
- [ ] blood
- [ ] stress
- [ ] sense
- [ ] stomach
- [ ] throat
- [ ] diet
- [ ] breath
- [ ] condition
- [ ] blind
- [ ] deaf
- [ ] disease
- [ ] ache
- [ ] bump
- [ ] itchy
- [ ] sore
- [ ] suffer
- [ ] cure
- [ ] pill
- [ ] patient
- [ ] appointment
- [ ] be in the hospital
- [ ] care for
- [ ] blow one's nose

DAY 04

건강, 질병

0076 **health** [helθ]

명 건강

- Sleeping is important for **health**.
  수면은 **건강**에 중요하다.

⊕ healthy 형 1. 건강한 2. 건강에 좋은

0077 **pain** [pein]

명 아픔, 통증

- My back **pain** is getting worse.
  내 허리 **통증**이 더 심해지고 있다.
- I'll give you some medicine for the **pain**.
  통증에 맞는 약을 좀 드릴게요.

⊕ painful 형 고통스러운, 아픈

0078 **blood** [blʌd]

명 피, 혈액

- The man lost a lot of **blood** in the accident.
  그 남자는 사고로 많은 **피**를 흘렸다.
- donate **blood**
  헌**혈**하다

0079 **stress** [stres]

명 스트레스

- Jogging helps me relieve **stress**.
  조깅은 내가 **스트레스**를 줄이는 데 도움을 준다.
- Some students feel **stressed** about their grades.
  어떤 학생들은 그들의 성적에 대해 **스트레스를 받는다**.

⊕ stressed 형 스트레스를 받는

0080 **sense**
[sens]

명 **1.** 감각 **2.** 느낌, -감

- a **sense** of smell/hearing
  후각/청각
- He felt a **sense** of loss.
  그는 상실**감**을 느꼈다.

0081 **stomach**
[stʌ́mək]

명 위, 복부, 배

- He couldn't run on a full **stomach**.
  그는 **배**가 잔뜩 불러서 달릴 수 없었다.

0082 **throat**
[θrout]

명 목구멍

- a sore **throat**
  목구멍에 생기는 염증[인후염]
- Drink warm water when your **throat** is dry.
  목이 건조할 때는 따뜻한 물을 마셔라.

0083 **diet**
[dáiət]

명 **1.** (일상적인) 식사 **2.** 식이요법, 다이어트

- Try to have a balanced **diet**.
  균형 잡힌 **식사**를 하려고 노력하라.
- My plan is to **go on a diet** this year.
  내 계획은 올해 **다이어트를 하는** 것이다.

⊕ go[be] on a diet 다이어트를 하다

0084 **breath**
[breθ]

명 숨, 호흡

- Take a deep **breath**.
  심**호흡**을 하세요.
- He can hold his **breath** for a minute.
  그는 1분 동안 **숨**을 참을 수 있다.

⊕ breathe 동 숨 쉬다, 호흡하다

0085 **condition**
[kəndíʃən]

명 1. 상태, 건강상태 2. 상황, 형편 3. 조건

- He is in good **condition**.
  그는 **건강상태**가 좋다.
- The weather **conditions** changed quickly.
  기상 **상황**이 빠르게 변했다.
- She accepted the job, but under one **condition**.
  그녀는 그 일자리를 수락했지만, **조건**이 하나 있었다.

0086 **blind**
[blaind]

형 눈이 먼, 앞을 못 보는

- Guide dogs are trained to help the **blind**.
  안내견은 **앞을 못 보는** 사람들을 돕기 위해 훈련받는다.

⊕ the blind = blind people

0087 **deaf**
[def]

형 청각 장애가 있는, 귀가 먹은

- The **deaf** use sign language to communicate.
  청각 장애가 있는 사람들은 의사소통하기 위해 수화를 사용한다.

⊕ the deaf = deaf people

0088 **disease**
[dizí:z]

명 병, 질병

- a serious **disease**
  심각한 **병**[중병]
- He died of heart **disease**.
  그는 심장**병**으로 사망했다.

0089 **ache**
[eik]
ached – ached

동 아프다 명 아픔, 통증

- My body **is aching** because of the flu.
  독감 때문에 몸이 **아프다**.
- muscle **aches**
  근육**통**

0090 **bump**
[bʌmp]
bumped – bumped

동 부딪치다 명 혹, 타박상*

쉬운뜻 *맞거나 부딪쳐 생긴 상처

- Be careful not to **bump** your head.
  머리를 **부딪치지** 않게 주의하세요.
- I have a small **bump** on my head.
  나는 머리에 작은 **혹**이 있다.

0091 **itchy**
[ítʃi]

형 가려운

- My arm is **itchy** because of a mosquito bite.
  모기에 물려서 나는 팔이 **가렵다**.

⊕ itch 동 가렵다

⊕ itchiness 명 가려움

0092 **sore**
[sɔːr]

형 아픈, 따가운

- I have a **sore** back after lifting heavy boxes.
  나는 무거운 상자들을 든 후 허리가 **아프다**.

0093 **suffer**
[sʌ́fər]
suffered – suffered

동 1. (병을) 앓다, 고통 받다 2. (안 좋은 일을) 겪다, 당하다

- He **suffered** from headaches for many years.
  그는 수년 동안 두통으로 **고통 받았다**.
- The town **suffered** great damage in the storm.
  그 마을은 폭풍으로 큰 피해를 **겪었다**.

⊕ suffer from ~으로 고통 받다

⊕ suffering 명 고통

0094 **cure**
[kjuər]
cured – cured

명 치료법 동 치료하다

- a **cure** for cancer
  암 **치료법**
- Can this medicine **cure** a cold?
  이 약은 감기를 **치료할** 수 있나요?

0095 **pill**
[pil]

명 알약

- This **pill** can make you sleepy.
  이 **알약**은 당신을 졸리게 만들 수 있습니다.

0096 **patient**
[péiʃənt]

명 환자 형 참을성 있는, 인내심 있는

- The young **patient** recovered quickly.
  그 젊은 **환자**는 빠르게 회복했다.
- Please be **patient** and wait a little longer.
  인내심을 갖고 조금만 더 기다려주세요.

0097 **appointment**
[əpɔ́intmənt]

명 약속, 예약

- make an **appointment**
  약속을 잡다
- I have a doctor's **appointment** this afternoon.
  나는 오늘 오후에 진료 **예약**이 있다.

교과서 빈출 표현

0098 **be in the hospital**

was[were] – been

입원하다

- He **was in the hospital** for a week.
  그는 일주일 동안 **입원했었다**.

0099 **care for**

cared – cared

~을 돌보다 (= take care of)

- She **cared for** her sick child.
  그녀는 자신의 아픈 아이를 **돌보았다**.

0100 **blow one's nose**

blew – blown

코를 풀다

- He **blew his nose** into a tissue.
  그는 휴지로 **코를 풀었다**.

VOCA Exercise

정답 p.371

A 빈칸에 알맞은 말을 넣어 어구를 완성하세요.

1 배탈 — an upset ____________
2 자연 치료법 — a natural ____________
3 아픈 발목 — a ____________ ankle
4 혈액 검사 — a ____________ test
5 다이어트를 하다 — go on a ____________
6 알약을 복용하다 — take a ____________
7 병을 앓다 — suffer from a ____________
8 좋은 건강상태를 유지하다 — stay in good ____________

B 다음 빈칸에 알맞은 단어를 쓰세요.

1 pain : ____________ = 아픔, 통증 : 고통스러운, 아픈
2 suffer : ____________ = 고통 받다 : 고통
3 itch : ____________ = 가렵다 : 가려운
4 stress : ____________ = 스트레스 : 스트레스를 받는
5 ____________ : healthy = 건강 : 건강한
6 breath : ____________ = 숨, 호흡 : 숨 쉬다, 호흡하다

VOCA Exercise

C

다음 영영풀이에 해당하는 단어를 <보기>에서 골라 쓰세요.

<보기> bump	blind	ache	appointment

1 not able to see ______________

2 to hurt with a pain ______________

3 to hit by accident ______________

4 a meeting at an agreed time and place ______________

D

주어진 우리말에 맞게 빈칸에 알맞은 단어를 채워 문장을 완성하세요.

1 개들은 후각이 아주 뛰어나다.

→ Dogs have a great ______________ of smell.

2 그 환자는 심장 수술이 필요하다.

→ The ______________ needs heart surgery.

3 그녀는 인후염이 있다.

→ She has a sore ______________.

4 그는 귀가 먹은 후에도 작곡을 했다.

→ He wrote songs even after he became ______________.

5 우리는 아픈 동물들을 돌보기로 자원했다.

→ We volunteered to ______________ ______________ sick animals.

DAY 05

관계, 직업

Preview Check

- [ ] twin
- [ ] grandparent
- [ ] enemy
- [ ] boss
- [ ] chef
- [ ] master
- [ ] idol
- [ ] captain
- [ ] officer
- [ ] director
- [ ] designer
- [ ] staff
- [ ] senior
- [ ] nephew
- [ ] partner
- [ ] neighbor
- [ ] coworker
- [ ] author
- [ ] guard
- [ ] engineer
- [ ] photographer
- [ ] musician
- [ ] composer
- [ ] dream of
- [ ] make a living

관계, 직업

중등 기본

0101 **twin** [twin]

명 쌍둥이 (중의 한 명)

- My **twin** sister and I share everything.
  내 **쌍둥이** 여동생과 나는 모든 것을 공유한다.

0102 **grandparent** [grǽndpɛərənt]

명 조부모

- I visit my **grandparents** every month.
  나는 매달 **조부모**님 댁을 방문한다.

0103 **enemy** [énəmi]

명 적

- The army fought with the **enemy** bravely.
  그 군대는 **적**과 용감하게 싸웠다.

0104 **boss** [bɔs]

명 1. 상사 2. 사장, 우두머리*

쉬운뜻 *일, 단체에서 가장 윗사람

- I should ask my **boss** about the problem.
  나는 내 **상사**에게 그 문제에 관해 물어봐야 한다.
- She is the **boss** of the food company.
  그녀는 그 식품 회사의 **사장**이다.

0105 **chef** [ʃef]

명 요리사, 주방장

- Many **chefs** have their own recipes.
  많은 **요리사들**은 그들만의 조리법을 가지고 있다.
- We watched the **chef** prepare a meal.
  우리는 **주방장**이 식사를 준비하는 것을 지켜보았다.

0106 **master**
[mǽstər]
mastered – mastered

명 1. 주인 2. 달인, 사범
동 ~을 통달하다*, 완전히 익히다 쉬운뜻 *지식이나 기술을 환히 알다

- The dog follows the order of his **master** well.
  그 개는 **주인**의 명령을 잘 따른다.
- She is a **master** at chess.
  그녀는 체스의 **달인**이다.
- He **mastered** French in a year.
  그는 1년 만에 프랑스어에 **통달했다**.

0107 **idol**
[áidl]

명 우상

- He is an **idol** of many teenagers.
  그는 많은 십대들의 **우상**이다.

More 우리말 '아이돌'은 주로 청소년들에게 인기 있는 어린 가수를 가리키지만, 영어 idol은 누군가에게 사랑받거나 존경받는 사람을 가리켜요.

0108 **captain**
[kǽptən]

명 1. 선장, 기장 2. (팀의) 주장

- The **captain** is highly respected by his crew.
  그 **선장**은 그의 선원들에게 대단히 존경받는다.
- My brother is **captain** of the soccer team.
  내 오빠는 축구팀의 **주장**이다.

0109 **officer**
[ɔ́(:)fisər]

명 관리, 공무원

- a police **officer**
  경찰**관**
- Move your car before the parking control **officer** comes.
  주차 단속 **공무원**이 오기 전에 차를 빼세요.

0110 **director**
[diréktər]

명 책임자, 관리자, 감독

- He wants to become a famous movie **director**.
  그는 유명한 영화**감독**이 되고 싶어 한다.

0111 **designer**
[dizáinər]

명 디자이너

- He went to fashion school to be a **designer**.
  그는 **디자이너**가 되기 위해 패션 스쿨에 갔다.

0112 **staff**
[stæf]

명 직원, 스태프

- There are over fifty people on **staff**.
  직원이 50명 이상이다.

0113 **senior**
[síːnjər]

형 (나이나 계급이) 높은, 상급의 명 연장자

- He is a **senior** manager.
  그는 **상급** 관리자이다.
- We must care for **senior** citizens.
  우리는 **어르신**들을 보살펴야 한다.
- She is my **senior** by two years.
  그녀는 나보다 두 살 **연장자**이다[두 살 위이다].

⊖ **junior** 형 연하의, 하급의 명 손아랫사람

0114 **nephew**
[néfjuː]

명 (남자) 조카

- I look after my **nephew** when my sister is busy.
  나는 언니가 바쁠 때 **조카**를 돌봐준다.

⊕ **niece** 명 (여자) 조카

0115 **partner**
[pάːrtnər]

명 1. 배우자 2. 짝, 동료

- Bring your **partner** to the party.
  파티에 당신의 **배우자**를 데려오세요.
- Each student worked with a **partner** in science class.
  과학 수업에서 각 학생은 **짝**과 함께 작업했다.

0116 **neighbor**
[néibər]

명 이웃

- A **neighbor** complained about the noise.
  한 **이웃**이 소음 때문에 불평했다.

0117 **coworker**
[kóuwə̀ːrkər]

명 동료, 함께 일하는 사람

- My **coworker** helps me a lot at work.
  내 **동료**는 직장에서 나를 많이 도와준다.

More 접두사 co-는 '함께, 같이, 서로'라는 의미가 있어요.
- co-(함께) + pilot(조종사) = **copilot** 부조종사
- co-(함께) + exist(존재하다) = **coexist** 공존하다

0118 **author**
[ɔ́ːθər]

명 작가

- An **author** needs creativity to write a book.
  작가는 책을 쓰기 위해 창의성을 필요로 한다.

0119 **guard**
[gɑːrd]
guarded – guarded

명 감시인, 경비원 동 지키다, 보호하다

- The **guard** at the gate checked my bag.
  출입구에 있는 **경비원**이 내 가방을 검사했다.
- The soldiers **guard** the old palace.
  그 군인들은 오래된 궁전을 **지킨다**.

0120 **engineer**
[èndʒəníər]

명 기술자, 엔지니어

- I'm studying to become a computer **engineer**.
  나는 컴퓨터 **엔지니어**가 되기 위해 공부하고 있다.
- The software **engineer** designed a new app.
  그 소프트웨어 **엔지니어**는 새로운 앱을 디자인했다.

⊕ engineering 명 공학

0121 **photographer**
[fətágrəfər]

명 사진사

- The **photographer** put his photos on display.
  그 **사진사**는 자신의 사진들을 전시했다.

0122 **musician**
[mju(:)zíʃən]

명 음악가

- She is a very talented **musician**.
  그녀는 매우 재능있는 **음악가**이다.

0123 **composer**
[kəmpóuzər]

명 작곡가 (= songwriter)

- He is both a **composer** and a player.
  그는 **작곡가**인 동시에 연주가이다.

교과서 빈출 표현

0124 **dream of**

dreamed – dreamed

~을 꿈꾸다

- She **dreams of** becoming a singer.
  그녀는 가수가 되는 것을 **꿈꾼다**.

0125 **make a living**

made – made

생계를 유지하다

- He moved to the city to **make a living**.
  그는 **생계를 유지하기** 위해 도시로 이사 갔다.

VOCA Exercise

정답 p.371

A

빈칸에 알맞은 말을 넣어 어구를 완성하세요.

1 구두 디자이너 — a shoe ________________

2 사업 동료[동업자] — a business ________________

3 쌍둥이 남동생 — a ________________ brother

4 상급 관리자 — a ________________ manager

5 친절한 이웃 — a friendly ________________

6 음악 감독 — a musical ________________

7 (생물의) 천적 — a natural ________________

8 범죄 현장을 지키다 — ________________ the crime scene

B

빈칸 (a)와 (b)에 공통으로 들어갈 단어를 쓰세요.

1 (a) The ________________ flew the plane safely.

그 기장은 안전하게 비행기를 조종했다.

(b) She is the new ________________ of the volleyball team.

그녀가 배구팀의 새 주장이다.

2 (a) The dog saved its ________________ in the water.

그 개는 물속에서 주인을 구했다.

(b) She is a ________________ of languages. She can speak six languages.

그녀는 언어의 달인이다. 그녀는 6개 언어를 할 줄 안다.

VOCA Exercise

C

다음 영영풀이에 해당하는 단어를 <보기>에서 골라 쓰세요.

<보기> chef author composer nephew

1 a skilled cook in a restaurant or hotel ______________

2 the son of your brother or sister ______________

3 a person who writes books ______________

4 a person who writes music ______________

D

주어진 우리말에 맞게 빈칸에 알맞은 단어를 채워 문장을 완성하세요. (필요시 형태 바꿀 것)

1 호텔 직원은 우리에게 매우 친절했다.

→ The hotel ______________ was very friendly to us.

2 그 사장은 중요한 결정을 내렸다.

→ The ______________ made an important decision.

3 나는 매일 동료들과 점심을 먹는다.

→ I have lunch with my ______________ every day.

4 친구들은 가까이, 적들은 더 가까이 두어라.

→ Keep your friends close and your ______________ closer.

5 그녀는 예술가로써 생계를 유지한다.

→ She ______________ ______________ ______________ as an artist.

DAY 03-05

Review

정답 p.371

A

주어진 단어를 각각 빈칸에 채워 문장을 완성하세요.

315 She is in ______ ______ now. (condition, serious)

316 I changed my ______ for ______. (health, diet)

317 My ______ started to ______. (ache, stomach)

318 The nurses ______ for the ______. (care, patients)

319 Control your ______ and stay ______. (anger, calm)

B

<보기>에서 알맞은 단어를 골라 문장을 완성하세요.

<보기>	terrible	anxious	cure	touching
	fear	disease	screamed	suffered
	breath	tears		

320 The scientist found a ______ for the ______.

321 The ______ story brought ______ to my eyes.

322 He ______ from a ______ toothache.

323 When you feel ______, take a deep ______.

324 The child ______ in ______.

C 주어진 우리말에 맞게 다음 빈칸에 알맞은 단어를 쓰세요. (필요시 형태 바꿀 것)

325 This ____________ can help your ____________ throat.

이 알약은 인후염에 도움이 될 수 있다.

326 The ____________ prepared an ____________ meal for us.

그 주방장은 우리를 위해 굉장한 식사를 준비했다.

327 I feel ____________ working with my c____________.

나는 내 동료들과 일하는 것이 편하다.

328 The ____________ were ____________ of his success.

이웃들은 그의 성공을 질투했다.

329 Dogs are color____________, but have a great ____________ of hearing.

개들은 색을 볼 수 없지만[색맹이지만] 훌륭한 청각을 가지고 있다.

330 She was in ____________, and I tried to ____________ her up.

그녀가 울고 있어서, 나는 그녀를 격려해주려고 했다.

331 The ____________ protected the castle from the ____________.

그 경비원들은 적들로부터 성을 지켰다.

332 I ____________ of becoming a successful ____________.

나는 성공적인 작가가 되는 것을 꿈꾼다.

333 When your nose is ____________, ____________ your nose.

코가 간지러우면 코를 풀어라.

334 I'm ____________ to hear that your father's ____________ ____________ ____________ again.

네 아버지가 다시 입원하신 걸 듣게 되어 유감이다.

DAY 06

행동, 동작

Preview Check

- [ ] fall
- [ ] hide
- [ ] push
- [ ] pull
- [ ] quickly
- [ ] break
- [ ] blow
- [ ] lift
- [ ] shake
- [ ] lie
- [ ] action
- [ ] appear
- [ ] bend
- [ ] bite
- [ ] chew
- [ ] grab
- [ ] bother
- [ ] blink
- [ ] tap
- [ ] treat
- [ ] pause
- [ ] pretend
- [ ] watch out (for)
- [ ] be about to-v
- [ ] in a hurry

DAY 06

행동, 동작

0126 **fall**
[fɔːl]
fell – fallen

동 1. 떨어지다 2. 넘어지다, 쓰러지다
명 가을 (= autumn)

- Leaves started to **fall** from trees.
  나무에서 잎들이 **떨어지기** 시작했다.
- He slipped and **fell** to the ground.
  그는 미끄러져서 땅에 **넘어졌다**.
- The mountain becomes more beautiful in **fall**.
  그 산은 **가을**에 더욱 아름다워진다.

0127 **hide**
[haid]
hid – hidden

동 숨다, 감추다

- She **hid** behind the curtains.
  그녀는 커튼 뒤에 **숨었다**.

⊕ hidden 형 숨겨진, 비밀의

0128 **push**
[puʃ]
pushed – pushed

동 1. 밀다 2. 누르다

- He **pushed** the door, but it didn't open.
  그는 문을 **밀었지만** 열리지 않았다.
- **Push** the button to turn on the computer.
  컴퓨터를 켜려면 버튼을 **눌러라**.

0129 **pull**
[pul]
pulled – pulled

동 끌다, 당기다

- My baby brother **pulled** my hair.
  어린 남동생은 내 머리카락을 **당겼다**.

0130 **quickly**
[kwíkli]

부 빨리, 빠르게

- He **quickly** changed his clothes.
  그는 **빠르게** 옷을 갈아입었다.

⊕ quick 형 재빠른, 신속한
⊖ slowly 부 천천히, 느리게

0131 **break**
[breik]
broke – broken

동 1. 깨다, 부수다 2. 고장 내다 명 (짧은) 휴식

- He **broke** a glass while washing dishes.
  그는 설거지를 하다가 유리잔을 **깼다**.
- I **broke** my brother's watch.
  나는 형의 시계를 **고장 냈다**.
- Let's have a **break** for 5 minutes.
  5분 동안 잠시 **휴식**을 가지자[쉬자].

0132 **blow**
[blou]
blew – blown

동 1. (바람이) 불다 2. (입으로) 불다

- A cold winter wind **was blowing**.
  찬 겨울바람이 **불고 있었다**.
- We **blew up** balloons for the party.
  우리는 파티를 위해 풍선을 **불었다**.

⊕ blow up (풍선에) 공기를 주입하다

0133 **lift**
[lift]
lifted – lifted

동 들어 올리다

- The men **lifted** the heavy box together.
  그 남자들은 무거운 상자를 함께 **들어 올렸다**.

0134 **shake**
[ʃeik]
shook – shaken

동 흔들다, 흔들리다

- I **shook** the bottle before drinking.
  나는 마시기 전에 병을 **흔들었다**.

⊕ shake hands 악수하다

0135 **lie**
[lai]
1. lied – lied
2. lay – lain

동 1. 거짓말하다 2. 눕다, 누워있다 명 거짓말

- He **lied** about his age.
  그는 나이에 대해 **거짓말했다**[나이를 속였다].
- A baby **is lying** on the bed.
  아기가 침대 위에 **누워있다**.
- I will never tell a **lie** to you.
  나는 너에게 절대 **거짓말**을 하지 않을 거야.

More lie는 의미에 따라서 과거형이 달라요. '거짓말하다'라는 의미의 과거형은 lied로 쓰고, '눕다'라는 의미의 과거형은 lay로 써요.

- She **lied** about her friend. 그녀는 친구에 대해 **거짓말했다**.
- I just **lay** there for a few minutes. 나는 몇 분 동안 그냥 **누워있었다**.

0136 **action**
[ǽkʃən]

명 행동, 동작

- He doesn't put his words into **action**.
  그는 말을 **행동**으로 옮기지 않는다.

0137 **appear**
[əpíər]
appeared – appeared

동 1. 나타나다, 출현하다* 2. ~인 것 같다 (= seem)

쉬운뜻 *나타나다 또는 나타나서 보이다

- The actor **appeared** on the stage.
  그 배우가 무대 위에 **나타났다**.
- He **appeared** surprised by the news.
  그는 그 소식에 놀란 **것 같았다**.

⊕ appearance 명 1. 외모, 겉모습 2. 출현

0138 **bend**
[bend]
bent – bent

동 1. (몸을) 굽히다, 숙이다 2. (방향을) 틀다, 휘다

- **bend** down[over]
  몸을 굽히다
- Keep your back straight and **bend** your knees.
  등을 곧게 유지하고 무릎을 **구부려라**.
- The trees **were bending** in the wind.
  나무들이 바람에 **휘어지고 있었다**.

0139 **bite**
[bait]
bit – bitten

동 물다, 깨물다 명 1. 한 입 2. 물린 상처

- The dog tried to **bite** me.
  그 개가 나를 **물려고** 했다.
- I took a small **bite** of the cookie.
  나는 그 쿠키를 작게 **한 입** 물었다.
- a mosquito **bite**
  모기 **물린 상처**

0140 **chew**
[tʃuː]
chewed – chewed

동 씹다, 깨물다

- Don't talk when you **chew** your food.
  음식을 **씹을** 때 얘기하지 마세요.

비교 Point bite vs. chew

bite는 치아로 무는 것을 의미하고 chew는 음식을 씹거나 깨물어 부수는 것을 의미해요.
다시 말해, chew는 bite로 뜯어낸 것을 잘게 부수는 행동이에요.

0141 **grab**
[græb]
grabbed – grabbed

동 붙잡다, 잡다
• She quickly **grabbed** her bag and left.
그녀는 재빨리 가방을 **움켜잡고** 떠났다.
⊕ grab a bite 간단히 먹다

0142 **bother**
[báðər]
bothered – bothered

동 괴롭히다, 귀찮게 하다
• Sorry to **bother** you. Can I talk to you?
귀찮게 해서 죄송합니다. 얘기 좀 할 수 있을까요?

0143 **blink**
[bliŋk]
blinked – blinked

동 눈을 깜빡이다 명 깜빡임
• She **blinked** in the sunlight.
그녀는 햇빛에 **눈을 깜빡였다**.
• I'll be back in a **blink**.
눈 **깜빡**할 사이에 돌아올게[금방 돌아올게].

0144 **tap**
[tæp]
tapped – tapped

동 톡톡 두드리다 명 두드리기
• Someone **tapped** me on the shoulder.
누군가 내 어깨를 **톡톡 두드렸다**.
• I heard a **tap** at the door.
나는 누가 문을 **두드리는 것**을 들었다.

0145 **treat**
[triːt]
treated – treated

동 1. 대하다, 다루다 2. 치료하다
• He always **treats** everyone with respect.
그는 항상 모든 사람을 정중히 **대한다**.
• The doctor **treated** her disease.
그 의사는 그녀의 병을 **치료해 주었다**.
⊕ treatment 명 1. 대우 2. 치료

0146 **pause**

[pɔːz]

paused – paused

동 잠시 멈추다 명 잠깐 멈춤, 중지

- She **paused** and thought for a minute.
  그녀는 **잠시 멈춰서** 잠깐 생각했다.
- After a **pause**, he continued his story.
  잠깐 멈춘 후에 그는 자기 이야기를 이어 나갔다.

0147 **pretend**

[priténd]

pretended – pretended

동 ~인 척하다

- My brother **was pretending** to be asleep.
  내 남동생은 자는 **척하고 있었다**.

교과서 빈출 표현

0148 **watch out (for)**

watched – watched

(~을) 조심하다, 경계하다

- **Watch out**! The floor is wet.
  조심해! 바닥이 젖어있어.
- **Watch out for** the glass pieces on the floor.
  바닥에 떨어진 유리 조각들**을 조심해**.

0149 **be about to-v**

was[were] – been

막 ~하려고 하다

- I **was about to** call you.
  나는 **막** 네게 전화**하려고 했어**.

0150 **in a hurry**

서둘러, 급히

- She left the house **in a hurry**.
  그녀는 **서둘러** 집을 나섰다.

⊕ hurry 동 서두르다

VOCA Exercise

정답 p.371

A 빈칸에 알맞은 말을 넣어 어구를 완성하세요.

1 빠른 동작 — a quick ________
2 휴식 없이 일하다 — work without a ________
3 역기를 들다 — ________ weights
4 팔을 구부리다 — ________ one's arm
5 쇼에 나타나다[나오다] — ________ on the show
6 밀어서 열다 — ________ open
7 조심해서 다루다 — ________ with care
8 자전거에서 떨어지다 — ________ from the bicycle

B 빈칸에 알맞은 형태를 쓰세요.

1 hide - (과거형) ________ - (과거분사형) ________
2 pull - (과거형) ________ - (과거분사형) ________
3 blow - (과거형) ________ - (과거분사형) ________
4 shake - (과거형) ________ - (과거분사형) ________
5 bite - (과거형) ________ - (과거분사형) ________
6 bend - (과거형) ________ - (과거분사형) ________

VOCA Exercise

C

다음 영영풀이에 해당하는 단어를 <보기>에서 골라 쓰세요.

<보기>	blink	tap	pause	grab

1 to stop for a short time ____________

2 to close and then open your eyes quickly ____________

3 to hit somebody or something lightly ____________

4 to take and hold something ____________

D

주어진 우리말에 맞게 빈칸에 알맞은 단어를 채워 문장을 완성하세요. (필요시 형태 바꿀 것)

1 등을 대고 누우세요.

→ Please ____________ on your back.

2 수업 중에는 껌을 씹으면 안 돼.

→ You can't ____________ gum in class.

3 그녀는 아픈척했다.

→ She ____________ to be sick.

4 그는 내 이메일에 매우 빠르게 답장해 주었다.

→ He replied to my email very ____________.

5 그 비행기는 막 이륙하려 한다.

→ The airplane ____________ ____________ ____________ take off.

DAY 07

사고, 생각

Preview Check

- [ ] agree
- [ ] decide
- [ ] seem
- [ ] mind
- [ ] allow
- [ ] image
- [ ] imagine
- [ ] wonder
- [ ] clue
- [ ] point
- [ ] expect
- [ ] prefer
- [ ] certain
- [ ] personal
- [ ] blame
- [ ] confuse
- [ ] attention
- [ ] positive
- [ ] belief
- [ ] admire
- [ ] hopefully
- [ ] realize
- [ ] find out
- [ ] look forward to (v-ing)
- [ ] think of

DAY 07
사고, 생각

0151 **agree**
[əgríː]
agreed – agreed

동 동의하다

- We **agreed** to meet at noon for lunch.
  우리는 점심 식사를 위해 정오에 만나기로 **동의했다.**

⊖ disagree 동 동의하지 않다

0152 **decide**
[disáid]
decided – decided

동 결정하다, 결심하다

- She **decided** to get a haircut.
  그녀는 머리를 자르기로 **결심했다.**

0153 **seem**
[siːm]
seemed – seemed

동 ~인 것 같다, ~처럼 보이다 (= appear)

- My new teacher **seems** friendly.
  새로운 선생님은 친절하**신 것 같다.**

0154 **mind**
[maind]
minded – minded

명 마음, 정신 동 신경 쓰다, 꺼리다

- I changed my **mind**.
  나는 내 **마음**을 바꿨다.
- Never **mind**.
  신경 쓰지 마[괜찮아].
- I don't **mind** sitting in the back.
  나는 뒷자리에 앉는 것에 대해 **신경 쓰지** 않는다[뒷자리에 앉아도 괜찮다].

⊕ come to mind 생각이 떠오르다

0155 **allow**
[əláu]
allowed – allowed

동 허락하다, 허용하다*

쉬운뜻 *허락하여 받아들이다

- The teacher doesn't **allow** cell phones in class.
  선생님은 수업 중에 핸드폰 사용을 **허락하지** 않으신다.
- I'**m allowed to** stay up late on Fridays.
  나는 금요일에는 늦게까지 깨 있는 **것이 허용된다.**

⊕ be allowed to-v ~하는 것이 허용되다

0156 **image**
[ímidʒ]

명 1. 이미지, 인상 2. 그림

- The actor is worried about his public **image**.
  그 배우는 자신의 대중적 **이미지**를 걱정한다.
- An **image** slowly began to appear on the screen.
  화면에 **그림**이 서서히 나타나기 시작했다.

0157 **imagine**
[imǽdʒin]
imagined – imagined

동 상상하다

- **Imagine** your future in 10 years.
  당신의 10년 후 미래를 **상상해 보세요**.

0158 **wonder**
[wʌ́ndər]
wondered – wondered

동 궁금하다 명 경이*, 놀라움

쉬운뜻 *놀랍고 신기한 일

- I **wonder** why she is so upset.
  나는 그녀가 왜 그렇게 화가 났는지 **궁금하다**.
- Mount Everest is one of the natural **wonders**.
  에베레스트 산은 자연의 **경이로움** 중 하나이다.

중등 필수

0159 **clue**
[klu]

명 단서, 실마리*

쉬운뜻 *일이나 사건을 풀어 나갈 수 있는 계기

- I can't solve this puzzle without any **clues**.
  나는 아무런 **단서**도 없이 이 퍼즐을 풀 수 없다.

0160 **point**
[pɔint]
pointed – pointed

명 1. 의견, 주장 2. 요점*
동 가리키다

쉬운뜻 *가장 중요하고 중심이 되는 사실

- What is your **point**?
  네 **의견**이 뭐니?
- You are missing the **point** of the story.
  너는 그 이야기의 **요점**을 놓치고 있다.
- He **pointed at** the picture on the wall.
  그는 벽에 걸려있는 그림을 **가리켰다**.

⊕ point at ~을 가리키다

0161 **expect**
[ikspékt]
expected – expected

동 기대하다, 예상하다

- I didn't **expect** to see you here.
  나는 너를 여기서 볼 줄 **예상하지** 못했어.

⊕ expectation 명 기대, 예상
⊕ expected 형 예상되는

0162 **prefer**
[prifə́ːr]
preferred – preferred

동 선호하다* 쉬운뜻 *여럿 가운데서 특별히 가려서 좋아하다

- I **prefer** jazz to pop music.
  나는 대중음악보다 재즈를 **선호한다**.

⊕ prefer A to B B보다 A를 선호하다
⊕ preference 명 선호

0163 **certain**
[sə́ːrtn]

형 확신하는, 확실한

- He was **certain** about his answer.
  그는 자신의 대답에 **확신했다**.

0164 **personal**
[pə́rsənəl]

형 개인의, 개인적인

- **personal** information
  개인 정보
- I write my **personal** feelings in my diary.
  나는 **개인적인** 감정들을 일기에 쓴다.

⊕ personally 부 개인적으로
⊕ person 명 사람

More 형용사를 만드는 접미사 -al
접미사 -al은 명사 뒤에 붙어 형용사의 의미를 나타내어, 주로 '~의, ~적인'이라고 해석해요.

- person(사람) + -al = **personal** 개인의, 개인적인
- magic(마법) + -al = **magical** 마법의, 마술적인
- music(음악) + -al = **musical** 음악의, 음악적인
- nature(자연) + -al = **natural** 자연의

0165 **blame**
[bleim]
blamed – blamed

동 비난하다, ~의 탓으로 돌리다

- Don't **blame** others for your mistakes.
  네 실수를 남의 **탓으로 돌리지** 마.

0166 **confuse**
[kənfjúːz]
confused – confused

동 1. 혼란시키다* 2. 혼동하다**

쉬운뜻 *마음이나 정신을 어지럽히다
**구별하지 못하고 뒤섞어서 생각하다

- The unclear road sign **confused** drivers.
  불명확한 표지판은 운전자들을 **혼란스럽게 만들었다.**
- My friends **confuse** me with my sister.
  내 친구들은 나와 내 여동생을 **혼동한다.**

⊕ confusing 형 혼란스러운
⊕ confused 형 혼란스러워 하는

0167 **attention**
[əténʃən]

명 1. 주의, 주목 2. 관심

- Can I have your **attention** please?
  잠시 **주목**해 주시겠습니까?
- She likes to be the center of **attention**.
  그녀는 **관심**의 중심이 되는 것을 좋아한다.

⊕ pay attention to ~에 주목하다

0168 **positive**
[pázətiv]

형 긍정적인

- the power of **positive** thought
  긍정적인 사고의 힘
- Stay **positive** and believe in yourself.
  긍정적으로 생각하고 네 자신을 믿어라.

⊖ negative 형 부정적인

0169 **belief**
[bilíːf]

명 믿음, 확신, 신념*

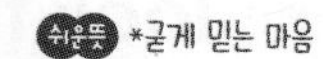

- The coach's **belief** in the team helped them win.
  팀을 향한 코치의 **믿음**은 그들이 이길 수 있도록 도와주었다.

⊕ believe 동 믿다

0170 **admire**
[ædmáiər]
admired – admired

동 1. 존경하다 2. 감탄하다

- I **admire** my teacher for her hard work.
  나는 선생님의 노고를 **존경한다.**
- People **admired** the wonderful view.
  사람들은 아름다운 경관에 **감탄했다.**

0171 **hopefully**
[hóupfəli]

㊔ 바라건대

- **Hopefully**, I'll get a perfect score.
  바라건대, 100점 맞으면 좋겠다.

⊕ hopeful ㊒ 희망에 찬, 기대하는

0172 **realize**
[rí(:)əlàiz]
realized – realized

㊐ 깨닫다, 알아차리다

- I **realized** something went wrong.
  나는 무언가 잘못되었다는 것을 **깨달았다**.

교과서 빈출 표현

0173 **find out**
found – found

알아내다, 알게 되다

- Let's **find out** when the movie starts.
  영화가 언제 시작하는지 **알아보자**.

0174 **look forward to (v-ing)**
looked – looked

~을 기대하다, ~을 고대하다*

쉬운뜻 *몹시 기다리다

- I **look forward to** the field trip.
  나는 현장 학습을 **기대한다**.
- I'**m looking forward to** meeting you.
  당신을 만날 것을 **기대하고 있습니다**.

0175 **think of**
thought – thought

1. ~을 생각하다 2. ~을 생각해내다

- What do you **think of** the movie?
  너는 그 영화에 대해 어떻게 **생각하니**?
- I **thought of** a way to solve the problem.
  나는 그 문제를 해결할 방법을 **생각해냈다**.

VOCA Exercise

정답 p.372

A 빈칸에 알맞은 말을 넣어 어구를 완성하세요.

1 강한 신념 a strong ________________

2 스스로를 비난하다 ________________ oneself

3 ~에 주목하다 pay ________________ to

4 정신 상태 a state of ________________

5 어려워 보이다 ________________ difficult

6 수업의 요점 the ________________ of the lesson

7 수수께끼의 실마리 a ________________ to the mystery

8 둘 중 어느 하나로 결정하다 ________________ between the two

B 다음 빈칸에 알맞은 단어를 쓰세요.

1 expect : ________________ = 기대하다 : 기대

2 confuse : ________________ = 혼란시키다 : 혼란스러운

3 personal : ________________ = 개인의 : 개인적으로

4 prefer : ________________ = 선호하다 : 선호

5 ________________ : negative = 긍정적인 : 부정적인

6 agree : ________________ = 동의하다 : 동의하지 않다

VOCA Exercise

C <보기>에서 알맞은 단어를 골라 문장을 완성하세요.

<보기> wonder hopefully certain imagine

1 I'm ________ that he is lying.

2 I ________ whose pen this is.

3 ________, it will be sunny tomorrow.

4 Close your eyes and ________ a beautiful beach.

D 주어진 우리말에 맞게 빈칸에 알맞은 단어를 채워 문장을 완성하세요. (필요시 형태 바꿀 것)

1 그는 나에게 아름다운 꽃 그림을 보내줬다.
→ He sent me an ________ of beautiful flowers.

2 그녀는 핸드폰을 집에 놓고 온 것을 깨달았다.
→ She ________ she left her phone at home.

3 나는 엠마를 나의 가장 친한 친구로 생각한다.
→ I ________ ________ Emma as my best friend.

4 나는 그가 진실을 알게 되길 원하지 않는다.
→ I don't want him to ________ ________ the truth.

5 그는 자신의 생일 파티를 기대하고 있다.
→ He is ________ ________ ________ his birthday party.

DAY 06-07 Review

정답 p.372

A 주어진 단어를 각각 빈칸에 채워 문장을 완성하세요.

335 ____________ she will ____________ her mistake. (realize, hopefully)

336 Nothing ____________ to ____________ him much. (bother, seems)

337 They ____________ hands and ____________ on the plan. (shook, agreed)

338 Let's ____________ here and take a ____________. (break, pause)

339 I ____________ the vase when I ____________ the table. (broke, pushed)

B <보기>에서 알맞은 단어를 골라 문장을 완성하세요.

<보기>	grabbed	quickly	think	about
	tapped	hurry	attention	hid
	mind	blow		

340 What comes to ____________ when you ____________ of fall?

341 She is ____________ to ____________ out the candles.

342 He ____________ his coat and left in a ____________.

343 The child ____________ ____________ behind his mom.

344 He ____________ the table to get their ____________.

C

주어진 우리말에 맞게 다음 빈칸에 알맞은 단어를 쓰세요. (필요시 형태 바꿀 것)

345 I ____________ why he ____________ to me.

나는 그가 내게 왜 거짓말했는지 궁금하다.

346 I ____________ to take a nap and ____________ on the sofa.

나는 낮잠 자기로 결심하여 소파에 누웠다.

347 Reading ____________ you to ____________ different worlds.

독서는 당신이 다른 세상을 상상하도록 허용한다.

348 He doesn't s____________ to ____________ walking in the rain.

그는 빗속에서 걷는 걸 신경 쓰지 않는 것 같다.

349 I'm ____________ this ____________ can help solve the mystery.

나는 이 단서가 수수께끼를 푸는 데 도움이 될 거라 확신한다.

350 He tried to make a ____________, but it only ____________ us.

그는 요점을 말하려고 했지만, 그것은 그저 우리를 혼란시켰다.

351 She ____________ not to talk about her ____________ life.

그녀는 자신의 개인 생활에 대해 말하지 않는 것을 선호한다.

352 I ____________ him for being ____________ all the time.

나는 항상 긍정적인 그를 존경한다.

353 ____________ your knees when you ____________ heavy things.

무거운 것을 들어 올릴 때 무릎을 구부려라.

354 ____________ ____________ for the dog. It might ____________ you.

그 개를 조심해. 그것은 너를 물지도 몰라.

DAY 08

의사소통

Preview Check

- [ ] tip
- [ ] reason
- [ ] fact
- [ ] truth
- [ ] advise
- [ ] explain
- [ ] promise
- [ ] dialogue
- [ ] excuse
- [ ] text
- [ ] message
- [ ] repeat
- [ ] express
- [ ] yell
- [ ] complain
- [ ] recommend
- [ ] communicate
- [ ] favor
- [ ] spread
- [ ] detail
- [ ] comment
- [ ] respond
- [ ] go on
- [ ] ask for
- [ ] in person

DAY
08 의사소통

중등 기본

0176 **tip**
[tip]

명 1. (뾰족한) 끝 부분 2. 조언 3. 팁, 봉사료

- the **tip** of a pencil
  연필 **끝**
- She gave me helpful **tips** on making friends.
  그녀는 내게 친구를 사귀는 것에 관해 유용한 **조언**을 해주었다.
- The customer left a big **tip**.
  그 손님은 후한 **팁**을 남겨놓고 갔다.

0177 **reason**
[ríːzən]

명 1. 이유, 원인 2. 근거 3. 이성*

쉬운뜻 *생각하는 능력

- Tell me the real **reason** why you were late.
  네가 지각한 진짜 **이유**를 말해줘.
- There is good **reason** to believe he'll succeed.
  그가 성공할 것이라 믿는 타당한 **근거**가 있다.
- Human beings are creatures of **reason**.
  인간은 **이성**의 동물이다.

0178 **fact**
[fækt]

명 사실

- There are many interesting **facts** about animals.
  동물들에 관한 많은 흥미로운 **사실들**이 있다.

0179 **truth**
[truːθ]

명 진실, 사실

- I can't lie to my parents. I will tell the **truth**.
  나는 부모님께 거짓말 할 순 없어. **사실**대로 말할 거야.

0180 **advise**

[ədváiz]

advised – advised

동 조언하다, 충고하다

- The doctor **advised** me to exercise every day.
  의사는 내게 매일 운동할 것을 **조언했다**.

0181 **explain**

[ikspléin]

explained – explained

동 설명하다

- Don't get upset. I'll **explain** everything.
  화내지 마. 내가 전부 **설명할게**.

⊕ explanation 명 설명

0182 **promise**

[prάmis]

promised – promised

동 약속하다 명 약속

- Mom **promised** to come back home early.
  엄마는 집에 일찍 돌아오기로 **약속하셨다**.
- keep one's **promise**
  ~의 **약속**을 지키다

0183 **dialogue**

[dáiəlɔ̀(:)g]

명 대화

- Listen to the **dialogue** and answer the question.
  대화를 듣고 질문에 답하세요.

0184 **excuse**

명사 [ikskjú:s]

동사 [ikskjú:z]

excused – excused

명 변명 동 용서하다, 참아주다

- He made an **excuse** to go home early.
  그는 집에 일찍 가려고 **변명**했다.
- **Excuse** me, is this your seat?
  죄송하지만 혹시 여기 당신 자리입니까?

0185 **text**

[tekst]

texted – texted

명 **1. 본문 2. 글, 문자** 동 **문자를 보내다**

- Look at the first line of the **text**.
  본문의 첫 번째 줄을 봐.
- Pictures help us understand the **text** better.
  그림은 우리가 **글**을 더 잘 이해할 수 있도록 돕는다.
- I **texted** with my friend all night.
  나는 친구와 밤새 **문자를 했다**.

0186 **message**

[mésidʒ]

명 **메시지, 문자**

- I left a **message**, but he didn't call me back.
  내가 **문자**를 남겼지만, 그는 나에게 다시 전화하지 않았다.

중등 필수

0187 **repeat**

[ripíːt]

repeated – repeated

동 **반복하다, 되풀이하다**

- Can you **repeat** the question?
  다시 질문 해 주시겠어요?
- **repeat** the same mistake
  똑같은 실수를 **반복하다**

0188 **express**

[iksprés]

expressed – expressed

동 **표현하다**

- Sometimes it's hard to **express** my feelings.
  때때로 내 감정을 **표현하는** 것이 어렵다.

⊕ expression 명 표현

0189 **yell**

[jel]

yelled – yelled

동 **소리치다, 고함치다**

- He **yelled** at me across the street.
  그는 길 건너에서 내게 **소리쳤다**.

0190 **complain**

[kəmpléin]

complained – complained

동 **불평하다**

- The customer **complained** about the poor service.
  그 고객은 형편없는 서비스에 대해 **불평했다**.

0191 **recommend**
[rèkəménd]
recommended – recommended

동 추천하다, 권하다

- Can you **recommend** a good restaurant nearby?
  근처에 좋은 식당을 좀 **추천해 줄래**?

0192 **communicate**
[kəmjú:nəkèit]
communicated – communicated

동 의사소통하다

- We use words and body language to **communicate**.
  우리는 **의사소통하기** 위해 말과 몸짓을 사용한다.

0193 **favor**
[féivər]

명 호의*, 친절, 부탁

쉬운뜻 *친절한 마음씨, 또는 좋게 생각하여 주는 마음

- Can I ask you a **favor**?
  부탁 좀 해도 될까요?
- Would you do me a **favor**?
  부탁 하나만 들어줄래요?

⊕ do ~ a favor ~의 부탁을 들어주다

0194 **spread**
[spred]
spread – spread

동 1. 펴다, 펼치다 2. 퍼지다, 퍼뜨리다
명 확산, 전파

- He **spread** his arms to give a hug.
  그는 포옹을 해주려고 팔을 **펼쳤다**.
- The rumor quickly **spread** through the town.
  그 소문은 마을에 빠르게 **퍼졌다**.
- We must stop the **spread** of the disease.
  우리는 그 질병의 **확산**을 막아야 한다.

0195 **detail**
[ditéil]

명 세부 사항

- Visit our website for more **details**.
  더 많은 **세부 사항**을 확인하려면 저희 웹사이트를 방문해 주세요.
- She explained the plan **in detail**.
  그녀는 그 계획에 대해 **자세히** 설명했다.

⊕ in detail 자세히

0196 **comment**
[kάment]
commented – commented

명 언급, 논평*
동 논평하다**

쉬운뜻 *어떤 글이나 사건에 대해 평가 또는 의견을 말함
**옳고 그름을 따지면서 말하다

- The teacher made a **comment** on my report.
  선생님은 내 보고서에 **논평**을 남기셨다.
- I often **comment** on news articles.
  나는 종종 신문 기사를 **논평한다**.

0197 **respond**
[rispάnd]
responded – responded

동 **1.** 대답하다 **2.** 반응하다

- Please **respond** to the email as soon as possible.
  가능한 한 빨리 그 메일에 **답해** 주세요.
- How did he **respond** to the news?
  그는 그 소식에 어떻게 **반응했니**?

교과서 빈출 표현

0198 **go on**
went – gone

(어떤 일이) 계속되다, 계속하다

- **Go on**. Finish the story.
  계속해. 이야기를 끝내줘.
- After a short pause, she **went on** talking.
  짧은 멈춤 후에 그녀는 이야기를 **계속했다**.

0199 **ask for**
asked – asked

~을 요청하다

- **ask for** help
  도움을 **요청하다**
- He **asked for** a glass of water.
  그는 물 한 잔을 **요청했다**.

0200 **in person**

직접

- I'd like to meet him **in person**.
  나는 그를 **직접** 만나보고 싶다.

VOCA Exercise

정답 p.372

A 빈칸에 알맞은 말을 넣어 어구를 완성하세요.

1 유용한 조언 a useful ________
2 호의에 보답하다 return a ________
3 메시지를 받다 get a ________
4 이유를 대다 give a ________
5 운동을 반복하다 ________ the exercise
6 ~에게 불평하다 ________ to someone
7 진실을 말하다 tell the ________
8 자세히 기억하다 remember in ________

B 빈칸 (a)와 (b)에 공통으로 들어갈 단어를 쓰세요.

1 (a) The bird ________ its big wings.
그 새는 그의 큰 날개를 펼쳤다.
(b) The news ________ very fast.
그 소식은 매우 빠르게 퍼졌다.

2 (a) ________ me when you arrive at school.
학교에 도착하면 나에게 문자 보내줘.
(b) He read the ________ out loud.
그는 소리 내어 본문을 읽었다.

VOCA Exercise

C <보기>에서 알맞은 단어를 골라 문장을 완성하세요.

<보기>	explain	express	promise	comment

1 Can you ________ the problem again?

2 I'll ________ to give it back to you.

3 You can ________ your opinion freely.

4 The coach made a ________ on the team's performance.

D 주어진 우리말에 맞게 빈칸에 알맞은 단어를 채워 문장을 완성하세요. (필요시 형태 바꿀 것)

1 돌고래는 의사소통하기 위해 소리를 사용한다.

→ Dolphins use sound to ________.

2 너 또 지각했구나. 이번에는 무슨 변명을 할 거니?

→ You're late again. What's your ________ this time?

3 그녀는 나에게 물 속 깊이 가지 말라고 충고했다.

→ She ________ me not to go deep in the water.

4 나는 그녀를 한 번도 직접 본 적이 없다.

→ I've never seen her ________ ________.

5 그 공연은 빗속에서도 계속될 것이다.

→ The show will ________ ________ in the rain.

DAY 09

의미를 더해주는 어휘

Preview Check

- [ ] like
- [ ] please
- [ ] actually
- [ ] even
- [ ] anyway
- [ ] instead
- [ ] else
- [ ] result
- [ ] such
- [ ] surprisingly
- [ ] loudly
- [ ] luckily
- [ ] easily
- [ ] clearly
- [ ] especially
- [ ] completely
- [ ] recently
- [ ] probably
- [ ] truly
- [ ] yet
- [ ] throughout
- [ ] altogether
- [ ] for example
- [ ] by the way
- [ ] and so on

DAY 09

의미를 더해주는 어휘

중등 기본

0201 **like**
[laik]
liked – liked

동 좋아하다　전 ~처럼, ~와 같이

- She **likes** watching scary movies.
  그녀는 공포 영화 보는 것을 **좋아한다**.
- He was crying **like** a baby.
  그는 아기**처럼** 울고 있었다.

0202 **please**
[pli:z]
pleased – pleased

감 부디, 제발　동 (남을) 기쁘게 하다

- **Please** be quiet.
  좀 조용히 해 **주세요**.
- It's not easy to **please** everybody.
  모든 사람을 **기쁘게 하는** 것은 쉽지 않다.

0203 **actually**
[ǽktʃuəli]

부 1. 실제로　2. 실은, 사실은

- It's not **actually** raining now.
  실제로 지금은 비가 오지 않아.
- Mike may look scary, but he is **actually** gentle.
  마이크는 무서워 보일지 모르지만, **사실은** 다정하다.

⊕ actual 형 실제의

0204 **even**
[í:vən]

부 1. 심지어, ~조차도　2. 훨씬, 더욱

- She didn't **even** say sorry to me.
  그녀는 나에게 사과 **조차** 하지 않았다.
- I'm **even** taller than my brother.
  나는 내 형보다 **훨씬** 키가 크다.

More even이 '훨씬, 더욱'이라는 의미로 쓰일 때는 비교급을 강조해요.

- He runs **even** *faster* than I do. 그는 나보다 **훨씬** 더 빨리 달린다.
- The movie was **even** *better* than I thought. 그 영화는 내가 생각했던 것보다 **훨씬** 나았다.
- The problem seems **even** *more difficult*. 그 문제는 **훨씬** 더 어려운 것 같다.

0205 **anyway**
[éniwèi]

부 1. 어쨌든 2. 그건 그렇고, 그런데

- She was sick, but went to school **anyway**.
  그녀는 아팠지만 **어쨌든** 학교에 갔다.
- **Anyway**, how was your weekend?
  그건 그렇고, 주말 어떻게 보냈어?

0206 **instead**
[instéd]

부 대신(에)

- I missed the bus, so I took a taxi **instead**.
  나는 버스를 놓쳐서 **대신** 택시를 탔다.
- He stayed at home **instead of** going out.
  그는 외출하는 **대신에** 집에 머물렀다.

⊕ instead of ~ 대신에

0207 **else**
[els]

형 그 밖의 다른, 또 다른 부 그 밖에, 달리

- Would you like anything **else**?
  그 밖의 다른 것을 드릴까요[더 필요한 것 있으세요]?
- I want to go somewhere **else** for dinner.
  나는 저녁 먹으러 **다른** 곳으로 가고 싶어.

0208 **result**
[rizʌ́lt]

명 결과, 결말

- I was happy with my test **result**.
  나는 시험 **결과**에 만족했다.
- It snowed heavily. **As a result**, many roads were closed. 눈이 많이 왔다. **결과적으로** 많은 도로가 통제되었다.

⊕ as a result 결과적으로

0209 **such**
[sətʃ]

형 1. 그런, 그러한 2. 너무나 ~한

- There is no **such** thing as ghosts.
  유령 같은 **그러한** 것은 없다.
- She has **such** a wonderful voice.
  그녀는 **너무나도** 아름다운 목소리를 가지고 있다.
- I enjoy playing sports **such as** baseball and tennis.
  나는 야구와 테니스 **같은** 운동을 하는 것을 즐긴다.

⊕ such as ~와 같은

0210 **surprisingly**
[sərpráiziŋli]

부 놀랍게도

- She took the bad news **surprisingly** well.
  그녀는 그 안 좋은 소식을 **놀랍게도** 잘 받아들였다.

+ surprising 형 놀라운
+ surprised 형 놀란, 놀라는

0211 **loudly**
[láudli]

부 큰 소리로

- People laughed **loudly** at his joke.
  사람들은 그의 농담에 **큰 소리로** 웃었다.

+ loud 형 (소리가) 큰, 시끄러운

0212 **luckily**
[lʌ́kəli]

부 운 좋게도, 다행히

- **Luckily**, the rain stopped before the field trip.
  다행히, 비는 현장 학습 전에 그쳤다.

+ lucky 형 운이 좋은, 행운의

0213 **easily**
[íːzili]

부 쉽게, 수월하게*

쉬운뜻 *까다롭거나 어렵지 않게

- We can **easily** find information on the internet.
  우리는 인터넷에서 **쉽게** 정보를 찾을 수 있다.

0214 **clearly**
[klíərli]

부 1. 또렷하게 2. 분명하게

- speak **clearly**
  또렷이 말하다
- The teacher explained the question **clearly**.
  선생님은 그 문제를 **분명하게** 설명해 주셨다.

0215 **especially**
[ispéʃəli]

㈜ 1. 특히 2. 특별히

- She loves snacks, **especially** ice cream.
그녀는 간식을 좋아하는데 **특히** 아이스크림을 아주 좋아한다.
- This dress was designed **especially** for her.
이 드레스는 **특별히** 그녀를 위해 디자인되었다.

0216 **completely**
[kəmplí:tli]

㈜ 완전히

- I **completely** forgot his birthday.
나는 그의 생일을 **완전히** 잊어버렸다.
- Are you **completely** honest with me?
너 나에게 **완전히** 솔직한 거니?

0217 **recently**
[rí:səntli]

㈜ 최근에

- Her phone number changed **recently**.
그녀의 핸드폰 번호는 **최근에** 바뀌었다.

0218 **probably**
[prábəbli]

㈜ 아마도

- He will **probably** come home around 8 p.m.
그는 **아마도** 저녁 8시쯤에 집에 올 것이다.

0219 **truly**
[trú:li]

㈜ 정말로, 진심으로

- I'm **truly** sorry for my mistake.
제 실수에 대해 **진심으로** 사과드립니다.

0220 **yet**
[jet]

㈜ 《부정문에서》 아직

- I'm not ready **yet**. Can you wait a little longer?
나는 **아직** 준비가 안 됐어. 조금만 더 기다려 줄래?

0221 **throughout**
[θru(:)áut]

전 1. 도처에* 2. ~동안, 내내

- The company has offices **throughout** the world.
  그 회사는 세계 **도처에** 지사를 가지고 있다.
- She worked on her report **throughout** the day.
  그녀는 하루 **내내** 보고서 작성을 했다.

0222 **altogether**
[ɔ̀:ltəgéðər]

부 1. 완전히 2. 총, 모두 합쳐

- The plan failed **altogether**.
  그 계획은 **완전히** 실패했다.
- Fifty people came to the party **altogether**.
  총 50명의 인원이 그 파티에 참석했다.

교과서 빈출 표현

0223 **for example**

예를 들어

- I have many hobbies, **for example**, reading and jogging.
  나는 많은 취미를 가지고 있는데, **예를 들어** 독서와 조깅이 있다.

0224 **by the way**

그런데, 그건 그렇고

- **By the way**, what time is it now?
  그런데, 혹시 지금 몇 시야?

0225 **and so on**

기타 등등

- He asked me about my name, age, **and so on**.
  그는 내게 이름과 나이 **등**에 대해서 물어봤다.

VOCA Exercise

정답 p.372

A 빈칸에 알맞은 말을 넣어 어구를 완성하세요.

1 최종 결과 the final ______________

2 쉽게 지루해하다 get bored ______________

3 훨씬 큰 ______________ bigger

4 큰 소리로 말하다 speak ______________

5 그 밖의 다른 누군가 somebody ______________

6 진심으로 믿다 ______________ believe

7 최근에 개봉된 영화 a ______________ released movie

8 의견을 분명하게 표현하다 express one's opinion ______________

B 빈칸 (a)와 (b)에 공통으로 들어갈 단어를 쓰세요.

1 (a) She looks ______________ her mom.

그녀는 자기 엄마처럼 보인다[엄마와 닮았다].

(b) Do you ______________ playing soccer?

너는 축구하는 것을 좋아하니?

2 (a) He traveled ______________ the country.

그는 전국 도처를 여행했다.

(b) The weather stays warm ______________ the year.

날씨는 일 년 내내 따뜻하다.

VOCA Exercise

C

<보기>에서 알맞은 단어를 골라 문장을 완성하세요.

<보기>	yet	altogether	instead	please

1 It stopped raining ________________.

2 Could you ________________ turn on the light?

3 We don't need to leave ________________.

4 Mom was sick, so I made dinner ________________.

D

주어진 우리말에 맞게 빈칸에 알맞은 단어를 채워 문장을 완성하세요.

1 그런 나쁜 말은 하지 마.

→ Don't say ________________ bad words.

2 그녀는 아마도 늦을 것이다.

→ She will ________________ be late.

3 운 좋게도 그 가게에는 나에게 맞는 크기의 바지가 있었다.

→ ________________, the shop had the pants in my size.

4 놀랍게도 그녀는 지갑을 운동장에서 발견했다.

→ ________________, she found her wallet on the playground.

5 사실 우리는 오랫동안 알고 지냈다.

→ ________________, we have known each other for a long time.

DAY 08-09

Review

정답 p.373

A

주어진 단어를 각각 빈칸에 채워 문장을 완성하세요.

355 ______________ don't ______________ at me. (yell, please)

356 ______________, he asked me a ______________. (surprisingly, favor)

357 We are ______________ sorry about the ______________. (result, truly)

358 ______________ me to tell the ______________. (promise, truth)

359 ______________ of ______________, let's find a solution. (complaining, instead)

B

<보기>에서 알맞은 단어를 골라 문장을 완성하세요.

<보기>	example	express	such	advised
	repeat	recommend	loudly	excuses
	ask	especially		

360 I ______________ you ______________ for her opinion.

361 She ______________ me to ______________ feelings honestly.

362 She asked him to ______________ his answer ______________.

363 Anyway, I don't believe ______________ ______________.

364 Fruits are ______________ high in vitamins, for ______________, vitamin C.

C 주어진 우리말에 맞게 다음 빈칸에 알맞은 단어를 쓰세요. (필요시 형태 바꿀 것)

365 That's a good ______________, thanks for the ______________.

그건 좋은 조언이네, 언급해줘서 고마워.

366 What ______________ did he say in the ______________?

그가 메시지에서 다른 무언가를 말했니?

367 I can ______________ it more ______________ in person.

나는 그것을 더 분명하게 직접 설명할 수 있다.

368 Open ______________ helps us ______________ better.

열린 대화는 우리가 의사소통을 더 잘 할 수 있게 도와준다.

369 She promised to ______________, but she hasn't ______________.

그녀는 대답할 것을 약속했지만 아직 하지 않았다.

370 The flu quickly ______________ ______________ the country.

독감은 나라 전역에 빠르게 퍼졌다.

371 There's no ______________ to be upset. He ______________ just forgot.

속상해 할 이유는 없어. 그는 아마도 그냥 잊어버렸을 거야.

372 ______________ ______________ ______________, have you talked to her ______________?

그건 그렇고, 너는 그녀와 최근에 얘기를 해봤니?

373 I love sweets ______________ chocolate, cookies, ______________ ______________ ______________.

나는 초콜릿, 쿠키 등 단것을 정말 좋아한다.

DAY 10

일상, 집안일

Preview Check

- [ ] fix
- [ ] leave
- [ ] spend
- [ ] cover
- [ ] rest
- [ ] relax
- [ ] own
- [ ] feed
- [ ] share
- [ ] place
- [ ] set
- [ ] clear
- [ ] usually
- [ ] nap
- [ ] press
- [ ] remove
- [ ] contact
- [ ] wipe
- [ ] daily
- [ ] regularly
- [ ] ordinary
- [ ] arrange
- [ ] wake up
- [ ] clean up
- [ ] stay up (late)

DAY 10

일상, 집안일

0226 **fix**

[fiks]

fixed – fixed

동 1. ~을 수리하다, 고치다 2. 고정시키다

- Dad climbed the ladder and **fixed** the roof.
  아빠는 사다리를 타고 올라가 지붕을 **수리하셨다**.
- The picture frame is **fixed** to the wall.
  그 액자는 벽에 **고정되어** 있다.

⊕ fixed 형 고정된

0227 **leave**

[liːv]

left – left

동 1. 떠나다 2. ~을 두고 오다, 남기다

- He **left** the house in the early morning.
  그는 아침 일찍 집을 **떠났다**.
- She **left** her wallet on the bus.
  그녀는 버스에 지갑을 **두고** 내렸다.

0228 **spend**

[spend]

spent – spent

동 1. (돈을) 쓰다 2. (시간을) 보내다

- We **spent** a lot of money on shopping.
  우리는 쇼핑에 돈을 많이 **썼다**.
- I **spend** time with my family on weekends.
  나는 주말에 가족들과 시간을 **보낸다**.

0229 **cover**

[kʌ́vər]

covered – covered

동 덮다, 씌우다, 가리다 명 덮개

- **Cover** your mouth when you cough.
  기침을 할 때 입을 **가려라**.
- He put a **cover** over the pot.
  그는 냄비 위에 **덮개**를 올려두었다.

0230 **rest**
[rest]
rested – rested

동 쉬다 명 **1.** 휴식, 안정 **2.** 나머지

- We **rested** on the beach on vacation.
  우리는 휴가 중에 해변에서 **쉬었다**.
- I want to take a **rest** for a minute.
  나는 잠시 **휴식**을 취하고 싶다.
- He watched TV for the **rest** of the day.
  그는 **남은** 하루 내내 TV를 봤다.

0231 **relax**
[rilǽks]
relaxed – relaxed

동 **1.** 휴식을 취하다 **2.** 긴장을 풀다

- I like to **relax** by reading a book.
  나는 책을 읽으면서 **휴식을 취하는** 것을 좋아한다.
- The massage chair helped me **relax**.
  마사지 의자는 내가 **긴장을 풀도록** 도와주었다.

0232 **own**
[oun]
owned – owned

형 자기 자신의 동 소유하다

- I don't have my **own** room.
  나는 **나만의** 방이 없다.
- I want to **own** a house near a lake.
  나는 호수 근처의 집을 **소유하고** 싶다.

⊕ owner 명 주인, 소유주

0233 **feed**
[fiːd]
fed – fed

동 **1.** 먹이다 **2.** 먹이를 주다

- She **is feeding** her baby.
  그녀는 아기에게 (우유를) **먹이고 있다**.
- He **feeds** his dog every morning.
  그는 매일 아침 그의 개에게 **먹이를 준다**.

0234 **share**
[ʃɛər]
shared – shared

동 함께 쓰다, 공유하다 명 몫*

쉬운뜻 *여럿으로 나누어진 부분, 양

- My brother and I **share** clothes.
  내 남동생과 나는 옷을 **공유한다**.
- get a fair **share**
  공정한 **몫**을 받다

0235 **place**
[pleis]
placed – placed

명 장소, 곳 동 놓다, 두다

- We need a quiet **place** to talk.
  우리는 대화할 조용한 **장소**가 필요하다.
- I **placed** the vase on the desk.
  나는 책상에 꽃병을 **놓았다**.

0236 **set**
[set]
set – set

동 1. ~을 두다, 놓다 2. (기계 등을) 맞추다
명 한 벌, 세트

- He **set** a cup on the table.
  그는 식탁에 컵을 **놓았다**.
- I forgot to **set** an alarm.
  나는 알람을 **맞추는** 것을 깜빡했다.
- She bought a **set** of dishes.
  그녀는 접시 한 **세트**를 샀다.

0237 **clear**
[kliər]
cleared – cleared

형 1. 투명한, 맑은 2. 분명한, 확실한
동 치우다, 깨끗하게 하다

- It was a **clear**, sunny day.
  맑고 화창한 날이었다.
- It is **clear** that she is lying now.
  그녀가 지금 거짓말을 하고 있는 게 **분명하다**.
- Let's help him **clear** the table.
  그가 식탁을 **치우는** 것을 도와주자.

⊕ clearly 부 분명하게

0238 **usually**
[júːʒuəli]

부 보통, 대개

- I **usually** go to school on foot.
  나는 **보통** 걸어서 학교에 간다.

⊕ usual 형 보통의, 평소의

0239 **nap**
[næp]

명 낮잠

- He took a **nap** after lunch.
  그는 점심 식사 후에 **낮잠**을 잤다.

0240 **press**
[pres]
pressed – pressed

동 누르다

- Can you **press** the button for the 10th floor?
  10층 버튼 좀 **눌러**주실래요?

0241 **remove**
[rimúːv]
removed – removed

동 제거하다, 없애다

- She couldn't **remove** the stain on her shirt.
  그녀는 셔츠의 얼룩을 **없애지** 못했다.

0242 **contact**
[kάntækt]
contacted – contacted

동 연락하다 명 1. 연락 2. 접촉

- Please **contact** us with any questions.
  문의 사항이 있으시면 언제든지 **연락해** 주십시오.
- Do you still keep in **contact** with him?
  너 아직 그와 **연락**하고 있니?
- She avoided making eye **contact** with me.
  그녀는 나와 눈을 **마주치는** 것을 피했다.

0243 **wipe**
[waip]
wiped – wiped

동 닦다

- She **wiped** the window with a cloth.
  그녀는 천으로 창문을 **닦았다**.

⊕ wiper 명 닦개, 와이퍼

0244 **daily**
[déili]

형 매일의 부 매일

- Work is an important part of our **daily** life.
  일은 우리의 **일상**생활에서 중요한 부분이다.
- Take this medicine twice **daily**.
  이 약을 **매일** 두 번 드세요.

⊕ day 명 하루

0245 **regularly**
[régjələrli]

부 규칙적으로, 정기적으로

- I go jogging **regularly** to stay fit.
  나는 건강을 유지하기 위해 **규칙적으로** 조깅한다.

⊕ regular 형 규칙적인

0246 **ordinary**
[ɔ́:rdənèri]

형 평범한, 보통의

- It was just an **ordinary** day at school. Nothing special.
  그 날은 학교에서 그저 **평범한** 날이었다. 특별한 건 없었다.

0247 **arrange**
[əréindʒ]
arranged – arranged

동 1. 마련하다, 준비하다
2. 정리하다, 배열하다*

쉬운뜻 *일정한 순서나 차례에 따라 놓다

- Let's **arrange** a surprise party for him.
  그를 위해 깜짝 파티를 **준비하자**.
- The librarian **arranges** books by subject.
  그 사서는 책을 주제별로 **정리한다**.

⊕ arrangement 명 1. 마련, 준비 2. 배열

교과서 빈출 표현

0248 **wake up**
woke – woken

깨다, 일어나다

- I **woke up** late and missed the bus.
  나는 늦게 **일어나서** 버스를 놓쳤다.

0249 **clean up**
cleaned – cleaned

~을 치우다, 청소하다

- Mom made me **clean up** the room.
  엄마는 내가 방**을 치우게** 하셨다.

0250 **stay up (late)**
stayed – stayed

(늦게까지) 안 자고 있다, 깨어 있다

- He **stayed up late** to study for the exam.
  그는 시험공부를 하기 위해 **늦게까지 안 잤다**.

VOCA Exercise

정답 p.373

A

빈칸에 알맞은 말을 넣어 어구를 완성하세요.

1 여가 시간을 보내다 ________ free time

2 소파에서 휴식을 취하다 ________ on the sofa

3 접촉하다 come in ________

4 초인종을 누르다 ________ the doorbell

5 방을 함께 쓰다 ________ a room

6 메시지를 남기다 ________ a message

7 그 책의 나머지 the ________ of the book

8 방문하기 좋은 장소 a great ________ to visit

B

다음 빈칸에 알맞은 단어를 쓰세요.

1 fix : ________ = 고정시키다 : 고정된

2 ________ : wiper = 닦다 : 닦개

3 own : ________ = 소유하다 : 주인, 소유주

4 ________ : usually = 보통의, 평소의 : 보통, 대개

5 day : ________ = 하루 : 매일

6 clear : ________ = 분명한 : 분명하게

C

<보기>에서 알맞은 단어를 골라 문장을 완성하세요.

<보기> arrange	regularly	set	cover

1 I bought a ________________ of six chairs.

2 She will ________________ the flowers for the wedding.

3 ________________ her with a blanket. She looks cold.

4 He visits his grandparents ________________.

D

주어진 우리말에 맞게 빈칸에 알맞은 단어를 채워 문장을 완성하세요. (필요시 형태 바꿀 것)

1 그녀는 앉아서 휴식을 취했다.

→ She sat down and took a ________________.

2 나는 창문에 붙은 스티커를 제거하려는 중이다.

→ I'm trying to ________________ the sticker on the window.

3 우리는 농장에서 말과 소에게 먹이를 주었다.

→ We ________________ the horses and cows on the farm.

4 그건 그저 평범한 집이었다.

→ It was just an ________________ house.

5 나가시기 전에 방을 치워 주세요.

→ Please ________________ ________________ your room before you leave.

DAY 11

집, 집 안의 물건

Preview Check

- ☐ plate
- ☐ space
- ☐ nail
- ☐ power
- ☐ counter
- ☐ calendar
- ☐ apartment
- ☐ carpet
- ☐ cushion
- ☐ curtain
- ☐ kit
- ☐ lid
- ☐ mess
- ☐ tidy
- ☐ tool
- ☐ stuff
- ☐ handle
- ☐ laundry
- ☐ pile
- ☐ blanket
- ☐ pillow
- ☐ shelf
- ☐ refrigerator
- ☐ run out (of)
- ☐ show ~ around

집, 집 안의 물건

0251 **plate**
[pleit]

명 접시 (= dish)

- The **plate** is hot, so be careful.
  접시가 뜨거우니 조심해.

0252 **space**
[speis]

명 **1.** 공간 **2.** 우주

- There is not enough **space** for two sofas.
  소파 두 개를 놓을 충분한 **공간**이 없다.
- **Space** travel is possible but still dangerous.
  우주여행은 가능하지만 아직 위험하다.

0253 **nail**
[neil]
nailed – nailed

명 **1.** 손톱 **2.** 못 동 못으로 박다

- She bites her **nails** when she gets nervous.
  그녀는 초조해지면 **손톱**을 물어뜯는다.
- He hit the **nail** with the hammer.
  그는 망치로 **못**을 내리쳤다.
- I **nailed** the mirror to the wall.
  나는 벽에 거울을 **못으로 박았다**.

0254 **power**
[páuər]

명 **1.** 힘 **2.** 전기, 에너지

- Music has the **power** to change lives.
  음악은 삶을 바꿀 수 있는 **힘**이 있다.
- The **power** went out during the storm.
  폭풍우가 치는 동안 **전기**가 나갔다[정전이 되었다].

⊕ powerful 형 강력한

0255 **counter**
[káuntər]

명 1. 계산대 2. (주방의) 조리대, 카운터

- You need to pay at the **counter**.
  계산대에서 지불해주셔야 합니다.
- She wiped the kitchen **counter** with a cloth.
  그녀는 행주로 **조리대**를 닦았다.

0256 **calendar**
[kǽləndər]

명 달력

- I circled the date on the **calendar**.
  나는 **달력**에 그 날짜를 동그라미 쳤다.

0257 **apartment**
[əpɑ́:rtmənt]

명 아파트

- He moved to the house from the **apartment**.
  그는 **아파트**에서 주택으로 이사 갔다.

0258 **carpet**
[kɑ́:rpit]

명 카펫

- The kid spilled the juice on the **carpet**.
  그 아이는 **카펫**에 주스를 쏟았다.

0259 **cushion**
[kúʃən]

명 쿠션, 방석

- My cat sleeps on the **cushion** by the window.
  내 고양이는 창가 근처의 **쿠션** 위에서 잔다.

0260 **curtain**
[kə́:rtən]

명 커튼

- She opened the **curtains** to let the sunlight in.
  그녀는 햇빛이 들어오도록 **커튼**을 걷었다.

0261 **kit**
[kit]

명 도구 세트

- She carries a sewing **kit** in her bag.
  그녀는 가방 안에 바느질 **세트**[반짇고리]를 가지고 다닌다.

0262 **lid**
[lid]

명 뚜껑, 덮개

- Close the **lid** tightly to keep the soup warm.
  수프를 따뜻하게 보관하기 위해 **뚜껑**을 꽉 닫아라.

0263 **mess**
[mes]

명 엉망진창, 뒤죽박죽

- My dog made a **mess** in the bathroom.
  내 개가 욕실을 **엉망진창**으로 만들어 놓았다.

➕ messy 형 지저분한, 엉망진창의

0264 **tidy**
[táidi]

형 깔끔한, 단정한 (= neat)

- He always keeps his room very **tidy**.
  그는 늘 자신의 방을 매우 **깔끔하게** 유지한다.

0265 **tool**
[tu:l]

명 연장, 도구, 공구*

쉬운뜻 *물건을 만들거나 고치는 데에 쓰는 도구

- garden **tools**
  정원 **도구**
- I don't have the right **tools** to fix the bike.
  나는 자전거를 수리하기 위한 적당한 **공구들**이 없다.

0266 **stuff**
[stʌf]

명 물건, 일

- Don't touch my **stuff** in the room.
  방 안에 있는 내 **물건**을 건들지 마라.
- I have a lot of **stuff** to do today.
  나는 오늘 해야 할 **일**이 많다.

0267 **handle**
[hǽndl]
handled – handled

명 손잡이 동 다루다, 처리하다

- This door **handle** is broken.
  이 문 **손잡이**는 고장 났다.
- **Handle** the glasses with care.
  그 유리들을 조심해서 **다루어라**.
- Can you **handle** the problem by yourself?
  너 혼자서 그 문제를 **처리할** 수 있겠니?

0268 **laundry**
[lɔ́:ndri]

명 세탁, 세탁물

- I did the **laundry** while Mom cleaned the kitchen.
  나는 엄마가 주방을 치우실 동안 **세탁**을 했다.

0269 **pile**
[pail]
piled – piled

명 더미, 덩어리 동 쌓다, 포개다

- There was a **pile** of books on the desk.
  책상 위에 책 한 **더미**가 있었다.
- She **piled** the dishes in the sink after dinner.
  그녀는 저녁 식사 후에 싱크대에 접시를 **쌓았다**.

0270 **blanket**
[blǽŋkit]

명 담요, 이불

- Mom put a **blanket** over me.
  엄마가 내게 **담요**를 덮어주셨다.
- He fell asleep under the soft **blanket**.
  그는 부드러운 **이불** 안에서 잠이 들었다.

0271 **pillow**
[pílou]

명 베개

- This **pillow** is too hard for my neck.
  이 **베개**는 내 목에 너무 딱딱하다.

0272 **shelf**
[ʃelf]

명 선반

- Can you reach the top **shelf**?
  맨 위 **선반**에 손이 닿을 수 있니?
- The dictionary goes on this **shelf**.
  사전은 이 **선반**에 꽂아 둔다.

⊕ bookshelf 명 책장, 책꽂이

0273 **refrigerator**
[rifrídʒərèitər]

명 냉장고 (= fridge)

- Keep the eggs in the **refrigerator**.
  그 달걀들을 **냉장고**에 보관해라.

교과서 빈출 표현

0274 **run out (of)**
ran – run

(~이) 다 떨어지다, 없어지다

- We **ran out of** milk. Can you go and buy some?
  우리는 우유가 **다 떨어졌어**. 네가 가서 좀 사 올 수 있니?

0275 **show ~ around**
showed – showed

~에게 구경시켜 주다

- He **showed** us **around** his house.
  그는 우리**에게** 집을 **구경시켜 주었다**.

VOCA Exercise

정답 p.373

A 빈칸에 알맞은 말을 넣어 어구를 완성하세요.

1 파스타 한 접시 — a ____________ of pasta

2 옷 더미 — a ____________ of clothes

3 깔끔한 부엌 — a ____________ kitchen

4 세탁물[빨래]을 개다 — fold the ____________

5 달력을 확인하다 — check the ____________

6 아파트로 이사 가다 — move into an ____________

7 커튼 뒤에 숨다 — hide behind the ____________

8 부드러운 소파 쿠션 — a soft sofa ____________

B 빈칸 (a)와 (b)에 공통으로 들어갈 단어를 쓰세요.

1 (a) Hold the pan by the ____________.

손잡이로 프라이팬을 들어라.

(b) Please ____________ the vase carefully.

그 꽃병을 조심해서 다뤄주세요.

2 (a) Can you make ____________ for another chair?

의자 하나 더 놓을 공간을 만들 수 있니?

(b) He is very interested in ____________.

그는 우주에 관심이 아주 많다.

VOCA Exercise

C 다음 영영풀이에 해당하는 단어를 <보기>에서 골라 쓰세요.

<보기>	lid	kit	refrigerator	shelf

1 a thing used to hold books and dishes ____________

2 a cover on a box, can, jar, etc. ____________

3 a machine for keeping food cold ____________

4 a set of tools for an activity ____________

D 주어진 우리말에 맞게 빈칸에 알맞은 단어를 채워 문장을 완성하세요. (필요시 형태 바꿀 것)

1 전기는 한 시간 뒤에 다시 들어왔다.

→ The ____________ came back on after an hour.

2 이 카펫은 모직으로 만들어졌다.

→ This ____________ is made of wool.

3 이 사진을 벽에 못으로 박아줄 수 있니?

→ Can you ____________ this picture to the wall?

4 내 차는 방금 기름이 다 떨어졌다.

→ My car just ____________ ____________ ____________ gas.

5 그가 집에 도착했을 때, 집이 엉망진창이었다.

→ When he arrived home, the house was a ____________.

1001 Sentences

DAY 10-11

Review

정답 p.373

A

주어진 단어를 각각 빈칸에 채워 문장을 완성하세요.

374 Please ______________ the pot with the ______________. (lid, cover)

375 I'll ______________ you around my ______________. (show, apartment)

376 I'll ______________ your ______________ in the dishwasher. (plate, place)

377 We ______________ the old ______________. (removed, carpet)

378 Can you ______________ the dog before you ______________?
(feed, leave)

B

<보기>에서 알맞은 단어를 골라 문장을 완성하세요.

<보기>	nap	arrange	laundry	fix
	relaxing	shelf	pile	spent
	usually	contact		

379 I ______________ last weekend ______________ at home.

380 There is a ______________ of ______________ in the basket.

381 I ______________ take a ______________ in the afternoon.

382 I'll ______________ the repairman to ______________ the sink.

383 Can you please ______________ the books on the ______________?

C 주어진 우리말에 맞게 다음 빈칸에 알맞은 단어를 쓰세요. (필요시 형태 바꿀 것)

384 ______ ______ your ______.

네가 엉망으로 만든 것을 치워라.

385 Bring a ______ and ______ on the camping trip.

캠핑 여행에 담요와 베개를 가져와라.

386 She ______ the keys on the kitchen ______.

그녀는 부엌 조리대 위에 열쇠를 두었다.

387 He ______ ______ and opened the ______.

그는 일어나서 커튼(들)을 열었다[쳤다].

388 I ______ ______ ______ late on weekends.

나는 주말에 보통 늦게까지 안 자고 깨어 있다.

389 The ______ includes all the ______ for the job.

그 도구 세트는 작업을 위한 모든 도구들을 포함한다.

390 I had to ______ the closet because there was not enough ______.

나는 공간이 충분하지 않아서 옷장을 치워야 했다.

391 ______ the timer for 10 minutes and ______ the start button.

타이머를 10분으로 맞추고 시작 버튼을 누르세요.

392 Check the ______ to see if we ______ ______ of milk.

우유가 다 떨어졌는지 냉장고를 확인해라.

DAY 12

음식, 조리

Preview Check

- ☐ tea
- ☐ meal
- ☐ dish
- ☐ cool
- ☐ fill
- ☐ curry
- ☐ honey
- ☐ pie
- ☐ nut
- ☐ bean
- ☐ beef
- ☐ pork
- ☐ serve
- ☐ freeze
- ☐ pour
- ☐ grocery
- ☐ slice
- ☐ fried
- ☐ sour
- ☐ noodle
- ☐ flour
- ☐ pepper
- ☐ flavor
- ☐ at a time
- ☐ cut ~ into pieces

DAY 12 음식, 조리

0276 **tea**
[tiː]

명 차

- Would you like **tea** or coffee?
  차 또는 커피를 마시겠어요?

0277 **meal**
[miːl]

명 식사, 끼니

- I try not to eat anything between **meals**.
  나는 **식**간에 아무것도 먹지 않으려고 노력한다.
- skip a **meal**
  식사를 거르다

0278 **dish**
[diʃ]

명 1. 접시 (= plate) 2. 요리 3. 설거지 감

- Do not wash this **dish** in the dishwasher.
  이 **접시**를 식기세척기에서 세척하지 마세요.
- The main **dish** will be steak with potatoes.
  주 **요리**는 감자를 곁들인 스테이크일 것이다.
- I'll do the **dishes**. Can you dry them with a towel?
  내가 **설거지**를 할게. 네가 그것들을 수건으로 닦아줄 수 있겠니?

0279 **cool**
[kuːl]
cooled – cooled

형 1. 시원한, 서늘한 2. 멋진 동 식히다

- Keep the onions in a **cool**, dry place.
  양파를 **서늘하**고 건조한 곳에 보관해라.
- What a **cool** bike!
  정말 **멋진** 자전거구나!
- Use the fan to **cool down**.
  식히기 위해 선풍기를 사용하라.

⊕ cool down 차가워지다, 식히다

0280 **fill**
[fil]
filled – filled

동 채우다

- She **filled** the bottle with water.
  그녀는 병을 물로 **채웠다**.

⊕ fill A with B A를 B로 채우다

0281 **curry**
[kə́:ri]

명 카레, 카레 요리

- I had **curry** with rice for lunch.
  나는 점심으로 **카레**와 밥을 먹었다.

0282 **honey**
[hʌ́ni]

명 꿀

- You can use **honey** instead of sugar.
  당신은 설탕 대신 **꿀**을 사용할 수 있다.

0283 **pie**
[pɑi]

명 파이

- I'd like a piece of apple **pie** for dessert.
  나는 후식으로 애플**파이** 한 조각을 먹고 싶다.

0284 **nut**
[nʌt]

명 견과(류)*

쉬운뜻 *단단한 껍데기 안에 씨가 있는 나무 열매

- She has an allergy to **nuts**.
  그녀는 **견과류** 알레르기가 있다.
- pea**nut**/wal**nut**/coco**nut**
  땅콩/호두/코코넛 **열매**

0285 **bean**
[bi:n]

명 콩

- I don't like eating **beans**.
  나는 **콩**을 먹는 것을 좋아하지 않는다.
- coffee **beans**
  커피**콩**

0286 **beef**
[biːf]

명 소고기

- The **beef** steak came with fries.
  소고기 스테이크는 감자튀김과 같이 나왔다.

0287 **pork**
[pɔːrk]

명 돼지고기

- I prefer **pork** to chicken.
  나는 닭고기보다 **돼지고기**를 더 좋아한다.
- Mom made some meatballs with **pork**.
  엄마는 **돼지고기**로 미트볼을 조금 만드셨다.

0288 **serve**
[səːrv]
served – served

동 **1.** (음식을) 제공하다 **2.** (손님을) 응대하다

- The restaurant **serves** great Chinese food.
  그 식당은 훌륭한 중식을 **제공한다**.
- He **served** every customer with a smile.
  그는 웃으면서 모든 손님을 **응대했다**.

0289 **freeze**
[friːz]
froze – frozen

동 **1.** 얼다 **2.** 얼리다

- The water pipe **froze** last night.
  어젯밤에 수도관이 **얼었다**.
- I usually **freeze** food to keep it longer.
  나는 보통 더 오래 보관하기 위해 음식을 **얼린다**.

⊕ frozen 형 얼어붙은, 냉동된

0290 **pour**
[pɔːr]
poured – poured

동 (음료를) 붓다, 따르다

- She **poured** the sauce over the meat.
  그녀는 고기 위에 소스를 **부었다**.
- The server **poured** water into a glass.
  종업원이 유리잔에 물을 **따라주었다**.

0291 **grocery**
[gróusəri]

명 1. 식료품 2. 식료품점

- Mom makes a list of **groceries** to buy.
  엄마는 사야 하는 **식료품**의 목록을 만드신다.
- I'll get some vegetables at the **grocery**.
  내가 **식료품점**에서 채소를 좀 사올게.

0292 **slice**
[slais]
sliced – sliced

동 (얇게) 썰다, 자르다 명 (얇게 썬) 조각

- She **sliced** the bread and made a sandwich.
  그녀는 빵을 **잘라** 샌드위치를 만들었다.
- I finished the last **slice** of pizza.
  나는 마지막 남은 피자 **조각**을 먹었다.

⊕ a slice of 한 조각의

0293 **fried**
[fraid]

형 (기름에) 튀긴, 프라이한

- **fried** chicken
  튀긴 닭고기[프라이드치킨]
- Mom made **fried** eggs for breakfast.
  엄마는 아침으로 계란 **프라이**를 해주셨다.

⊕ fry 동 튀기다, (기름에) 굽다, 부치다

0294 **sour**
[sauər]

형 1. (맛이) 신, 시큼한 2. (음식이) 상한

- The lemonade is too **sour** for me.
  그 레모네이드는 나한테 너무 **시다**.
- The milk turned **sour**.
  우유가 **상했다**.

0295 **noodle**
[nú:dl]

명 면, 국수

- Serve the soup with rice or **noodles**.
  밥이나 **면**이랑 같이 수프를 대접하라.
- Long **noodles** mean a long life in some cultures.
  긴 **면**은 어떤 문화권에서 장수를 의미한다.

0296 **flour**
[fláuər]

명 밀가루

- Mix the **flour** with the milk.
  밀가루를 우유와 섞어라.

0297 **pepper**
[pépər]

명 후추, 고추

- She added salt and **pepper** to her soup.
  그녀는 수프에 소금과 **후추**를 넣었다.

0298 **flavor**
[fléivər]

명 맛, 풍미

- Which **flavor** do you want, chocolate or vanilla?
  너는 어떤 **맛**을 원하니, 초콜릿 아니면 바닐라?

교과서 빈출 표현

0299 **at a time**

한 번에

- Add one spoon of sugar **at a time**.
  한 번에 설탕 한 스푼씩 넣어라.

0300 **cut ~ into pieces**

~을 썰다, 토막 내다

- She **cut** the onions **into pieces**.
  그녀는 양파를 **썰었다**.

cut – cut

VOCA Exercise

정답 p.374

A 빈칸에 알맞은 말을 넣어 어구를 완성하세요.

1 볶음밥 a ________ rice

2 치킨 카레 a chicken ________

3 건강한 식사 a healthy ________

4 체리파이 한 조각 a ________ of cherry pie

5 커피를 따르다 ________ the coffee

6 식료품을 사러 가다[장을 보다] go ________ shopping

7 차 한 잔 a cup of ________

B 빈칸 (a)와 (b)에 공통으로 들어갈 단어를 쓰세요.

1 (a) This candy is too ________ for me.

이 사탕은 나에게 너무 시다.

(b) Mom threw away the ________ milk.

엄마는 상한 우유를 버리셨다.

2 (a) This ________ is safe to use in the oven.

이 접시는 오븐에서 사용하기 안전하다.

(b) Try this new ________.

이 새로운 요리를 한번 먹어봐.

VOCA Exercise

C

다음 영영풀이에 해당하는 단어를 <보기>에서 골라 쓰세요.

<보기> pepper	beef	serve	noodle

1 to give food or drink to someone ____________

2 powder used to add hot taste ____________

3 meat from a cow ____________

4 a long, thin piece of food, cooked in soup ____________

D

주어진 우리말에 맞게 빈칸에 알맞은 단어를 채워 문장을 완성하세요. (필요시 형태 바꿀 것)

1 물은 섭씨 0도에서 언다.

→ Water ____________ at 0°c.

2 나는 간식으로 견과류(들)를 즐겨 먹는다.

→ I enjoy ____________ for a snack.

3 엄마는 그 병을 쿠키로 채우셨다.

→ Mom ____________ the jar with cookies.

4 그 볼에 밀가루 한 컵을 넣어라.

→ Add a cup of ____________ to the bowl.

5 마늘은 한국 음식에 풍미를 더해준다.

→ Garlic adds ____________ to Korean food.

DAY 13

패션

Preview Check

- [ ] boot
- [ ] scarf
- [ ] sweater
- [ ] pair
- [ ] style
- [ ] dress
- [ ] fit
- [ ] clothing
- [ ] fancy
- [ ] hang
- [ ] match
- [ ] pattern
- [ ] tight
- [ ] loose
- [ ] suit
- [ ] closet
- [ ] wool
- [ ] cotton
- [ ] material
- [ ] slipper
- [ ] jewelry
- [ ] wallet
- [ ] put on
- [ ] take off
- [ ] change into

DAY 13

패션

0301 **boot**
[bu:t]

명 (-s) 부츠, 장화

- She wore a raincoat and rain **boots**.
  그녀는 우비를 입고 **장화**를 신었다.

0302 **scarf**
[skɑ:rf]

명 스카프

- She put a silk **scarf** around her neck.
  그녀는 실크 **스카프**를 목에 둘렀다.
- I bought a **scarf** for Mom's birthday.
  나는 엄마의 생신 선물로 **스카프**를 샀다.

0303 **sweater**
[swétər]

명 스웨터

- Mom made this **sweater** for me.
  엄마가 날 위해 이 **스웨터**를 만들어주셨다.

0304 **pair**
[pεər]

명 한 쌍, 한 짝

- He bought a **pair** of running shoes.
  그는 운동화 **한 켤레**를 샀다.

⊕ **a pair of** 한 쌍의

0305 **style**
[stail]

명 **1.** 방식, 방법 **2.** (옷의) 스타일 **3.** 유행

- She has a unique **style** of painting.
  그녀는 독특한 그림 그리는 **방식**을 가지고 있다.
- The shop has different **styles** and sizes.
  그 가게는 다양한 **스타일**과 사이즈가 있다.
- Wide pants are **in style**.
  통이 넓은 바지가 **유행이다**.

⊕ **in style** 유행하는
⊕ **stylish** 형 세련된, 멋진

0306 **dress**
[dres]
dressed – dressed

명 드레스, 원피스 동 1. 옷을 입다 2. 옷을 입히다

- I wore a pink **dress** to the party.
  나는 파티에 분홍색 **드레스**를 입었다.
- He got up late and **dressed** in a hurry.
  그는 늦잠을 자고 서둘러 **옷을 입었다**.
- She **dresses** the kids in the morning.
  그녀는 아침에 아이들에게 **옷을 입힌다**.

⊕ get dressed 옷을 입다

0307 **fit**
[fit]
fit – fit

동 1. (치수·모양 등이) 꼭 맞다 2. 적합하다, 어울리다
형 건강한, 탄탄한

- I tried the pants on, but they didn't **fit**.
  나는 그 바지를 입어봤지만, **맞지** 않았다.
- The new job **fits** him well.
  새로운 직업은 그에게 잘 **맞는다**.
- He exercises every day to stay **fit**.
  그는 **건강하기** 위해 매일 운동한다.

⊕ fitting room 탈의실

0308 **clothing**
[klóuðiŋ]

명 옷, 의복

- The hanbok is a Korean traditional **clothing**.
  한복은 한국의 전통 **의상**이다.

More clothing은 의류 전체 또는 특정 종류의 옷을 가리킬 때 사용해요.
• winter **clothing** 겨울 옷 • women's **clothing** 여성복
clothes는 티셔츠, 바지와 같은 구체적인 옷을 나타내는 복수형 명사예요.

중등 필수

0309 **fancy**
[fǽnsi]

형 멋진, 화려한

- She wore a simple black blouse, nothing **fancy**.
  그녀는 **화려하지** 않은, 간소한 검은색 블라우스를 입었다.

0310 **hang**

[hæŋ]

hung – hung

동 걸다, 매달다

• Please **hang** your coat on the coat rack.
외투를 코트 걸이에 **걸어주세요**.

⊕ hanger 명 옷걸이

0311 **match**

[mætʃ]

matched – matched

명 1. 경기 2. 성냥 동 어울리다

• I watched a soccer **match** last night.
나는 어젯밤에 축구 **경기**를 봤다.

• He started a fire with a **match**.
그는 **성냥**으로 불을 피웠다.

• Her jacket didn't **match** her skirt.
그녀의 재킷은 치마와 **어울리지** 않았다.

0312 **pattern**

[pǽtərn]

명 1. 양식*, 패턴 2. 무늬

쉬운뜻 *일정한 모양이나 형식

• He studies the weather **patterns** in the area.
그는 그 지역의 기후 **패턴**을 연구한다.

• She bought a skirt with a **pattern** of small roses.
그녀는 작은 장미 **무늬**가 있는 치마를 샀다.

0313 **tight**

[tait]

형 꽉 조이는, 딱 붙는

• The shoes are too **tight** for me.
그 신발은 내게 너무 **꽉 조인다**.

0314 **loose**

[luːs]

형 느슨한, 헐거운

• The button on my shirt came **loose**.
내 셔츠의 단추가 **느슨해졌다**.

⊕ come loose 풀리다, 느슨해지다

0315 **suit**
[su:t]
suited – suited

명 정장 동 1. 알맞다, 적합하다 2. 어울리다

- He wore a **suit** to the job interview.
  그는 취업 면접에 **정장**을 입었다.
- This food **suits** my taste.
  이 음식은 내 입맛에 **맞다**.
- The new hairstyle really **suits** you.
  새로운 헤어스타일은 네게 정말 잘 **어울린다**.

⊕ suitable 형 적합한, 적절한

0316 **closet**
[klázit]

명 벽장, 옷장

- Her **closet** is full of beautiful clothes.
  그녀의 **옷장**은 예쁜 옷들로 가득 차 있다.

0317 **wool**
[wul]

명 양모, 양털

- The **wool** coat is thin, but warm.
  양모 코트는 얇지만 따뜻하다.

0318 **cotton**
[kátən]

명 1. 면, 솜 2. 목화

- The shirts are made from 100% **cotton**.
  그 셔츠들은 100% **면**으로 만들어졌다.
- **Cotton** plants grow in warm places.
  목화는 따뜻한 곳에서 자란다.

0319 **material**
[mətíəriəl]

명 1. (물건의) 재료 2. 직물, 천

- Brick is often used as a main building **material**.
  벽돌은 건물의 주**재료**로 흔히 쓰인다.
- Silk is a popular **material** for wedding dresses.
  실크는 웨딩드레스의 인기 있는 **직물**이다.

0320 **slipper**
[slípər]

명 (-s) 슬리퍼

- The hotel provides **slippers** for the guests.
  그 호텔은 손님들에게 **슬리퍼**를 제공한다.

0321 **jewelry**
[dʒúːəlri]

명 보석류, 장신구

- This gold ring is my favorite piece of **jewelry**.
  이 금반지는 내가 가장 좋아하는 **장신구**이다.

0322 **wallet**
[wálit]

명 지갑

- I think I lost my **wallet**.
  나는 **지갑**을 잃어버린 것 같아요.

교과서 빈출 표현

0323 **put on**
put – put

1. 입다, 착용하다 2. (얼굴 등에) 바르다

- You need to **put on** a jacket. It's cold outside.
  너는 재킷을 **입어야** 해. 밖은 추워.
- She **put on** sunscreen before going out.
  그녀는 외출하기 전에 선크림을 **발랐다**.

0324 **take off**
took – taken

벗다, 벗기다

- Please **take off** your shoes when you come in.
  들어오실 때 신발을 **벗어**주세요.

0325 **change into**
changed – changed

1. ~으로 바뀌다 2. ~로 바꿔 입다, 갈아입다

- Caterpillars **change into** butterflies.
  애벌레는 나비**로 바뀐다**.
- We need to **change into** our gym clothes.
  우리는 체육복**으로 갈아입어야** 한다.

VOCA Exercise

정답 p.374

A

빈칸에 알맞은 말을 넣어 어구를 완성하세요.

1 느슨한 벨트 a ________________ belt

2 유행하는 in ________________

3 커튼을 매달다 ________________ curtains

4 재활용 재료 recycled ________________

5 남성복 men's ________________

6 비어있는 옷장 an empty ________________

7 양말 한 켤레 a ________________ of socks

8 수면 패턴 sleeping ________________

B

빈칸 (a)와 (b)에 공통으로 들어갈 단어를 쓰세요.

1 (a) The brown shirt doesn't ________________ you.

그 갈색 셔츠는 네게 어울리지 않아.

(b) The hotel location will ________________ our travel plans.

그 호텔 위치는 우리의 여행 계획에 적합할 것이다.

2 (a) These shoes ________________ me perfectly.

이 신발은 나한테 완전히 꼭 맞다.

(b) She looks very ________________ these days.

그녀는 요즘 정말 건강해 보인다.

VOCA Exercise

C 다음 영영풀이에 해당하는 단어를 <보기>에서 골라 쓰세요.

<보기>	tight	wallet	match	boots

1 to go well with something ____________

2 a small case that holds money and cards ____________

3 fitting very close to your body ____________

4 shoes that cover some part of your leg ____________

D 주어진 우리말에 맞게 빈칸에 알맞은 단어를 채워 문장을 완성하세요. (필요시 형태 바꿀 것)

1 이 스웨터는 세탁하기 쉽다.

→ This ____________ is easy to wash.

2 나는 옷을 입기 위해 위층으로 올라갔다.

→ I went upstairs to get ____________.

3 이 면바지는 편하다.

→ These ____________ pants are comfortable.

4 모두가 축제에서 화려한 옷을 입었다.

→ Everyone wore ____________ clothes at the festival.

5 나는 집 안에서 외투를 벗었다.

→ I ____________ ____________ my coat inside the house.

DAY 12-13

Review

정답 p.374

A 주어진 단어를 각각 빈칸에 채워 문장을 완성하세요.

393 Those ____________ ____________ her skirt perfectly. (match, boots)

394 This knit ____________ is too ____________. (sweater, loose)

395 This ____________ doesn't ____________ me anymore. (fit, dress)

396 We ____________ the ____________ cart with fruits. (grocery, filled)

397 I didn't like the ____________ ____________ in the dish. (flavor, sour)

B <보기>에서 알맞은 단어를 골라 문장을 완성하세요.

<보기>	pork	slice	pie	hang
	closet	pattern	cut	pour
	tea	scarf		

398 ____________ your suit in the ____________.

399 I'd like to have a ____________ of ____________ for dessert.

400 I love the ____________ on your ____________.

401 ____________ the ____________ into the cup.

402 She ____________ the ____________ into pieces.

C 주어진 우리말에 맞게 다음 빈칸에 알맞은 단어를 쓰세요. (필요시 형태 바꿀 것)

403 I lost my ____________ at the ____________.

나는 식료품점에서 지갑을 잃어버렸다.

404 Use ____________ to add more ____________.

풍미를 더하기 위해 후추를 사용해라.

405 I ordered ____________ with a side of ____________.

나는 콩(들)을 곁들인 카레를 주문했다.

406 You can add ____________ and ____________ to your yogurt.

당신은 요거트에 견과류(들)와 꿀을 추가할 수 있다.

407 I ____________ ____________ comfortable ____________ at home.

나는 집에서 편안한 슬리퍼를 신는다.

408 We can ____________ two customers ____________ ____________ ____________.

저희는 한 번에 두 명의 고객을 응대할 수 있습니다.

409 We'll ____________ ____________ something ____________ for the party.

우리는 파티를 위해 화려한 것으로 갈아입을 것이다.

410 The ____________ will be served with ____________ or pork.

국수는 소고기 또는 돼지고기와 함께 제공될 것이다.

411 This T-shirt is made from soft ____________ ____________.

이 티셔츠는 부드러운 면직물로 만들어졌다.

412 It's not easy to ____________ ____________ ____________ boots.

꽉 끼는 부츠를 벗는 것은 쉽지 않다.

DAY 14

학교 수업, 고민

Preview Check

- [ ] topic
- [ ] goal
- [ ] secret
- [ ] hint
- [ ] advice
- [ ] helpful
- [ ] check
- [ ] fail
- [ ] unit
- [ ] false
- [ ] fault
- [ ] prepare
- [ ] effort
- [ ] correct
- [ ] essay
- [ ] skip
- [ ] aloud
- [ ] sentence
- [ ] college
- [ ] university
- [ ] difficulty
- [ ] education
- [ ] counselor
- [ ] on one's own
- [ ] make fun of

DAY 14

학교 수업, 고민

0326 **topic**
[tápik]

명 주제, 화제

- I need to choose a **topic** for my presentation.
  나는 발표 **주제**를 정해야 한다.

0327 **goal**
[goul]

명 1. 목표 2. 골, 득점

- My **goal** in life is to become a painter.
  내 인생의 **목표**는 화가가 되는 것이다.
- The player scored the winning **goal**.
  그 선수는 우승 **골**을 넣었다.

0328 **secret**
[síːkrit]

형 비밀의 명 비밀

- She kept her grades **secret** from her friends.
  그녀는 친구들로부터 자신의 성적을 **비밀로** 했다.
- Your **secret** is safe with me.
  네 **비밀**은 안심해도 돼[아무에게 말하지 않을게].

0329 **hint**
[hint]

명 힌트, 암시*

쉬운뜻 *뜻을 간접적으로 알리는 표현

- I don't know the answer. Can you give me a **hint**?
  나는 답을 모르겠어. **힌트**를 줄 수 있니?

⊕ take a hint 눈치를 채다

0330 **advice**
[ədváis]

명 조언, 충고

- I need your **advice** on this problem.
  나는 이 문제에 대해 네 **조언**이 필요해.

0331 **helpful**
[hélpfəl]

형 도움이 되는, 유용한, 쓸모 있는

- Thank you for your advice. It was very **helpful**.
  내게 조언을 줘서 고마워. 큰 **도움이 됐어**.

PART 3 Day 14

0332 **check**
[tʃek]
checked – checked

동 확인하다, 점검하다
명 1. 확인, 점검 2. 계산서 3. 수표

- I **checked** for mistakes on my homework.
  나는 숙제에 실수가 있는지 **확인했다**.
- have a health **check**[a check-up]
  건강 **검진**을 받다
- a **check**[cheque] for $100
  100달러짜리 **수표**

0333 **fail**
[feil]
failed – failed

동 1. 실패하다 2. (시험에) 떨어지다

- Don't be afraid to **fail** or make mistakes.
  실패하거나 실수하는 걸 두려워하지 마.
- She cried because she **failed** the test.
  그녀는 시험에 **떨어져서** 울었다.

⊕ failure 명 실패
⊖ pass 동 합격하다

0334 **unit**
[jú:nit]

명 1. 구성단위 2. (측정의) 단위 3. 단원

- The family is the smallest **unit** of society.
  가족은 사회의 가장 작은 **구성단위**이다.
- a **unit** of time/length/weight
  시간/길이/무게 **단위**
- The next **unit** is about "energy saving."
  다음 **단원**은 '에너지 절약'에 관한 것이다.

0335 **false**
[fɔ:ls]

형 틀린, 거짓의

- Answer the question with "true" or "**false**."
  '맞다' 또는 '**틀리다**'로 질문에 답하세요.

0336 **fault**
[fɔːlt]

명 **1.** 잘못, 책임 **2.** 단점, 결점* 쉬운뜻 *잘못되거나 부족하여 완전하지 못한 점

- Don't get mad at me. It's not my **fault**.
  나한테 화내지 마. 그건 내 **잘못**이 아니야.
- I couldn't find **fault** with her performance.
  나는 그녀의 연주에서 **단점**을 찾을 수 없었다.

중등 필수

0337 **prepare**
[pripɛ́ər]
prepared – prepared

동 준비하다, 대비하다

- I need to **prepare** for the exam.
  나는 시험을 **준비해야** 한다.
- Dad took hours to **prepare** dinner for us.
  아빠는 우리에게 저녁을 **준비해 주시느라** 몇 시간을 쓰셨다.

⊕ prepared 형 준비된

0338 **effort**
[éfərt]

명 노력, 수고

- make an **effort**
  노력하다
- He put a lot of **effort** into his studies.
  그는 자신의 연구에 큰 **노력**을 쏟았다.

0339 **correct**
[kərékt]

형 맞는, 정확한

- Circle the **correct** answer.
  정답에 동그라미를 그려라.
- A: Is your name Olivia Kim?
  B: That's **correct**.
  A: 당신의 이름이 김 올리비아인가요? B: **맞습니다**.

⊕ correctly 부 바르게, 정확하게

0340 **essay**
[ései]

명 **1.** (짧은 논문식) 과제물, 리포트 **2.** 수필

- I have to finish my history **essay**.
  나는 역사 **과제**를 끝내야 한다.
- The book includes **essays** by different authors.
  그 책은 다양한 작가들이 쓴 **수필**을 포함하고 있다.

0341 **skip**
[skip]
skipped – skipped

동 빼먹다, 거르다

- You must not **skip** classes.
  너는 수업을 절대 **빼먹으면** 안 된다.
- I often **skip** breakfast in the morning.
  나는 아침에 식사를 자주 **거른다**.

0342 **aloud**
[əláud]

부 소리 내어

- Will you read the text **aloud**?
  글을 **소리 내어** 읽어줄래?

0343 **sentence**
[séntəns]

명 문장

- Make a **sentence** using the words below.
  아래의 단어들을 사용하여 **문장**을 만들어라.

0344 **college**
[kálidʒ]

명 대학교

- She wants to get into an art **college**.
  그녀는 미술 **대학**에 들어가고 싶어 한다.

0345 **university**
[jù:nəvə́:rsəti]

명 (종합)대학교

- a **university** campus
  대학 캠퍼스
- She is a student at Seoul National **University**.
  그녀는 서울**대학교** 학생이다.

비교 Point college vs. university

college는 주로 일반적인 대학이나 전공하는 학과를 나타내요.

- **college** of engineering 공대
- **college** of education 사범**대**, 교육**학과**
- **college** of nursing 간호**대**, 간호**학과**

university는 여러 단과 대학(college)을 모두 포함한 종합대학교라는 의미예요.

0346 **difficulty**
[dífəkʌ̀lti]

명 어려움, 곤란

• He has **difficulty** with focusing in class.
그는 수업에 집중하는 데 **어려움**을 겪고 있다.

0347 **education**
[èdʒukéiʃən]

명 교육

• a high school **education**
고등학교 **교육**

• **Education** helps us think and solve problems.
교육은 우리가 생각하고 문제를 해결하도록 도와준다.

⊕ educate 동 가르치다, 교육하다

0348 **counselor**
[káunsələr]

명 상담사, 상담 교사

• The school **counselor** can help you in many ways.
학교 **상담 선생님**은 여러모로 너를 도와주실 수 있다.

교과서 빈출 표현

0349 **on one's own**

혼자 힘으로, 스스로

• You should make decisions **on your own**.
너는 **스스로** 결정을 내려야 한다.

0350 **make fun of**

made – made

~을 놀리다

• Do not **make fun of** your friends.
친구를 **놀리지** 마라.

VOCA Exercise

정답 p.374

A 빈칸에 알맞은 말을 넣어 어구를 완성하세요.

1 관심을 끄는 주제 a hot ______________

2 도움이 되는 조언 a ______________ tip

3 기본 단위 a basic ______________

4 비밀 정보 ______________ information

5 과제물을 제출하다 hand in an ______________

6 눈치를 채다 take a ______________

7 ~의 조언을 따르다 follow one's ______________

8 ~에 노력을 들이다 put ______________ into

B <보기>에서 알맞은 단어를 골라 문장을 완성하세요.

<보기> correct fail prepare aloud

1 The audience started to laugh ______________ and clap.

2 Don't be afraid to ______________. Trust yourself.

3 Please write your ______________ address.

4 I have to ______________ for the speech contest.

VOCA Exercise

C 다음 영영풀이에 해당하는 단어를 <보기>에서 골라 쓰세요.

<보기>	education	college	check	false

1 wrong, not true ____________

2 the act of teaching and learning ____________

3 to look at something to find problems ____________

4 a school you go to after high school ____________

D 주어진 우리말에 맞게 빈칸에 알맞은 단어를 채워 문장을 완성하세요. (필요시 형태 바꿀 것)

1 우리가 늦은 건 내 잘못이다.

→ It's my ____________ that we're late.

2 그는 축구 연습을 빼먹었다.

→ He ____________ the soccer practice.

3 이 문장은 의미가 통하지 않는다.

→ This ____________ doesn't make sense.

4 뚜렷한 목표를 세우는 것은 성공하는 데 중요하다.

→ Setting a clear ____________ is important for success.

5 그녀는 혼자 힘으로 공부하러 해외로 갔다.

→ She went abroad to study ____________ ____________

____________.

DAY 15

학교 활동

Preview Check

- [ ] enter
- [ ] activity
- [ ] exercise
- [ ] chat
- [ ] award
- [ ] contest
- [ ] decision
- [ ] lend
- [ ] glue
- [ ] erase
- [ ] stick
- [ ] achieve
- [ ] deserve
- [ ] volunteer
- [ ] campaign
- [ ] reward
- [ ] term
- [ ] discuss
- [ ] remain
- [ ] relay
- [ ] praise
- [ ] choir
- [ ] sign up (for)
- [ ] keep ~ in mind
- [ ] take part in

DAY
15 학교 활동

0351 **enter**
[éntər]
entered – entered

동 **1.** 들어가다 **2.** 참가하다 **3.** 입력하다

- You need a key to **enter** the club room.
  동아리방을 **들어가려면** 열쇠가 필요해.
- We **entered** the contest and won a prize.
  우리는 대회에 **참가해서** 상을 탔다.
- Please **enter** your password.
  비밀번호를 **입력해주세요**.

0352 **activity**
[æktívəti]

명 활동

- classroom **activities**
  교실 **활동**
- I enjoy the drama club **activities** after school.
  나는 방과 후에 연극부 **활동**을 즐긴다.

0353 **exercise**
[éksərsàiz]
exercised – exercised

명 **1.** 운동 **2.** 연습 동 운동하다

- I go swimming for **exercise** every morning.
  나는 매일 아침 **운동**을 위해 수영을 한다.
- How often do you **exercise** these days?
  너는 요즘에 얼마나 자주 **운동하니**?

0354 **chat**
[tʃæt]
chatted – chatted

동 이야기 하다 명 대화, 수다

- She enjoys **chatting** with her friends online.
  그녀는 친구들과 온라인으로 **이야기 하는 것**을 즐긴다.
- have a **chat** with
  ~와 **대화**하다

0355 **award**
[əwɔ́ːrd]
awarded – awarded

명 상　동 수여하다*　쉬운뜻 *상장, 훈장 등을 주다

- The team won an **award** for the best teamwork.
  그 팀은 최고의 팀워크로 **상**을 받았다.
- He **was awarded** the gold medal in the cooking contest. 그는 요리 대회에서 금메달을 **받았다**.

⊕ be awarded (상을) 받다, 수여받다

0356 **contest**
[kántest]

명 시합, 대회

- She won second place in the dance **contest**.
  그녀는 춤 경연 **대회**에서 2등을 했다.

0357 **decision**
[disíʒən]

명 결정, 판단

- make a **decision**
  결정하다
- Changing schools was a tough **decision** to make.
  전학 가는 것은 내리기 힘든 **결정**이었다.

⊕ decide 동 결정하다

0358 **lend**
[lend]
lent – lent

동 빌려주다

- I will **lend** you my pen.
  내가 네게 펜을 **빌려줄게**.
- She **lent** me her textbook.
  그녀는 내게 자신의 교과서를 **빌려주었다**.

More 비슷한 의미를 가진 borrow(빌리다)와 혼동하지 않도록 주의해야 해요.

- Can you **lend** me your pen? 펜 좀 **빌려줄** 수 있어?
- Can I **borrow** your pen? 내가 네 펜을 **빌릴** 수 있을까?

0359 **glue**
[gluː]
glued – glued

명 풀, 접착제　동 (접착제로) 붙이다

- I used **glue** to put the parts together.
  나는 부품들을 조립하기 위해 **접착제**를 사용했다.
- He **glued** the tiles onto the floor.
  그는 타일을 바닥에 **붙였다**.

0360 **erase**

[iréis]

erased – erased

동 지우다, 없애다

- Can you **erase** the board after class?
  수업이 끝난 후 네가 칠판을 **지워줄** 수 있니?

⊕ eraser 명 지우개

0361 **stick**

[stik]

stuck – stuck

명 나뭇가지, 막대기 동 붙다, 붙이다

- She drew with a **stick** in the sand.
  그녀는 모래에 **막대기**로 그림을 그렸다.
- This poster won't **stick** to the wall.
  이 포스터는 벽에 **붙지** 않을 것이다.
- She **stuck** the notice on the board.
  그녀는 공지사항을 게시판에 **붙였다**.

0362 **achieve**

[ətʃíːv]

achieved – achieved

동 (일, 목적 등을) 성취하다, 달성하다*

쉬운뜻 *목표한 것을 이루다

- She studied hard to **achieve** her goals.
  그녀는 목표를 **달성하기** 위해 열심히 공부했다.

⊕ achievement 명 성취, 달성

0363 **deserve**

[dizə́ːrv]

deserved – deserved

동 ~할[받을] 만하다

- The team practiced hard and **deserved** to win.
  그 팀은 열심히 연습했고 이길**만했다**.

0364 **volunteer**

[vὰləntíər]

volunteered – volunteered

명 지원자, 자원봉사자

동 자원하다*, 자원봉사하다

쉬운뜻 *어떤 일을 스스로 원하여 나서다

- We need more **volunteers** for the event.
  우리는 그 행사에 더 많은 **자원봉사자**가 필요하다.
- I **volunteered** to clean the park.
  나는 공원을 청소하겠다고 **자원했다**.

0365 **campaign**
[kæmpéin]

명 (사회적, 정치적) 운동, 캠페인

- The school started a **campaign** to recycle.
  그 학교는 재활용 **캠페인**을 시작했다.

0366 **reward**
[riwɔ́ːrd]
rewarded – rewarded

명 보상 동 보상하다, 보답하다

- Mom gave me a **reward** for doing the chores.
  엄마는 내게 집안일을 한 것에 대한 **보상**을 주셨다.
- You will **be rewarded** for your efforts later.
  너는 나중에 네 노력에 대해 **보상받을** 거야.

⊕ be rewarded 보상을 받다

0367 **term**
[təːrm]

명 1. 용어 2. 기간

- What is the meaning of the **term** "cyberspace"?
  '사이버공간'이라는 **용어**의 의미는 무엇이니?
- in the long/short **term**
  장**기**적으로/단**기**적으로

0368 **discuss**
[diskʌ́s]
discussed – discussed

동 ~에 대해 논의하다, 토론하다

- We **discussed** the school problems in class.
  우리는 수업 중에 학교 문제**에 대해 토론했다**.

⊕ discussion 명 토론, 논의

0369 **remain**
[riméin]
remained – remained

동 1. 계속 ~이다 2. (없어지지 않고) 남다

- Please **remain** seated until the bell rings.
  종이 울릴 때까지 **계속** 앉아 **있어주세요**.
- Only 10 minutes **remain** in the game.
  경기 시간은 겨우 10분 **남았습니다**.

0370 **relay**
[riléi]

명 릴레이 경주, 계주

- I dropped the baton during the **relay** race.
  나는 **릴레이 경주** 도중 배턴을 떨어뜨렸다.

0371 **praise**

[preiz]

praised – praised

명 칭찬, 찬사 동 칭찬하다

- The book received **praise** from readers.
  그 책은 독자들에게 **칭찬**받았다.
- The coach **praised** the team for their performance.
  그 코치는 팀의 경기력을 **칭찬했다**.

0372 **choir**

[kwáiər]

명 합창단

- I sing in the school **choir**.
  나는 학교 **합창단**에서 노래한다.

교과서 빈출 표현

0373 **sign up (for)**

signed – signed

(~을) 신청하다, 등록하다

- We **signed up for** an after-school class together.
  우리는 함께 방과 후 수업**을 신청했다**.

0374 **keep ~ in mind**

kept – kept

~을 명심하다

- There are a few safety rules to **keep in mind**.
  명심해야 할 몇 가지 안전 수칙이 있다.

0375 **take part in**

took – taken

~에 참가하다, 참여하다

- She will **take part in** the school play.
  그녀는 학교 연극**에 참가할** 것이다.

VOCA Exercise

정답 p.375

A

빈칸에 알맞은 말을 넣어 어구를 완성하세요.

1 실외 활동 — an outdoor ________________

2 의학 용어 — a medical ________________

3 돈을 빌려주다 — ________________ money

4 상을 받다 — accept the ________________

5 캠페인을 진행하다 — run a ________________

6 자원봉사자로 일하다 — work as a ________________

7 계주에서 메달을 따다 — win a medal in the ________________

8 운동을 더 하다 — get more ________________

B

빈칸 (a)와 (b)에 공통으로 들어갈 단어를 쓰세요.

1 (a) I studied hard to ________________ the school.

나는 그 학교를 들어가기 위해 열심히 공부했다.

(b) ________________ your email address here.

여기에 당신의 메일 주소를 입력하세요.

2 (a) He will ________________ silent about the accident.

그는 그 사고에 대해 계속 말하지 않을 것이다.

(b) The trip will ________________ in my memory forever.

그 여행은 내 기억 속에 영원히 남을 것이다.

VOCA Exercise

C

<보기>에서 알맞은 단어를 골라 문장을 완성하세요.

<보기>	achieve	glued	rewarded	choir

1 I ________________ the big wings of the paper plane.

2 He helped me ________________ my goals.

3 I joined the church ________________ for the Christmas concert.

4 The teacher ________________ students for their hard work.

D

밑줄 친 부분을 유의하여 우리말 해석을 완성하세요.

1 He received praise for his speech.

→ 그는 연설로 ________________ 을 받았다.

2 Keep in mind what I said.

→ 내가 말한 것을 ________________.

3 We took part in study groups.

→ 우리는 공부 모임에 ________________.

4 We are going to discuss the matter together.

→ 우리는 그 문제를 함께 ________________ 것이다.

5 She deserves another chance.

→ 그녀는 또 다른 기회를 ________________.

DAY 14-15

Review

정답 p.375

A

주어진 단어를 각각 빈칸에 채워 문장을 완성하세요.

413 She got a __________ for the __________ answer. (reward, correct)

414 The __________ didn't __________ well. (stick, glue)

415 Let's __________ the __________ in detail. (discuss, topic)

416 Please __________ up for the __________. (contest, sign)

417 She received __________ for her __________. (effort, praise)

B

<보기>에서 알맞은 단어를 골라 문장을 완성하세요.

<보기> education, skip, advice, check, helpful, college, essay, award, deserved, activity

418 I need to __________ my __________ for errors.

419 I'll __________ the after-school __________ today.

420 They __________ the __________ for their hard work.

421 He gave me __________ __________ on future plans.

422 __________ is an important step in one's __________.

C 주어진 우리말에 맞게 다음 빈칸에 알맞은 단어를 쓰세요. (필요시 형태 바꿀 것)

423 She has ____________ making ____________ quickly.

그녀는 빨리 결정내리는 것을 어려워한다.

424 It's my ____________ that I ____________ the test.

내가 시험에 떨어진 것은 내 잘못이다.

425 Take small steps to ____________ a ____________.

목표를 달성하기 위해 작은 단계부터 시작해라.

426 The details of the report have to ____________ ____________.

보고서의 세부 사항은 비밀로 남아 있어야 한다.

427 He read his ____________ ____________ in class.

그는 수업 중에 자신의 과제를 소리 내어 읽었다.

428 Let's ____________ ____________ in the ____________.

그 캠페인에 참여하자.

429 I decided to ____________ the singing ____________.

나는 노래 대회에 참가할 것을 결심했다.

430 I ____________ for exams on ____________ ____________.

나는 혼자 힘으로 시험을 준비했다.

431 We need more ____________ for the ____________ race.

우리는 계주 경기에 참여할 지원자들이 더 필요하다.

432 It's not ____________ to ____________ ____________ of someone's mistakes.

누군가의 실수를 놀리는 것은 맞지 않다.

DAY 16

모양, 정도

Preview Check

- part
- level
- shape
- tiny
- empty
- light
- bright
- dark
- cross
- triangle
- square
- almost
- weigh
- length
- narrow
- broad
- whole
- entire
- complete
- dot
- chip
- cone
- look like
- at least
- be full of

DAY 16

모양, 정도

0376 **part**
[pɑːrt]

명 1. 부분 2. 일부, 약간

- I read the first **part** of the novel.
  나는 그 소설의 첫 **부분**을 읽었다.
- Only **part** of his story is true.
  그의 이야기 중 **일부**만 진실이다.

0377 **level**
[lévəl]

명 1. 수준, 단계 2. 높이

- The test is for measuring your English **level**.
  그 시험은 당신의 영어 **수준**을 측정하기 위한 것입니다.
- eye **level**
  눈**높이**

0378 **shape**
[ʃeip]
shaped – shaped

명 1. 모양, 형태 2. 몸매, 체형 동 (어떤) 모양으로 만들다

- Balloons come in different **shapes** and sizes.
  풍선은 다양한 **모양**과 크기로 나온다.
- keep in **shape**
  몸매를 유지하다
- She **shaped** the clay into a vase.
  그녀는 점토를 꽃병 **모양으로 만들었다**.

⊕ shape A into B A를 B 모양으로 만들다
⊕ shaped 형 ~의 모양의

0379 **tiny**
[táini]

형 아주 작은

- There is a **tiny** hole in the wall.
  담벼락에 **아주 작은** 구멍이 하나 있다.

0380 **empty**
[émpti]
emptied – emptied

형 비어 있는 동 비우다

- Please throw away these **empty** bottles.
  이 **빈** 병들을 버려주세요.
- She **emptied** the trash can last night.
  그녀는 어젯밤에 쓰레기통을 **비웠다**.

0381 **light**
[lait]

명 1. 빛 2. 전등 형 1. 가벼운 2. 연한

- The sun gives us heat and **light**.
  태양은 우리에게 열과 **빛**을 제공해 준다.
- turn on/off the **light**
  전등을 켜다/끄다
- My backpack is **light** to carry.
  내 가방은 가지고 다니기 **가볍다**.
- He has **light** blue eyes.
  그는 **연한** 파란색 눈을 가졌다.

0382 **bright**
[brait]

형 1. 밝은 2. 영리한
부 밝게, 환히 (= brightly)

- It was a **bright** sunny day.
  밝고 화창한 날이었다.
- She is a **bright** child.
  그녀는 **영리한** 아이이다.
- The stars are shining **bright**.
  별들이 **밝게** 빛나고 있다.

0383 **dark**
[dɑːrk]

형 1. 어두운 2. 진한 명 어둠, 암흑

- The room was **dark** and quiet.
  그 방은 **어둡고** 조용했다.
- He was wearing **dark** brown shoes.
  그는 **진한** 갈색 신발을 신고 있었다.
- I couldn't see anything in the **dark**.
  나는 **어둠** 속에서 아무것도 볼 수 없었다.

⊕ darkness 명 어둠, 암흑

0384 **cross**
[krɔ(:)s]
crossed – crossed

동 (가로질러) 건너다, 횡단하다 명 1. ×표 2. 십자가

- Look both ways when you **cross** the street.
  길을 **건널** 때는 양쪽 길을 봐라[좌우를 살펴라].
- Put a **cross** on the mistake.
  실수한 부분에 **×표**를 그어라.
- She wears a necklace with a gold **cross**.
  그녀는 금색 **십자가**가 달린 목걸이를 착용한다.

0385 **triangle**
[tráiæŋgl]

명 삼각형

- A red **triangle** is often used as a warning sign.
  빨간 **삼각형**은 종종 경고 표시로 사용된다.

0386 **square**
[skwεər]

명 1. 정사각형 2. 광장 형 정사각형 모양의

- Cut the bread into **squares**.
  빵을 **정사각형**으로 자르세요.
- the town **square**
  마을 **광장**
- Our living room is a large **square** room.
  우리의 거실은 큰 **정사각형 모양**이다.

0387 **almost**
[ɔ́:lmoust]

부 거의

- It's **almost** time to leave.
  출발할 시간이 **거의** 다 됐어.
- I **almost** fell on the stairs.
  나는 계단에서 **거의** 넘어질 뻔했다.

0388 **weigh**
[wei]
weighed – weighed

동 1. 무게가 ~이다 2. 무게를 달다

- My luggage **weighs** 15 kg.
  내 짐은 **무게가** 15kg**이다**.
- She **weighed** the package on the scales.
  그녀는 저울에 그 소포의 **무게를 달았다**.

0389 **length**
[leŋkθ]

명 길이

- The desk is 1.5 m in **length**.
  그 책상은 **길이**가 1.5m이다.

0390 **narrow**
[nǽrou]

형 좁은

- The bus couldn't pass on the **narrow** road.
  그 버스는 **좁은** 도로를 통과할 수 없었다.

0391 **broad**
[brɔːd]

형 **1.** (폭이) 넓은 (= wide) **2.** 폭넓은, 광범위한

- a **broad** street
  넓은 거리
- She has a **broad** experience in teaching.
  그녀는 **폭넓은** 교수 경험이 있다.

0392 **whole**
[houl]

형 전체의, 모든 명 전부, 전체

- The **whole** family went on the trip.
  가족 **모두**가 여행을 갔다.
- I ate the **whole** of the cake.
  나는 그 케이크를 **전부** 먹어버렸다.

0393 **entire**
[intáiər]

형 전체의, 완전한

- I finished the **entire** book in one day.
  나는 하루 만에 책 **전체**를 다 읽었다.

➕ entirely 부 전적으로, 완전히

0394 **complete**
[kəmplíːt]
completed – completed

형 완전한 동 **1.** 완료하다 **2.** 완성하다

- The puzzle is not **complete** yet.
  그 퍼즐은 아직 **완전하지** 않다.
- We **completed** the project in time.
  우리는 제시간에 프로젝트를 **완료했다**.
- Fill in the blank and **complete** the sentence.
  빈칸을 채워 문장을 **완성하세요**.

➕ completely 부 완전히

0395 **dot**
[dɑt]

명 (작고 동그란) 점

- Connect the **dots**, and you will see a picture.
  점들을 연결해라, 그러면 그림이 보일 것이다.

0396 **chip**
[tʃip]

명 **1.** 조각, 부스러기 **2.** 감자칩

- chocolate **chip** cookies
  초콜릿 **조각** 쿠키[초콜릿 칩 쿠키]
- I just had a bag of **chips** for a snack.
  나는 방금 간식으로 **감자칩** 한 봉지를 먹었다.

0397 **cone**
[koun]

명 **1.** 원뿔 **2.** 아이스크림용 콘

- Traffic **cones** are sitting on the road.
  원뿔 모양의 교통 표지판들이 도로 위에 세워져 있다.
- I like eating my ice cream in a **cone**.
  나는 **콘**에 아이스크림을 먹는 것을 좋아한다.

교과서 빈출 표현

0398 **look like**

looked – looked

~처럼 보이다

- This photo doesn't **look like** her.
  이 사진은 그녀**처럼 보이지** 않는다[사진과 실물이 다르다].

0399 **at least**

적어도, 최소한

- Drink **at least** eight glasses of water a day.
  하루에 **적어도** 여덟 잔의 물을 마셔라.

0400 **be full of**

was[were] – been

~로 가득 차다

- The party **was full of** delicious food and drinks.
  그 파티는 맛있는 음식과 음료**로 가득 차 있었다**.

VOCA Exercise

정답 p.375

A

빈칸에 알맞은 말을 넣어 어구를 완성하세요.

1 좁은 마음 — a __________ mind

2 마지막 부분 — the last __________

3 바다를 건너다 — __________ the sea

4 직각 삼각형 — a right angle __________

5 완전한 세트 — a __________ set

6 광범위한 범위 — a __________ range

7 거의 매일 — __________ every day

8 네 페이지의 길이[분량] — four pages in __________

B

빈칸 (a)와 (b)에 공통으로 들어갈 단어를 쓰세요.

1 (a) You should wear __________ shoes.
너는 가벼운 신발을 신어야 한다.

(b) The __________ yellow shirt suits you well.
그 연한 노란색 셔츠는 너에게 잘 어울린다.

2 (a) My room has a __________ window.
내 방에는 정사각형 모양의 창문이 하나 있다.

(b) People gathered in the main __________.
사람들은 주 광장에 모였다.

VOCA Exercise

C

다음 영영풀이에 해당하는 단어를 <보기>에서 골라 쓰세요.

<보기>	entire	bright	tiny	chip

1 very small ____________

2 a small broken part ____________

3 having all parts, whole ____________

4 quick to learn, smart ____________

D

주어진 우리말에 맞게 빈칸에 알맞은 단어를 채워 문장을 완성하세요.

1 나는 매일 아침 몸무게를 잰다.

→ I ____________ myself every morning.

2 그 수업의 수준은 어떻게 되나요?

→ What is the ____________ of the class?

3 어르신들을 위해 그 자리들을 비워두어라.

→ Leave the seats ____________ for the elderly.

4 그 바구니는 신선한 과일로 가득 차 있다.

→ The basket is ____________ ____________ fresh fruit.

5 배드민턴 셔틀콕은 원뿔 모양이다.

→ The badminton shuttlecock has a ____________ shape.

DAY 17

사물 묘사

Preview Check

- base
- dry
- flat
- useful
- sharp
- simple
- normal
- common
- giant
- object
- extra
- edge
- curve
- bold
- average
- row
- string
- rough
- similar
- various
- without
- unlike
- go bad
- upside down
- not ~ anymore

사물 묘사

중등 기본

0401 **base**
[beis]

명 1. (사물의) 맨 아랫부분 2. 기초, 근거

- The **base** of the glass is round.
  그 유리잔의 **맨 아랫부분**은 둥글다.
- His experience was the **base** for his new novel.
  그의 경험은 신작의 **토대**였다.

0402 **dry**
[drai]
dried – dried

형 마른, 건조한 동 마르다, 말리다

- Keep the medicine in a cool, **dry** place.
  약을 서늘하고 **건조한** 곳에 보관하라.
- My shoes got wet. I need to **dry** them.
  내 신발이 젖었어. 나는 그것들을 **말려야** 해.

⊕ dried 형 건조한, 말린

0403 **flat**
[flæt]

형 평평한, 납작한

- **flat** shoes
  평평한 신발[플랫 슈즈]
- People thought the earth was **flat**.
  사람들은 지구가 **평평하다**고 생각했었다.

0404 **useful**
[úːsfəl]

형 유용한, 도움이 되는

- This website has **useful** information on traveling.
  이 웹사이트는 여행에 관한 **유용한** 정보가 있다.

⊖ useless 형 소용없는, 쓸모없는

0405 **sharp**
[ʃɑːrp]

형 날카로운, 뾰족한

- Be careful with the knife. It's very **sharp**.
  칼 조심해. 그것은 매우 **날카로워**.

0406 **simple**
[símpl]

형 1. 간단한, 단순한 2. 간결한, 꾸밈없는

- Let me ask you a **simple** question.
  네게 **간단한** 질문을 하나 할게.
- I like to wear clothes with a **simple** design.
  나는 **꾸밈없는**[심플한] 디자인의 옷을 입는 것을 좋아한다.

0407 **normal**
[nɔ́ːrməl]

형 보통의, 평범한, 정상적인

- My height is **normal** for my age.
  내 키는 나이에 맞게 **정상이다**.

⊕ normally 부 일반적으로

0408 **common**
[kámən]

형 1. 흔한 2. 공통의

- Jack is a very **common** name.
  잭은 매우 **흔한** 이름이다.
- We share a **common** interest in movies.
  우리는 영화에 있어 **공통된** 관심사를 가지고 있다.

⊕ common sense (일반) 상식

0409 **giant**
[dʒáiənt]

형 거대한, 위대한 명 거인

- The storm caused **giant** waves.
  폭풍은 **거대한** 파도를 유발했다.
- Once upon a time, there lived a **giant**.
  옛날 옛적에 **거인**이 살고 있었어요.

More 형용사 giant는 항상 명사 앞에 와요.

- We watched a movie on a **giant** TV screen. 우리는 **거대한** TV화면으로 영화를 봤다.
  (TV screen: 명사)

0410 **object**
[ábdʒikt]

명 물건, 물체

- Are you carrying any metal **objects**?
  금속 **물체들**을 가지고 계신가요?

0411 **extra**
[ékstrə]

형 추가의   부 추가로   명 추가되는 것

- You can use the pool at no **extra** cost.
  추가 비용 없이 수영장을 이용할 수 있습니다.
- I paid **extra** for a good seat.
  나는 좋은 자리를 위해 **추가로** 돈을 냈다.

0412 **edge**
[edʒ]

명 끝, 가장자리

- Keep away from the **edge** of the cliff.
  절벽 **끝**에 가까이 가지 마세요.

0413 **curve**
[kəːrv]

명 곡선, 커브

- The **curve** on the graph means an increase.
  그래프에서 그 **곡선**은 증가를 의미한다.

⊕ curved 형 곡선 모양의

0414 **bold**
[bould]

형 1. 대담한* 2. 선명한, 굵은

쉬운뜻 *담력이 크고 용감한

- He was **bold** enough to travel alone.
  그는 혼자 여행을 갈 만큼 **대담했다**.
- The artist painted with **bold** colors.
  그 화가는 **선명한** 색들로 그림을 그렸다.
- Write the title in **bold** type.
  제목은 **굵은** 글씨체로 써라.

0415 **average**
[ǽvəridʒ]

형 평균의, 보통의   명 평균, 보통

- The class **average** score was 70.
  반 **평균** 점수는 70점이었다.
- I sleep for 7 hours **on average**.
  나는 **평균적으로** 7시간을 잔다.

⊕ on average 평균적으로

0416 **row**
[rou]

명 줄, 열* 쉬운뜻 *사람이나 물건이 늘어선 줄

- the front/back **row**
  앞/뒷**줄**
- I sat in the first **row** in the theater.
  나는 극장에서 첫 번째 **줄**에 앉았다.

0417 **string**
[striŋ]

명 줄, 끈

- a guitar **string**
  기타 **줄**
- Tie a **string** to the balloon.
  풍선에 **끈**을 묶어라.

0418 **rough**
[rʌf]

형 **1. 매끈하지 않은, 거친 2. 대강의, 대충의**

- The cold wind can make your skin dry and **rough**.
  찬바람은 피부를 건조하고 **거칠게** 만들 수 있다.
- After a **rough** sketch, he started to paint.
  대강의 스케치 후에, 그는 색칠하기 시작했다.

⊕ **roughly** 부 1. 거칠게 2. 대략

0419 **similar**
[símələr]

형 비슷한, 유사한

- His ideas are very **similar** to mine.
  그의 아이디어는 내 것과 매우 **비슷하다**.

⊕ **similar to** ~와 비슷한

0420 **various**
[vériəs]

형 다양한, 여러 가지의

- The shop has **various** items on sale.
  그 상점은 세일 중인 **다양한** 물품들이 있다.
- There are **various** ways to reduce stress.
  스트레스를 줄일 수 있는 **여러 가지** 방법들이 있다.

0421 **without**
[wiðáut]

전 ~ 없이

- I can't see anything **without** my glasses.
  나는 안경 **없이는** 아무것도 볼 수 없다.

↔ with 전 ~와 함께

0422 **unlike**
[ʌnláik]

전 ~와 다른, ~와 달리

- **Unlike** my brother, I'm not interested in sports.
  오빠**와는 달리** 나는 운동에 관심이 없다.

↔ like 전 ~와 같은

교과서 빈출 표현

0423 **go bad**
went – gone

썩다, 상하다

- Milk tastes sour when it **goes bad**.
  우유는 **상하면** 신맛이 난다.

0424 **upside down**

1. 거꾸로, 뒤집혀 2. 거꾸로 된, 뒤집힌

- He was holding his book **upside down**.
  그는 책을 **거꾸로** 들고 있었다.
- Why is the picture **upside down**?
  왜 사진이 **거꾸로** 뒤집혀 있나요?

0425 **not ~ anymore**

더 이상 ~ 아니다

- The two countries are **not** enemies **anymore**.
  그 두 나라는 **더 이상** 적이 **아니다**.

VOCA Exercise

정답 p.375

A

빈칸에 알맞은 말을 넣어 어구를 완성하세요.

1 마른기침 a ________ cough

2 거친 손 ________ hands

3 날카로운 이빨 ________ teeth

4 평범한 삶 a ________ life

5 평평한 타이어 a ________ tire

6 사용하기 간단한 ________ to use

7 대담한 조치 a ________ step

8 평균 강우량 ________ rainfall

B

<보기>에서 알맞은 단어를 골라 문장을 완성하세요.

<보기> common various base string

1 This lamp has a heavy ________.

2 Growing pains are often ________ among children.

3 When I was playing the violin, the ________ broke.

4 The restaurant serves ________ kinds of dishes.

VOCA Exercise

C 다음 영영풀이에 해당하는 단어를 <보기>에서 골라 쓰세요.

<보기>	giant	extra	similar	unlike

1 very big in size ________________

2 different from something ________________

3 more of something ________________

4 almost the same as someone or something ________________

D 주어진 우리말에 맞게 빈칸에 알맞은 단어를 채워 문장을 완성하세요.

1 이 물체는 6개의 면으로 이루어져 있다.
→ This ________________ has six sides.

2 나는 쉬는 시간 없이 온종일 연습했다.
→ I practiced all day ________________ a break.

3 침대의 가장자리에 앉지 마.
→ Don't sit on the ________________ of the bed.

4 박쥐는 보통 거꾸로 매달려 있다.
→ Bats usually hang ________________ ________________.

5 그 음식을 냉장고에 넣어라, 그렇지 않으면 상할 것이다.
→ Keep the food in the refrigerator or it'll ________________ ________________.

DAY 16-17

Review

정답 p.376

A

주어진 단어를 각각 빈칸에 채워 문장을 완성하세요.

433 The ____________ of the pyramid is a ____________. (square, base)

434 The toolbox has ____________ ____________ tools. (useful, various)

435 I keep all my ____________ ____________ in this box. (tiny, objects)

436 It's 1 m in ____________ and ____________ about 3 kg. (weighs, length)

437 The tires went ____________ on the ____________ road. (flat, rough)

B

<보기>에서 알맞은 단어를 골라 문장을 완성하세요.

<보기>	without	light	string	full
	complete	chip	cross	bright
	least	entire		

438 This ____________ is at ____________ 30 cm long.

439 The jar is ____________ of chocolate ____________ cookies.

440 You can't ____________ the river ____________ a bridge.

441 The ____________ ____________ made me blink.

442 It takes a month to ____________ the ____________ course.

C 주어진 우리말에 맞게 다음 빈칸에 알맞은 단어를 쓰세요. (필요시 형태 바꿀 것)

443 I cut my finger on the ______________ ______________ of paper.

나는 종이의 날카로운 가장자리에 손가락을 베었다.

444 She wore ______________ shoes with a ______________ pattern.

그녀는 단순한 패턴이 있는 평평한 신발[플랫 슈즈]을 신었다.

445 The ______________ road ______________ made the cars stop.

그 좁은 도로는 차들을 거의 멈추게 만들었다.

446 Asking questions is a ______________ ______________ of growing up.

질문하는 것은 성장하는 과정의 정상적인 부분이다.

447 The ______________ sea ______________ is increasing every year.

평균 바다 높이[해수면]는 매년 증가하고 있다.

448 The room was ______________ ______________ any furniture.

그 방은 아무 가구도 없이 비어 있었다.

449 Bats hang ______________ ______________ in a ______________ cave.

박쥐는 어두운 동굴 안에서 거꾸로 매달린다.

450 Her voice was gentle, ______________ her ______________ personality.

그녀의 목소리는 대담한 성격과 달리 부드러웠다.

451 A ______________ ______________ of seats was empty.

좌석의 모든 줄이 비어 있었다.

452 The ______________ ______________ on the map means our starting point.

지도 위의 아주 작은 점은 우리의 출발점을 의미한다.

DAY 18

수, 양, 빈도

Preview Check

- each
- single
- couple
- once
- bowl
- half
- quarter
- volume
- little
- few
- great
- quite
- less
- several
- per
- percent
- dozen
- thousand
- million
- none
- either
- neither
- a bit
- all the time
- again and again

DAY 18

수, 양, 빈도

0426 **each** [iːtʃ]

형 각자의, 각각의 대 각각, 각자 부 각자에게

- **Each** class is about 45 minutes long.
  각 수업은 약 45분 정도로 길다.
- **Each** of us has different opinions.
  우리들 **각자**는 모두 다른 의견을 가지고 있다.
- Dad gave us $5 **each**.
  아빠는 우리 **각자에게** 5달러씩 주셨다.

0427 **single** [síŋgl]

형 1. 한 개의 2. 1인용의

- There was a **single** red rose in the vase.
  꽃병에는 **한 송이의** 빨간 장미가 있었다.
- a **single** bed/room
  1인용 침대[싱글 침대]/**1인**실

0428 **couple** [kʌ́pl]

명 1. 한 쌍, 두 개 2. 부부, 커플

- I bought a **couple** of books for my travels.
  나는 여행을 위해 **두 권**의 책을 샀다.
- The **couple** were walking along the beach.
  그 **부부**는 해변을 따라 걷고 있었다.

+ a couple of 두 사람의, 두서너 개의

0429 **once** [wʌns]

부 1. 한 번 2. (과거) 언젠가, 한때

- He gets a haircut **once** a month.
  그는 한 달에 **한 번** 머리를 자른다.
- My father was **once** a teacher. Now he is a doctor.
  나의 아버지는 **한때** 선생님이셨다. 지금 그는 의사이시다.

+ twice 부 두 번

0430 **bowl**
[boul]

명 1. (우묵한) 그릇, 사발 2. 한 그릇[통]

- Can you pass me the salad **bowl**?
  샐러드 **그릇**을 나한테 좀 건네줄래?
- She had a **bowl** of soup for breakfast.
  그녀는 아침으로 수프 **한 그릇**을 먹었다.

0431 **half**
[hæf]

명 1. 반, 2분의 1 2. 30분 형 반의, 절반의

- She cut the cake in **half**.
  그녀는 케이크를 **반**으로 잘랐다.
- It's **half** past five.
  5시 **30분**이다.
- It will take **half** an hour to get there.
  그곳에 도착하기까지 **반** 시간[30분]이 걸릴 것이다.

More 관사나 소유격이 붙은 명사와 함께 쓰일 때는 half가 앞에 와요.

- **half** a cup 반 컵
- **half** a bottle 반 병
- **half** the story 이야기의 반

0432 **quarter**
[kwɔ́:rtər]

명 1. 4분의 1 2. 15분

- I cut the pie into **quarters**.
  나는 그 파이를 **4등분**으로 잘랐다.
- It's a **quarter** to eight in the morning.
  아침 8시 **15분** 전이다[7시 45분이다].

0433 **volume**
[válju:m]

명 1. 음량 2. 양, 분량

- turn up/down the **volume**
  음량을 높이다/줄이다
- The **volume** of traffic is heavy on holidays.
  공휴일에는 교통**량**이 극심하다.

0434 **little**
[lítl]

형 **1.** 작은 **2.** (a ~) 약간의, 조금의 **3.** 거의 없는

- There is a **little** house on the hill.
  언덕 위에 **작은** 집이 하나 있다.
- Add **a little** salt, and it'll taste better.
  약간의 소금을 추가해라, 그러면 더 맛이 좋을 것이다.
- There is **little** time left.
  시간이 **거의** 남지 **않았다**.

⊕ little by little 조금씩

0435 **few**
[fju:]

형 **1.** (a ~) 약간의, 몇몇의 **2.** 거의 없는

- I bought **a few** things from the store.
  나는 가게에서 **몇** 가지를 샀다.
- There were very **few** students in the library.
  도서관에 학생들이 **거의 없었다**.

0436 **great**
[greit]

형 **1.** 정말 좋은, 대단한 **2.** 큰, 많은

- I had a **great** time during vacation.
  나는 방학 동안 **정말 좋은** 시간을 보냈다.
- A **great** number of people gathered for the festival.
  축제를 위해 수**많은** 사람들이 모였다.

0437 **quite**
[kwait]

부 꽤, 상당히

- I was sick for **quite** a long time.
  나는 **꽤** 오랫동안 아팠다.
- I felt **quite** tired after running.
  나는 달리고 난 후에 **상당히** 피곤했다.

0438 **less**
[les]

형 (양, 정도가) 보다 적은 부 덜, 더 적게

- Try to eat **less** meat and more vegetables.
  고기를 **덜** 먹고 채소를 더 많이 먹도록 하세요.
- This bike costs **less** than that one.
  이 자전거가 저것보다 가격이 **덜** 나간다.

⊕ less than ~보다 적은, 적게

0439 **several**
[sévərəl]

㉻ 몇몇의, 여러 (= a few)

- We visited **several** places in Seoul.
  우리는 서울에 있는 **여러** 장소를 방문했다.

0440 **per**
[pər]

㉶ ~마다

- The hotel room costs $120 **per** night.
  그 호텔 방은 1박**마다**[하룻밤에] 120달러 비용이 든다.

0441 **percent**
[pərsént]

㉮ 퍼센트(%), 백분

- All items are 30 **percent** off their original prices.
  모든 물건은 원래 가격에서 30**퍼센트** 할인 중입니다.

0442 **dozen**
[dʌ́zən]

㉮ 12개, 12개짜리 묶음

- I bought a **dozen** donuts.
  나는 도넛 **12개**를 샀다.

0443 **thousand**
[θáuzənd]

㉮ 천, 1,000

- The concert hall can hold three **thousand** people.
  그 콘서트홀은 3**천** 명을 수용할 수 있다.
- There were **thousands** of people in the street.
  거리에는 수**천** 명의 사람들이 있었다.

⊕ thousands of 수천의, 무수한

0444 **million**
[míljən]

㉮ 100만

- About five **million** people watched the movie.
  약 오**백만** 명의 사람들이 그 영화를 봤다.

0445 **none**
[nʌn]

대 아무도 ~않다

- **None** of us knows the answer to the question.
  우리 중 **아무도** 그 문제의 답을 알고 있지 **않다**.

0446 **either**
[íːðər]/[áiðər]

대 (둘 중) 어느 한쪽 부 《부정문》 ~도 또한, 역시

- There is tea or coffee. You can have **either**.
  커피나 차가 있어요. **둘 중 아무거나** 드시면 돼요.
- You can take **either** the bus **or** the subway here.
  너는 여기서 버스**나** 지하철을 탈 수 있어.
- I don't know the answer, **either**.
  나**도** 답을 모르겠어.

⊕ either A or B A이거나 B인

0447 **neither**
[níːðər]/[náiðər]

대 (둘 중) 어느 한쪽도 아니다

- I tried both dishes, but **neither** tasted good.
  나는 두 요리를 다 먹었는데, **어느 한쪽도** 맛이 좋지 **않았다**.

교과서 빈출 표현

0448 **a bit**

조금, 약간

- This sweater is **a bit** tight for me.
  이 스웨터는 나에게 **조금** 낀다.
- She will be **a bit** late for the class.
  그녀는 수업에 **약간** 늦을 것이다.

0449 **all the time**

줄곧, 내내, 항상

- She checks her cellphone **all the time**.
  그녀는 **줄곧** 휴대전화를 확인한다.

0450 **again and again**

반복해서

- I watched the movie **again and again** to understand it better. 나는 더 잘 이해하기 위해 그 영화를 **반복해서** 봤다.

VOCA Exercise

정답 p.376

A 빈칸에 알맞은 말을 넣어 어구를 완성하세요.

1 반값 ________ price

2 달걀 12개 a ________ eggs

3 시리얼 한 그릇 a ________ of cereal

4 한 사람마다[1인당] ________ person

5 한 마디 a ________ word

6 상당히 흥미로운 ________ interesting

7 양이 늘다 grow in ________

8 11시 15분 a ________ past eleven

B 빈칸 (a)와 (b)에 공통으로 들어갈 단어를 쓰세요.

1 (a) I take a shower ________ a day.

나는 하루에 한 번 샤워한다.

(b) My mom ________ lived in Japan.

엄마는 한때 일본에서 사셨다.

2 (a) It was ________ to see him again.

그를 다시 보게 되어서 정말 좋았다.

(b) A ________ crowd came to see the parade.

아주 많은 관중들이 행진을 보러 왔다.

VOCA Exercise

C <보기>에서 알맞은 단어를 골라 문장을 완성하세요.

<보기>	few	thousand	each	couple

1 ________________ student has their own locker.

2 About two ________________ people live in this town.

3 She made a ________________ mistakes on her test.

4 The ________________ looked happy together.

D 주어진 우리말에 맞게 빈칸에 알맞은 단어를 채워 문장을 완성하세요.

1 내 자매들 중 아무도 금발 머리가 아니다.
→ ________________ of my sisters is blond.

2 그 책은 백만 권 넘게 팔렸다.
→ The book sold more than a ________________ copies.

3 나는 그 놀이공원에 몇 번 가봤다.
→ I've been to the amusement park ________________ times.

4 그 식당은 항상 바쁘다.
→ The restaurant is busy ________________ ________________ ________________.

5 나는 똑같은 실수를 반복해서 했다.
→ I made the same mistake ________________ ________________ ________________.

DAY 19

시간, 순서

Preview Check

- [ ] past
- [ ] still
- [ ] until/till
- [ ] since
- [ ] while
- [ ] eve
- [ ] final
- [ ] lately
- [ ] ever
- [ ] moment
- [ ] century
- [ ] recent
- [ ] period
- [ ] beginning
- [ ] lastly
- [ ] weekly
- [ ] weekday
- [ ] someday
- [ ] following
- [ ] midnight
- [ ] dawn
- [ ] decade
- [ ] at first
- [ ] in the end
- [ ] on time

DAY 19

시간, 순서

중등 기본

0451 **past**
[pæst]

명 과거 형 과거의, 지나간

- In the **past**, we used to be close friends.
  과거에 우리는 가까운 친구 사이였다.
- We can learn from our **past** experience.
  우리는 **지난** 경험에서 배울 수 있다.

0452 **still**
[stil]

부 아직도, 여전히

- It's March, but it's **still** cold.
  3월이지만, **여전히** 춥다.

0453 **until / till**
[əntíl/til]

전 ~까지 접 ~할 때까지

- I have classes **until** 5 p.m.
  나는 오후 5시**까지** 수업이 있다.
- I lived in Seoul **until** I was 11 years old.
  나는 11살 **때까지** 서울에 살았었다.

0454 **since**
[sins]

전 ~부터, ~이래 접 1. ~한 때부터 2. ~ 때문에

- I haven't seen her **since** last week.
  나는 지난주**부터** 그녀를 보지 못했다.
- We have been friends **since** we were 10.
  우리는 10살 **때부터** 친구이다.
- Let's take a taxi **since** we are late.
  우리 늦었**으니까** 택시 타자.

More since는 현재완료 시제와 함께 자주 사용돼요. 이때, since 뒤에는 기간이 아닌 특정한 시점이 와요.

- I have played the piano **since** 2019. 나는 2019년**부터** 피아노를 쳐왔다.
- He has known me **since** I was a child. 내가 어렸을 **때부터** 그는 나와 알고 지냈다.

0455 **while**
[wail]

㉶ ~하는 동안 ㉦ (짧은) 동안, 잠깐

- **While** Dad was cooking, I set the table.
  아빠가 요리**하시는 동안**, 나는 상을 차렸다.
- Let's take a break for a **while**.
  잠깐 쉬자.

0456 **eve**
[iːv]

㉦ **전날, 전날 밤**

- Christmas **eve**
  크리스마스**이브**[12월 24일]
- We watched the countdown on New Year's **Eve**.
  우리는 새해 **전날 밤**에 카운트다운을 지켜보았다.

0457 **final**
[fáinəl]

㉻ **1. 마지막의, 최종의 2. 최종적인** ㉦ **결승전**

- I'm excited to read the **final** chapter of the novel.
  나는 그 소설의 **마지막** 장을 읽을 생각에 신이 난다.
- The boss will make a **final** decision tomorrow.
  상사가 내일 **최종** 결정을 내릴 것이다.
- We played against Japan in the **finals**.
  우리는 **결승전**에서 일본과 시합을 했다.

⊕ finally ㉴ 드디어, 마침내
⊕ finalist ㉦ 결승전 출전자

0458 **lately**
[léitli]

㉴ **최근에, 요즈음** (= recently)

- Have you talked to her **lately**?
  너는 **최근에** 그녀와 얘기를 해봤니?

0459 **ever**
[évər]

㉴ **1. 지금까지, 이제까지 2. 언제나, 항상**

- Have you **ever** been to Canada?
  너는 **지금까지** 캐나다에 가본 적 있니?
- The couple lived happily **ever** after.
  그 부부는 **내내** 행복하게 살았다.

0460 **moment**
[móumənt]

명 1. 잠깐, 잠시 2. 순간 3. (특정) 시기, 때

- Hold on for a **moment**.
  잠깐만 기다려.
- He's not at home at the **moment**.
  그는 이 **순간**[지금] 집에 없다.
- This is not the right **moment** to talk.
  지금은 얘기할 적당한 **때**가 아니다.

0461 **century**
[séntʃəri]

명 세기, 100년

- This Hanok was built in the 19th **century**.
  이 한옥은 19**세기**에 지어졌다.

0462 **recent**
[ríːsənt]

형 최근의

- His most **recent** novel received great reviews.
  그의 가장 **최신** 소설은 좋은 평을 받았다.

⊕ recently 부 최근에

0463 **period**
[píəriəd]

명 기간, 시대

- During the exam **period**, there are no classes.
  시험 **기간**에는 수업이 없다.

0464 **beginning**
[bigíniŋ]

명 처음, 시작

- The trip was so fun from **beginning** to end.
  그 여행은 **처음**부터 끝까지 너무 재미있었다.

0465 **lastly**
[lǽstli]

부 마지막으로, 끝으로

- **Lastly**, what are your future plans?
  마지막으로, 앞으로의 계획들은 어떻게 되시나요?

More 무언가를 순서대로 나열하거나 말할 때 다음과 같은 표현을 사용할 수 있어요.

- **First**, wash your hands. **먼저**, 손을 씻으세요.
  Second, boil the water. **두 번째로**, 물을 끓이세요.
  Third, put in all the ingredients, and boil for 3 minutes. **세 번째로**, 모든 재료를 넣고 3분간 끓이세요.
  Lastly, enjoy your meal. **마지막으로**, 맛있게 드세요.

0466 **weekly**
[wíːkli]

형 매주의, 주간의 부 주마다, 주 1회씩

- We have a **weekly** meeting every Monday.
  우리는 매주 월요일에 **주간** 회의가 있다.
- My family goes out for dinner **weekly**.
  내 가족은 **주 1회씩** 외식한다.

0467 **weekday**
[wiːkdei]

명 평일

- The bank is open only on **weekdays**.
  그 은행은 오직 **평일**에만 영업한다.

0468 **someday**
[səmdei]

부 언젠가, 머지않아 (= one day)

- I want to travel to Africa **someday**.
  나는 **언젠가** 아프리카로 여행하고 싶다.

More someday vs. some day

someday는 부사로, 미래의 불확실한 시간을 말할 때 사용해요.

- I will become a writer **someday**. 나는 **언젠가** 작가가 될 것이다.

some day는 형용사(some)와 명사(day)가 합쳐진 것으로, 알 수 없거나 지정되지 않은 '하루'를 의미해요.

- I will meet him **some day** next week. 나는 다음 주 중 **언젠가**(언제 하루) 그를 만날 것이다.

0469 **following**
[fálouiŋ]

형 다음에 오는, 다음의

- Read the text and answer the **following** questions.
  지문을 읽고 **다음** 질문에 답하시오.

⊕ follow 동 (시간, 순서) 뒤를 잇다

0470 **midnight**
[midnɑit]

명 자정, 밤 열두 시

- Everyone shouted at **midnight**, "Happy New Year!"
  모두가 **자정**에 "해피 뉴 이어!"라고 외쳤다.

0471 **dawn**
[dɔːn]

명 동틀 녘, 새벽

• We woke up at **dawn** to catch the first train.
우리는 첫 기차를 타기 위해 **새벽**에 일어났다.

0472 **decade**
[dékeid]

명 10년

• Many things have changed in the last **decade**.
지난 **십 년** 동안 많은 것들이 변했다.

교과서 빈출 표현

0473 **at first**

처음에는

• I couldn't swim **at first**, but now I'm a great swimmer.
나는 **처음에는** 수영을 못했지만, 지금은 훌륭한 수영 선수이다.

0474 **in the end**

결국, 마침내

• I did my best, and **in the end** I passed the test.
나는 최선을 다했고, **결국** 시험을 통과했다.

0475 **on time**

제때, 정각에

• The train didn't arrive **on time**.
기차가 **제때** 도착하지 않았다.

⊕ in time 제시간에, 늦지 않게

More on time vs. in time

on time은 어떤 일이 계획된 시간에 '맞춰' 일어나는 상황에 쓰여요.

• We got to the station **on time**. 우리는 역에 **제때** 도착했다.

in time도 비슷한 의미를 가지고 있지만, 어떤 일을 하기에 '늦지 않게'라는 의미를 강조해요.

• You should arrive **in time** for dinner. 너는 저녁 식사를 위해 **늦지 않게**(충분히 일찍) 도착해야 한다.

VOCA Exercise

정답 p.376

A 빈칸에 알맞은 말을 넣어 어구를 완성하세요.

1 최근의 사건 a ________________ event

2 최종 점수 the ________________ score

3 21세기 the 21st ________________

4 3년의 기간 a three-year ________________

5 무서운 순간 a scary ________________

6 ~의 처음에 in the ________________ of

7 주간 회의 a ________________ meeting

8 다음의 예시 the ________________ example

B <보기>에서 알맞은 단어를 골라 문장을 완성하세요.

<보기> while	since	until

1 She had to wait ________________ the next bus came.

2 ________________ I was driving, I saw beautiful flowers.

3 He has lived in the city ________________ he was born.

4 ________________ you are busy, I'll ask somebody else.

5 I stayed in the room for a ________________.

6 The sale lasts ________________ this Friday.

VOCA Exercise

C

다음 영영풀이에 해당하는 단어를 <보기>에서 골라 쓰세요.

<보기>	eve	lately	dawn	decade

1 a period of 10 years ____________

2 recently, not long ago ____________

3 the day before a holiday or other special day ____________

4 the time of day when sunlight begins to appear ____________

D

주어진 우리말에 맞게 빈칸에 알맞은 단어를 채워 문장을 완성하세요.

1 그 가게는 아직 열려있다.

→ The store is ____________ open.

2 마지막 버스는 자정에 출발한다.

→ The last bus leaves at ____________.

3 너는 지금까지 인도 음식을 먹어본 적 있니?

→ Have you ____________ tried Indian food before?

4 과거에 휴대전화는 오로지 통화를 위한 것이었다.

→ In the ____________, cellphones were only for talking.

5 처음에 나는 그 직장이 마음에 들지 않았다.

→ ____________ ____________, I didn't like the job.

DAY 20

방향, 위치

Preview Check

- [ ] low
- [ ] away
- [ ] across
- [ ] ahead
- [ ] bottom
- [ ] straight
- [ ] against
- [ ] through
- [ ] front
- [ ] below
- [ ] above
- [ ] over
- [ ] among
- [ ] indoor
- [ ] outdoor
- [ ] beside
- [ ] aside
- [ ] position
- [ ] nearby
- [ ] somewhere
- [ ] forward
- [ ] toward
- [ ] in the middle of
- [ ] up and down
- [ ] out of

방향, 위치

0476 **low**
[lou]

형 낮은 부 낮게

- There are many **low** buildings in this town.
  이 도시에는 **낮은** 건물들이 많다.
- Birds fly **low** before rain.
  새들은 비가 오기 전에 **낮게** 난다.

⊖ high 형 높은 부 높이

0477 **away**
[əwéi]

부 떨어져

- My school is 2 km **away**.
  내 학교는 2km **떨어져** 있다.
- They live in the village far **away from** a city.
  그들은 도시**로부터** 멀리 **떨어진** 마을에 살고 있다.

⊕ away from ~로부터 떨어져

0478 **across**
[əkrɔ́:s]

전 1. 건너편에 2. ~의 전역에*

쉬운뜻 *어느 지역의 전체에

- There is a bakery **across** from my house.
  내 집 **건너편에는** 빵집이 있다.
- It will snow **across** the country today.
  오늘은 나라**의 전역에**[전국에] 눈이 올 것입니다.

0479 **ahead**
[əhéd]

부 앞에, 앞쪽에

- The road **ahead** is closed for roadwork.
  앞쪽 도로는 공사로 인해 막혀있다.
- Go **ahead**.
  앞에 가세요[먼저 가세요].

0480 **bottom**
[bátəm]

명 아랫부분, 밑바닥 형 맨 아래쪽에

- I found some coins at the **bottom** of my bag.
  나는 가방 **밑바닥**에서 몇 개의 동전을 발견했다.
- The towel is on the **bottom** shelf.
  수건은 **맨 아래** 선반에 있다.

⊕ top 명 맨 위, 정상

0481 **straight**
[streit]

부 1. 똑바로 2. 곧장, 곧바로 형 곧은, 일직선의

- My teacher told us to stand **straight**.
  선생님은 우리에게 **똑바로** 서라고 하셨다.
- I'll go **straight** home after school.
  나는 학교 끝나면 **곧장** 집에 갈 것이다.
- She has long **straight** hair.
  그녀는 긴 **생**머리를 가지고 있다.

0482 **against**
[əgénst]

전 1. ~에 반대하여 2. ~에 맞서, 부딪쳐 3. ~에 기대어

- I'm **against** his opinion.
  나는 그의 의견**에 반대한다**.
- The Blue team won the game **against** the Red team.
  파란 팀은 빨간 팀**에 맞서** 경기에서 이겼다.
- Do not lean **against** the elevator door.
  엘리베이터 문**에 기대지** 마시오.

0483 **through**
[θruː]

전 ~을 통해, ~사이로

- A train is going **through** the tunnel.
  기차가 터널을 **통과해** 지나가고 있다.

0484 **front**
[frʌnt]

명 앞쪽, 앞면 형 앞쪽의

- Let's meet in **front** of the theater.
  영화관 **앞**에서 만나자.
- Someone knocked on the **front** door.
  누군가가 **앞**문[현관문]을 두드렸다.

⊕ in front of ~의 앞에

0485 **below**
[bilóu]

전 ~보다 아래에　부 아래에, 밑에

- He lives on the floor **below** me.
  그는 나**보다 아래**층에 산다.
- Please write your name and address **below**.
  아래에 당신의 이름과 주소를 적어주세요.

0486 **above**
[əbʌ́v]

전 ~보다 위에　부 위에서, 위쪽에

- The plane flew **above** the clouds.
  비행기는 구름 **위**를 날았다.
- A noise came from the room **above**.
  위에 있는 방으로부터 소음이 들렸다.

0487 **over**
[óuvər]

전 1. ~ 위에　2. ~을 건너, 넘어

- I put my hands **over** my eyes.
  나는 내 눈 **위에** 두 손을 얹었다.
- He is climbing **over** the wall.
  그는 담을 **넘어**가고 있다.

비교 Point on vs. above vs. over

on은 무언가의 위에 접촉되어 있을 때 사용하고, above와 over는 어떤 사물이 다른 것 위에 떨어져 있을 때 사용해요.

- The bird flew **over[above]** my head. 그 새는 내 머리 **위로** 날아갔다.

하지만 고도, 지위, 수준 등을 언급하는 경우에는 above를 사용하고, 무언가를 덮고 있는 상태를 나타낼 때는 over를 사용해야 해요.

- The mountain is 2,000 m **above** the sea level. 그 산은 해수면 **위**[해발] 2,000m이다.
- I put my blanket **over** her. 나는 그녀 **위에** 내 담요를 덮어주었다.

0488 **among**
[əmʌ́ŋ]

전 ~의 사이에

- The TV series is popular **among** teenagers.
  그 TV 시리즈는 십대들 **사이에서** 인기가 많다.

More 보통 셋 이상의 사물이나 사람의 경우에 쓰여요.

0489 **indoor**
[índɔ̀ːr]

형 실내의

- The hotel has a big **indoor** swimming pool.
  그 호텔에는 큰 **실내** 수영장이 있다.

⊕ indoors 부 실내에서

0490 **outdoor**
[áutdɔ̀ːr]

형 야외의

- I enjoy **outdoor** activities like hiking.
  나는 하이킹과 같은 **야외** 활동을 즐긴다.

⊕ outdoors 부 야외에서

0491 **beside**
[bisáid]

전 ~ 옆에

- The cat is sitting **beside** the window.
  그 고양이는 창문 **옆에** 앉아있다.

More 철자가 비슷한 besides는 '게다가', '뿐만 아니라'라는 뜻이에요.

0492 **aside**
[əsáid]

부 1. 곁에, 옆에 2. 따로 두고

- Please step **aside**.
  옆에 서 주세요.
- Can you put the cake **aside** for me?
  날 위해 그 케이크를 **따로 둬**줄래?

0493 **position**
[pəzíʃən]

명 1. 위치, 자리 2. (몸의) 자세

- The books were out of **position**.
  책들은 제**자리**에 있지 않았다.
- He fell asleep in a sitting **position**.
  그는 앉아 있는 **자세**로 잠이 들었다.

0494 **nearby**
[níərbái]

형 가까운, 가까이의 부 가까이에, 근처에

- We took a walk in the **nearby** park.
  우리는 **가까운** 공원에서 산책했다.
- She and I live **nearby**.
  그녀와 나는 **근처에** 산다.

0495 **somewhere**
[sʌ́mhwɛ̀ər]

부 어딘가에

- Can we go **somewhere** warm?
  저희 **어딘가** 따뜻한 곳으로 가도 될까요?

0496 **forward**
[fɔ́ːrwərd]

부 앞으로

- Please move **forward** to have a look.
  (그것을) 보려면 **앞으로** 나가세요.

0497 **toward**
[tɔːrd]

전 ~쪽으로, ~을 향하여

- The ship sailed **toward** the north.
  그 배는 북쪽**을 향하여** 항해했다.

교과서 빈출 표현

0498 **in the middle of**

1. ~의 가운데에 2. ~의 도중에

- The girl is standing **in the middle of** the stage.
  그 여자아이는 무대 **가운데에** 서 있다.
- The man left **in the middle of** the meeting.
  그 남자는 회의 **도중에** 자리를 떴다.

0499 **up and down**

1. 위아래로 2. 좋다가 나쁘다가

- I nodded my head **up and down**.
  나는 머리를 **위아래로** 끄덕였다.
- The weather was **up and down**.
  날씨가 **좋다가 나쁘다가** 했다.

0500 **out of**

1. ~ 밖으로 2. (수단, 재료) ~으로 3. ~ 중에서

- A cat jumped **out of** the box.
  고양이가 박스 **밖으로** 튀어나왔다.
- He made the house **out of** red bricks.
  그는 빨간 벽돌**로** 집을 만들었다.
- I got 5 **out of** 10 on the math quiz.
  나는 수학 퀴즈에서 10점 **중** 5점을 맞았다.

VOCA Exercise

정답 p.376

A

빈칸에 알맞은 말을 넣어 어구를 완성하세요.

1 곁에 두다, 챙겨두다 — set ________________

2 편안한 자세 — a comfortable ________________

3 ~로부터 떨어져 — ________________ from

4 선 아래에 — ________________ the line

5 법에 반하여 — ________________ the law

6 가까운 도시[이웃 도시] — a ________________ town

7 군중들 사이에 — ________________ the crowd

8 실내 스포츠 — an ________________ sport

B

<보기>에서 알맞은 단어를 골라 문장을 완성하세요.

<보기>	bottom	outdoor	low	above

1 I saw a rainbow ________________ the bridge.

2 You should buy ________________ clothing for hiking.

3 The wall was ________________ enough to climb over.

4 There is gum on the ________________ of your shoes.

VOCA Exercise

C

다음 영영풀이에 해당하는 단어를 <보기>에서 골라 쓰세요.

<보기>	straight	front	through	beside

1 next to ______________

2 without a curve ______________

3 the position at the beginning ______________

4 from one side to the other side ______________

D

주어진 우리말에 맞게 빈칸에 알맞은 단어를 채워 문장을 완성하세요.

1 그 배는 동쪽을 향하여 항해했다.

→ The ship sailed ______________ the east.

2 그는 가게 건너편에 주차했다.

→ He parked his car ______________ from the shop.

3 그녀는 경주 도중에 넘어졌다.

→ She fell in the ______________ of the race.

4 나는 점토로 접시를 하나 만들었다.

→ I made a plate ______________ ______________ clay.

5 아이들은 계단을 위아래로 뛰어다녔다.

→ Children ran ______________ ______________ ______________ the stairs.

정답 p.377

A

주어진 단어를 각각 빈칸에 채워 문장을 완성하세요.

453 I ____________ enjoy ____________ activities. (outdoor, quite)

454 The party continued ____________ ____________. (midnight, until)

455 ____________ of the ____________ eggs are broken. (dozen, none)

456 Please sign at the ____________ of ____________ page. (each, bottom)

457 ____________ of them watched the ____________ match. (neither, final)

B

<보기>에서 알맞은 단어를 골라 문장을 완성하세요.

<보기>	time	across	while	half
	nearby	over	through	weekly

458 I think the bus stop is ____________, just ____________ the street.

459 The ____________ staff meeting started on ____________.

460 Pour ____________ a cup of water ____________ the noodles.

461 Be careful ____________ you drive ____________ the tunnel.

C 주어진 우리말에 맞게 다음 빈칸에 알맞은 단어를 쓰세요. (필요시 형태 바꿀 것)

462 In the ____________, people communicated ____________ letters.

과거에 사람들은 편지를 통해 의사소통했다.

463 ____________ the ____________ backpacks, I chose the red one.

여러 배낭들 중에서 나는 빨간 것을 선택했다.

464 Keep walking ____________ ____________, and you'll see the park.

곧장 앞으로 계속 걸어가세요, 그러면 공원이 보일 거예요.

465 The machine collects a ____________ ____________ of data quickly.

그 기계는 엄청난 양의 데이터를 빠르게 수집한다.

466 Stay in ____________. He'll throw the ball ____________ you.

자리에 남아 있어. 그가 네 쪽으로 공을 던질 거야.

467 Wait ____________ ____________ longer. He'll be back in a m____________.

조금만 더 기다려주세요. 그는 잠시 후에 돌아올 거예요.

468 In the ____________, she came ____________ and shared her story.

마침내 그녀는 앞으로 나와서 자신의 이야기를 나누었다.

469 ____________ than a ____________ people came to the show.

천 명보다 적은 수의 사람들이 그 공연을 보러 왔다.

470 We traveled ____________ the country for a ____________ of weeks.

우리는 2주 정도 동안 전국을 여행했다.

DAY 21

취미, 관심사

Preview Check

- camp
- draw
- model
- comic
- film
- hike
- surf
- fold
- trick
- interest
- theater
- animation
- puzzle
- stamp
- sew
- craft
- pleasure
- riddle
- canvas
- collection
- leisure
- log
- journal
- be into
- go for a walk

취미, 관심사

중등 기본

0501 **camp**

[kæmp]

camped – camped

동 야영하다, 캠핑을 하다 명 1. 캠프 2. 야영지

- My family enjoys **camping** in the forest.
  내 가족은 숲에서 **캠핑하는** 것을 즐긴다.
- I spent last summer at a space **camp**.
  나는 우주 **캠프**에서 지난여름을 보냈다.
- We set up the tent at **camp**.
  우리는 **야영지**에서 텐트를 쳤다.

0502 **draw**

[drɔː]

drew – drawn

동 1. (연필, 펜으로) 그리다 2. 끌어당기다

- I sometimes **draw** pictures in my free time.
  나는 가끔 여가 시간에 그림을 **그린다**.
- A magnet **draws** in metal things.
  자석은 금속 물체들을 **끌어당긴다**.

0503 **model**

[mɑːdl]

명 1. 모형 2. 모델 3. 모범

- I glued the tail on the **model** plane.
  나는 **모형** 비행기에 꼬리를 붙였다.
- The new **model** will be on sale next week.
  새 **모델**은 다음 주에 판매될 것이다.
- a role **model**
  역할 **모범**《본받고 싶도록 모범이 되는 사람》

0504 **comic**

[kάmik]

형 웃기는, 재미있는 명 (-s) 만화

- The **comic** actor made the audience laugh.
  그 **희극** 배우는 관객들을 웃게 만들었다.
- I like to read **comics**.
  나는 **만화**를 보는 것을 좋아한다.

⊕ comic book 명 만화책

0505 **film**
[film]
filmed – filmed

명 영화 동 촬영하다

- We watched the **film** about the band Queen.
  우리는 밴드 퀸에 대한 **영화**를 봤다.
- Mom **filmed** me singing.
  엄마는 내가 노래 부르는 걸 **촬영하셨다**.

0506 **hike**
[haik]
hiked – hiked

동 하이킹하다, 도보 여행을 하다

- She **hikes** in the mountains every weekend.
  그녀는 주말마다 산에서 **하이킹을 한다**.

0507 **surf**
[səːrf]
surfed – surfed

동 1. 파도타기를 하다 2. (인터넷을) 검색하다

- I go **surfing** every summer.
  나는 여름마다 **파도타기를 하러** 간다.
- He **surfed** the internet on his smartphone.
  그는 스마트폰으로 인터넷을 **검색했다**.

⊕ surfing 명 파도타기, 서핑

0508 **fold**
[fould]
folded – folded

동 접다, 포개다

- I can **fold** paper into the shape of a rose.
  나는 종이를 장미 모양으로 **접을** 수 있다.

0509 **trick**
[trik]
tricked – tricked

명 1. 묘기 2. 속임수 3. 장난 동 속이다

- I'll show you some magic **tricks**.
  내가 너에게 마술 **묘기**를 좀 보여 줄게.
- play a **trick** on
  ~에게 **속임수**를 부리다
- **Trick** or treat!
  과자를 안 주면 **장난**칠 거예요!

0510 **interest**

[íntərèst]

interested – interested

명 **1.** 흥미, 관심 **2.** (금융) 이자 동 관심을 끌다

- He has a lot of **interest** in animals.
  그는 동물에 **관심**이 많다.
- high **interest** rates
  높은 **이자율**
- World history **interests** me, so I often visit museums.
  나는 세계사에 **관심이 있어서**, 박물관에 자주 방문한다.

⊕ interesting 형 흥미로운, 재미있는

⊕ interested 형 관심 있어 하는

0511 **theater**

[θí(:)ətər]

명 영화관, 극장

- The movie is showing at the Grand **Theater**.
  그 영화는 그랜드 **극장**에서 상영 중이다.

0512 **animation**

[ænəméiʃən]

명 만화 영화, 애니메이션

- My favorite **animation** is *Zootopia*.
  내가 가장 좋아하는 **만화 영화**는 '주토피아'이다.

0513 **puzzle**

[pʌ́zl]

명 퍼즐

- a jigsaw **puzzle**
  직소 **퍼즐** (조각그림 맞추기)
- I like to solve difficult **puzzles**.
  나는 어려운 **퍼즐**을 푸는 것을 좋아한다.

0514 **stamp**

[stæmp]

명 **1.** 우표 **2.** 도장, 스탬프

- Her hobby was collecting rare **stamps**.
  그녀의 취미는 희귀한 **우표들**을 수집하는 것이었다.
- a date **stamp**
  날짜 **도장**

0515 **sew**
[sou]
sewed – sewed

동 바느질하다, 꿰매다

- He **sewed** the button on his coat.
  그는 코트에 단추를 **꿰맸다**.

0516 **craft**
[kræft]

명 (수)공예*

쉬운뜻 *기능과 장식이 어우러진 물건을 만드는 일

- arts and **crafts**
  미술 **공예**
- I saw traditional **crafts** like fans at the market.
  나는 시장에서 부채와 같은 전통 **공예품**을 보았다.

0517 **pleasure**
[pléʒər]

명 기쁨, 즐거움

- I take **pleasure** in playing the guitar.
  나는 기타를 연주하는 데서 **즐거움**을 얻는다.

0518 **riddle**
[rídl]

명 수수께끼

- Solve this **riddle**, and I'll give you a small gift.
  이 **수수께끼**를 풀어봐, 그러면 내가 네게 작은 선물을 줄게.

0519 **canvas**
[kǽnvəs]

명 캔버스 천

- The artist started to paint on his **canvas**.
  그 예술가는 **캔버스**에 그림을 그리기 시작했다.

0520 **collection**
[kəlékʃən]

명 수집품, 소장품

- He showed us his **collection** of game cards.
  그는 우리에게 게임 카드 **수집품**을 보여주었다.
- private **collection**
  개인 **소장품**

+ collect 동 모으다, 수집하다

0521 **leisure**
[líːʒər]

명 여가

- I enjoy **leisure** activities like tennis and skiing.
  나는 테니스나 스키와 같은 **여가** 활동을 즐긴다.

0522 **log**
[lɔːg]

명 1. 통나무 2. 일지*, 기록

쉬운뜻 *그날그날의 일을 매일 적은 기록

- He chopped **logs** for the fire.
  그는 장작으로 쓸 **통나무**를 팼다.
- I keep a **log** of my spending.
  나는 내 지출을 **기록**한다.

0523 **journal**
[dʒə́ːrnəl]

명 1. 일기, 일지 2. 잡지, 학술지*

쉬운뜻 *학문·예술에 관한 전문 잡지

- She keeps a travel **journal** on her blog.
  그녀는 블로그에 여행 **일지**를 쓴다.
- The study was printed in a science **journal**.
  그 연구는 과학 **학술지**에 게시되었다.

교과서 빈출 표현

0524 **be into**
was[were] – been

~에 빠지다, 관심이 많다

- I'**m into** horror movies, but my sister isn't.
  나는 공포 영화**에 빠져있지**만, 내 언니는 그렇지 않다.

0525 **go for a walk**
went – gone

산책하러 가다

- He usually **goes for a walk** with his dog.
  그는 보통 자신의 개와 **산책하러 간다**.

More 〈go for + 명사〉는 어떤 목적을 위해 행동하는 것을 의미하므로 '~하러 가다'라고 해석해요.

- Let's **go for** a coffee. 커피 마시**러 가자**.
- I **went for** a run. 나는 달리기**하러 갔다**.
- We **went for** a drive. 우리는 드라이브**하러 갔다**.

VOCA Exercise

정답 p.377

A

빈칸에 알맞은 말을 넣어 어구를 완성하세요.

1 여름 캠프 — summer ______________

2 간단한 속임수 — a simple ______________

3 퍼즐 한 조각 — a piece of the ______________

4 관심을 보이다 — show ______________

5 옷을 꿰매다 — ______________ the clothes

6 수수께끼를 풀다 — solve the ______________

7 캔버스에 스케치하다 — sketch on ______________

8 상자를 접다 — ______________ boxes

B

빈칸 (a)와 (b)에 공통으로 들어갈 단어를 쓰세요.

1 (a) I will ______________ my friend's face.

나는 내 친구의 얼굴을 그릴 것이다.

(b) He used a rope to ______________ the cart.

그는 카트를 끌기 위해 밧줄을 사용했다.

2 (a) I plan to visit Guam and ______________ next year.

나는 내년에 괌을 방문해서 파도타기할 계획이다.

(b) What did you ______________ the internet for?

너는 인터넷에서 무엇을 검색했니?

VOCA Exercise

C

다음 영영풀이에 해당하는 단어를 <보기>에서 골라 쓰세요.

<보기>	journal	film	pleasure	craft

1 moving pictures on a screen ______________

2 a record of a person's thoughts ______________

3 a feeling of happiness and enjoyment ______________

4 a talent in making things by hand ______________

D

주어진 우리말에 맞게 빈칸에 알맞은 단어를 채워 문장을 완성하세요. (필요시 형태 바꿀 것)

1 이번 주 토요일에 하이킹 하러 가자.

→ Let's go ______________ this Saturday.

2 나는 취미로 만화책을 수집한다.

→ I collect ______________ books for a hobby.

3 우리는 연극을 보러 극장에 갔다.

→ We went to the ______________ to see a play.

4 여가 시간에 그녀는 빵 굽는 것을 즐긴다.

→ In her ______________ time, she enjoys baking.

5 나는 모형 배 도구 세트를 구매했다.

→ I bought a kit for a ______________ ship.

DAY 22

여행

Preview Check

- travel
- tour
- seat
- tent
- lead
- book
- experience
- abroad
- cancel
- include
- crowd
- charge
- view
- sight
- guidebook
- arrival
- lively
- passport
- attraction
- landmark
- adventure
- disturb
- fill out
- set foot
- check in

DAY 22

여행

0526 **travel**
[trǽvəl]
traveled – traveled

동 1. 여행하다 2. 이동하다 명 여행

- My family **traveled** to China last year.
  내 가족은 작년에 중국을 **여행했다**.
- Light **travels** faster than sound.
  빛은 소리보다 빠르게 **이동한다**.
- We discussed our **travel** plan together.
  우리는 **여행** 계획을 함께 의논했다.

⊕ traveler 명 여행자

0527 **tour**
[tuər]
toured – toured

명 여행, 관광 동 여행하다, 관광하다

- They will take a city **tour** by bus.
  그들은 버스로 시내 **관광**을 할 것이다.
- She loves to **tour** new countries.
  그녀는 새로운 나라들을 **관광하는** 것을 아주 좋아한다.

⊕ tourist 명 관광객

More tour는 가이드와 함께 다니는 여행 또는 이곳저곳을 돌아다니는 여행을 의미해요.

0528 **seat**
[siːt]
seated – seated

명 좌석, 자리 동 앉히다

- He gave up his **seat** for an old man.
  그는 한 노인에게 **자리**를 양보했다.
- Please be **seated**.
  앉아주세요.

0529 **tent**
[tent]

명 텐트, 천막

- We have to put up the **tent** on flat ground.
  우리는 평평한 땅에 **텐트**를 설치해야 한다.

0530 **lead**
[li:d]
led – led

동 1. 인도하다, 이끌다 (= guide) 2. 앞서다
명 선두, 우세

- The guide **led** us to the museum.
  가이드는 우리를 박물관으로 **이끌었다**.
- The home team **is leading** the game by one point.
  홈팀이 경기를 1점 **앞서고 있다**.
- He took the **lead** in the second round.
  그는 두 번째 라운드에서 **선두**를 가져갔다.

0531 **book**
[buk]
booked – booked

명 책 동 예약하다

- Did you return the **book** to the library?
  너 도서관에 **책**을 반납했니?
- I'd like to **book** a flight to Italy.
  이탈리아행 항공편을 **예약하고** 싶어요.

0532 **experience**
[ikspíəriəns]
experienced – experienced

명 경험 동 경험하다

- We had a wonderful **experience** during the trip.
  우리는 여행하는 동안 아주 멋진 **경험**을 했다.
- She was excited to **experience** a new culture.
  그녀는 새로운 문화를 **경험하게** 되어 신이 났다.

+ experienced 형 경험 있는

0533 **abroad**
[əbrɔ́:d]

부 해외에(서), 해외로

- I have never been **abroad** before.
  나는 이전에 한 번도 **해외에** 가본 적이 없다.

0534 **cancel**
[kǽnsəl]
canceled – canceled

동 취소하다

- They **canceled** their trip because of the storm.
  그들은 폭풍우로 인해 여행을 **취소했다**.

0535 **include**
[inklú:d]
included – included

동 포함하다

- The package **includes** tours and transportation.
  그 패키지는 관광과 교통비를 **포함한다**.

+ including 전 ~을 포함하여

0536 **crowd**

[kraud]

crowded – crowded

명 사람들, 군중 동 붐비다

• I couldn't walk through the **crowd**.
나는 **사람들** 사이를 뚫고 걸을 수 없었다.

• Many people **crowded** into the street to see the parade. 많은 사람들이 퍼레이드를 보려고 거리로 **모여들었다**.

⊕ crowded with ~로 복잡한, 붐비는

0537 **charge**

[tʃɑːrdʒ]

charged – charged

명 요금 동 1. (요금을) 청구하다 2. 충전하다

• There is a small **charge** for using the restroom.
화장실을 사용하는 데 소액의 **요금**이 있다.

• The theater **charged** me $20 for the play.
그 극장은 내게 연극 입장권으로 20달러를 **청구했다**.

• You can **charge** your smartphone here for free.
여기서 당신의 스마트폰을 무료로 **충전할** 수 있습니다.

0538 **view**

[vjuː]

명 1. 경관, 전망 2. 견해*, 생각 쉬운뜻 *의견이나 생각

• The night **view** of the city was so beautiful.
그 도시의 야**경**은 정말 아름다웠다.

• He and I have different **views** on the problem.
그와 나는 그 문제에 대해 다른 **견해**를 가지고 있다.

0539 **sight**

[sait]

명 1. 시력 2. 봄, 보는 것 3. 시야

• He has very good **sight**.
그는 **시력**이 아주 좋다.

• It was love at first **sight**.
첫**눈**에 반했다.

• I watched the car until it was out of my **sight**.
나는 그 차가 **시야**에서 벗어날 때까지 그것을 지켜보았다.

⊕ go sight-seeing 관광하러 가다

0540 **guidebook**
[gaidbuk]

명 안내서

- The **guidebook** introduces the country's history and culture. **안내서**는 나라의 역사와 문화를 소개한다.

0541 **arrival**
[əráivəl]

명 도착

- I checked the **arrival** time of the train.
  나는 기차 **도착** 시간을 확인했다.
- **On arrival** at the airport, we should call him.
  공항에 **도착하는 대로**, 우리는 그에게 전화해야 한다.

+ on arrival 도착하는 대로
+ arrive 동 도착하다

0542 **lively**
[láivli]

형 활기 넘치는

- The street was **lively** with music and dance.
  거리는 음악과 춤으로 **활기가 넘쳤다**.

0543 **passport**
[pǽspɔːrt]

명 여권

- Don't forget to bring your **passport**.
  네 **여권**을 가져오는 것을 잊지 마라.

0544 **attraction**
[ətrǽkʃən]

명 명소*

쉬운뜻 *이름이 널리 알려져 많은 사람이 방문하는 장소

- The temple is a popular tourist **attraction**.
  그 사원은 인기 있는 관광 **명소**이다.

+ attract 동 끌어들이다

0545 **landmark**
[lǽndmàːrk]

명 랜드마크

- The Eiffel Tower is a famous **landmark** in France.
  에펠탑은 프랑스에서 유명한 **랜드마크**이다.

비교 Point attraction vs. landmark

attraction은 관광객들이 주로 방문하는 유명한 장소를 의미한다면, landmark는 어떤 지역을 대표하는 사물을 의미해요. 따라서 landmark는 건물이나 장소뿐만 아니라 나무 또는 다른 구조물이 될 수도 있어요.

0546 **adventure**
[ədvéntʃər]

명 모험

- Going on a trip alone is a big **adventure** for me.
  혼자 여행을 가는 것은 내게 큰 **모험**이다.

⊕ adventurer 명 모험가
⊕ adventurous 형 모험심이 강한

0547 **disturb**
[distə́:rb]
disturbed – disturbed

동 방해하다

- The noise from outside **disturbed** my sleep.
  밖에서 나는 소리가 내 수면을 **방해했다**.
- Do not **disturb**.
  방해하지 마시오. 《호텔 방이나 사무실 등의 문에 걸어 두는 안내문》

교과서 빈출 표현

0548 **fill out**
filled – filled

작성하다, 기입하다

- Please **fill out** the form with your personal information.
  이 양식에 개인 정보를 **작성해** 주세요.

0549 **set foot**
set – set

발을 들여놓다

- I'll never **set foot** in this restaurant again.
  나는 이 식당에 두 번 다시 **발을 들여놓지** 않을 것이다.

0550 **check in**
checked – checked

투숙 절차를 밟다, 체크인하다

- When you arrive at the hotel, **check in** at the front desk.
  호텔에 도착하면, 프런트에서 **체크인해**.

⇔ check out 퇴숙 절차를 밟다

VOCA Exercise

정답 p.377

A 빈칸에 알맞은 말을 넣어 어구를 완성하세요.

1 활기 넘치는 도시 a ______________ city

2 추가 요금 an extra ______________

3 바다가 보이는 전망 an ocean ______________

4 한국 여권 a Korean ______________

5 앞좌석 a front ______________

6 텐트에서 자다 sleep in a ______________

7 해외에서 공부하다 study ______________

8 행사를 취소하다 ______________ the event

B 다음 빈칸에 알맞은 단어를 쓰세요.

1 travel : ______________ = 여행하다 : 여행자

2 crowd : ______________ = 붐비다 : 붐비는

3 experience : ______________ = 경험하다 : 경험 있는

4 attract : ______________ = 끌어들이다 : 명소

5 include : ______________ = 포함하다 : ~을 포함하여

6 arrive : ______________ = 도착하다 : 도착

VOCA Exercise

C 다음 영영풀이에 해당하는 단어를 <보기>에서 골라 쓰세요.

<보기>	landmark	tour	sight	adventure

1 the ability to see ____________

2 a well-known object in a place ____________

3 traveling around a place ____________

4 an exciting or dangerous experience ____________

D 주어진 우리말에 맞게 빈칸에 알맞은 단어를 채워 문장을 완성하세요. (필요시 형태 바꿀 것)

1 방해해서 죄송합니다.

→ I'm sorry to ____________ you.

2 그녀는 프로젝트를 하는 동안 그 팀을 이끌었다.

→ She ____________ the team during the project.

3 이 안내서에는 유용한 정보가 많이 들어있다.

→ This ____________ has lots of useful information.

4 나는 오늘밤 네가 가장 좋아하는 식당에 자리를 예약했다.

→ I ____________ a table at your favorite restaurant tonight.

5 우리는 18시간 비행 후에 마침내 그 나라에 발을 들여놓았다.

→ We finally ____________ ____________ in the country after 18 hours of flight.

1001 Sentences

DAY 21-22

Review

정답 p.377

A

주어진 단어를 각각 빈칸에 채워 문장을 완성하세요.

471 Are you __________ __________ movies? (animation, into)

472 He enjoys __________ on __________. (drawing, canvas)

473 When we __________, we sleep in a __________. (tent, camp)

474 I use my __________ __________ to remember my trips. (travel, journal)

475 Most tourist __________ are usually __________. (crowded, attractions)

B

<보기>에서 알맞은 단어를 골라 문장을 완성하세요.

<보기>	abroad	tour	lead	model
	book	leisure	includes	passport
	surfing	view		

476 The price __________ a guided city __________.

477 She will __________ us to the best places for __________.

478 In my __________ time, I like to make __________ cars.

479 I'm going to __________ a room with an ocean __________.

480 You need your __________ when you travel __________.

C 주어진 우리말에 맞게 다음 빈칸에 알맞은 단어를 쓰세요. (필요시 형태 바꿀 것)

481 He loves solving ____________ and ____________.

그는 수수께끼들과 퍼즐들을 푸는 것을 정말 좋아한다.

482 Use the ____________ to find the best ____________.

가장 좋은 명소를 찾으려면 안내서를 사용해라.

483 I'm looking for my ____________ in the ____________.

저는 극장 안의 제 자리를 찾고 있어요.

484 The fans cheered her ____________ at the ____________ festival.

그 팬들은 영화 축제에서 그녀의 도착에 환호했다.

485 ____________ is ____________ new cultures.

여행하는 것은 새로운 문화를 경험하는 것이다.

486 The city always gets ____________ and ____________ at night.

그 도시는 밤에 늘 활기차고 사람들로 붐빈다.

487 ____________ the mountain is an ____________.

그 산을 하이킹하는 건 모험이다.

488 There will be no ____________ if you ____________ within 3 days.

3일 안에 취소하신다면 요금[수수료]은 없을 것입니다.

489 His art ____________ ____________ works by famous painters.

그의 미술 소장품은 유명한 화가들의 작품들을 포함한다.

490 You need to ____________ this out when you ____________ ____________.

체크인 하실 때 이것을 작성하셔야 합니다.

DAY 23

특별한 날

Preview Check

- ☐ name
- ☐ event
- ☐ invite
- ☐ guest
- ☐ flag
- ☐ hold
- ☐ clap
- ☐ parade
- ☐ gather
- ☐ host
- ☐ wrap
- ☐ greet
- ☐ costume
- ☐ decorate
- ☐ envelope
- ☐ barbecue
- ☐ marriage
- ☐ memorable
- ☐ celebrate
- ☐ congratulate
- ☐ announce
- ☐ anniversary
- ☐ can't wait (to-v)
- ☐ show up
- ☐ take place

DAY 23

특별한 날

0551 **name**
[neim]
named – named

명 이름 동 ~의 이름을 짓다

- Please write your **name** here.
  여기에 당신의 **이름**을 써주세요.
- I **named** my dog Snowy.
  나는 내 개를 Snowy라고 **이름 지었다**.

⊕ **name after** ~을 따라 이름 짓다

0552 **event**
[ivént]

명 행사, 사건

- The concert was the main **event** of the festival.
  콘서트가 그 축제의 주요 **행사**였다.

0553 **invite**
[inváit]
invited – invited

동 초대하다

- He **invited** his best friends to his wedding.
  그는 결혼식에 그의 가장 친한 친구들을 **초대했다**.

⊕ **invite A to B** A를 B에 초대하다
⊕ **invitation** 명 초대, 초대장

0554 **guest**
[gest]

명 (가정집이나 행사의) 손님, 하객

- The **guests** will arrive soon.
  손님들이 곧 도착할 것이다.

0555 **flag**
[flæg]

명 기, 깃발

- On Aug 15th, we raise the Korean **flag**.
  8월 15일에 우리는 태극**기**를 게양한다.

0556 **hold**
[hould]
held – held

동 1. 잡다, 들다 2. (행사 등을) 열다, 개최하다
3. 수용하다*
쉬운뜻 *한 장소나 시설에 사람, 물건 등을 모아 넣다

- The bride **was holding** a bouquet.
  신부는 부케를 **들고 있었다**.
- The swimming contest will be **held** in May.
  수영 대회가 5월에 **열릴** 것이다.
- This stadium can **hold** five thousand people.
  이 경기장은 5천 명을 **수용할** 수 있다.

0557 **clap**
[klæp]
clapped – clapped

동 1. 박수를 치다 2. 손뼉을 치다 명 박수

- The audience **clapped** after the play.
  청중은 연극이 끝난 후 **박수를 쳤다**.
- We **clapped** our hands to the music.
  우리는 음악에 맞춰 **손뼉을 쳤다**.
- Let's give him a **clap**.
  그에게 **박수** 쳐주세요.

0558 **parade**
[pəréid]

명 행진, 퍼레이드

- People waved flags and cheered during the **parade**.
  사람들은 **행진**하는 동안 깃발을 흔들고 환호했다.

0559 **gather**
[gǽðər]
gathered – gathered

동 모이다, 모으다

- People **gathered** to watch the magic show.
  사람들이 마술 쇼를 보려고 **모여들었다**.

0560 **host**
[houst]

명 1. (손님을 초대한) 주인 2. 주최자 3. (TV 등의) 진행자

- The **host** welcomed the guests warmly.
  주인은 손님들을 따뜻하게 맞아주었다.
- The **host** of the event delivered a speech.
  행사 **주최자**가 연설했다.
- The TV show **host** interviewed a famous actor.
  TV쇼 **진행자**는 유명한 배우를 인터뷰했다.

0561 **wrap**
[ræp]
wrapped – wrapped

동 감싸다, 포장하다

- She **wrapped** her baby in a blanket.
  그녀는 아기를 담요로 **감쌌다**.
- Can you **wrap** this as a gift?
  이것을 선물용으로 **포장해** 주실래요?

0562 **greet**
[gri:t]
greeted – greeted

동 환영하다, 맞이하다

- He **greeted** us and gave a hug at the door.
  그는 문 앞에서 우리를 **환영하고** 포옹했다.

0563 **costume**
[kástu:m]

명 의상, 복장

- What **costume** are you going to wear for Halloween?
  너는 할로윈 때 어떤 **의상**을 입을 거니?

0564 **decorate**
[dékərèit]
decorated – decorated

동 장식하다, 꾸미다

- They **decorated** the room with colorful balloons.
  그들은 형형색색의 풍선들로 그 방을 **꾸몄다**.

⊕ decoration 명 장식

0565 **envelope**
[énvəlòup]

명 봉투

- He opened the **envelope** to announce the winner.
  그는 우승자를 발표하기 위해 **봉투**를 열었다.

0566 **barbecue**
[bárbikjù]

명 바비큐

- We had a **barbecue** in the backyard.
  우리는 뒤뜰에서 **바비큐** (파티)를 했다.

0567 **marriage**
[mǽridʒ]

명 결혼, 결혼 생활

- **Marriage** brings two families together.
  결혼은 두 가정을 합친다.

➕ marry 동 결혼하다

0568 **memorable**
[mémərəbl]

형 기억할 만한, 잊혀지지 않는

- The wedding was a **memorable** experience.
  그 결혼식은 **잊혀지지 않을** 경험이었다.

➕ memory 명 기억, 추억

0569 **celebrate**
[séləbrèit]
celebrated – celebrated

동 축하하다, 기념하다

- How do you **celebrate** a birthday in your country?
  너희 나라에서는 생일을 어떻게 **기념하니**?

➕ celebration 명 기념행사

0570 **congratulate**
[kəngrǽtʃəlèit]
congratulated
– congratulated

동 축하하다

- I hugged my sister to **congratulate** her.
  나는 여동생을 **축하하기** 위해 껴안았다.

➕ congratulation 명 축하
➕ Congratulations 감 축하합니다

비교 Point celebrate vs. congratulate

celebrate는 주로 어떠한 행사나 기념일을 기념하거나 축하할 때 사용해요.

- We gathered to **celebrate** Christmas. 우리는 크리스마스를 **기념하기** 위해 모였다.

congratulate는 상대방의 개인적인 일을 축하할 때 사용해요.

- I called to **congratulate** you first. 내가 **축하해**주려고 네게 먼저 전화했어.

PART 5 Day 23

0571 **announce**

[ənáuns]

announced – announced

동 발표하다, 알리다

- The couple **announced** their marriage.
  그 커플은 그들의 결혼을 **발표했다**.

0572 **anniversary**

[æ̀nəvə́ːrsəri]

명 기념일

- My parents exchange gifts on their wedding **anniversary**.
  내 부모님은 결혼**기념일**에 선물을 교환하신다.

교과서 빈출 표현

0573 **can't wait (to-v)**

couldn't wait

waited – waited

(~하기를) 간절히 원하다, 기대하다

- I **can't wait to** open my birthday presents.
  나는 생일 선물 열기**를 간절히 원한다**[얼른 열고 싶다].

0574 **show up**

showed – shown

(예정된 곳에) 나타나다

- He **showed up** on time for the event.
  그는 행사에 제 시간에 **나타났다**.

0575 **take place**

took – taken

열리다, 개최되다

- The festival will **take place** from May to July.
  축제는 5월에서 6월까지 **개최될** 것입니다.

VOCA Exercise

정답 p.378

A

빈칸에 알맞은 말을 넣어 어구를 완성하세요.

1 특별한 손님 a special ______________

2 전통 의상 a traditional ______________

3 특별한 행사 the special ______________

4 깃발을 내리다 lower the ______________

5 봉투를 봉하다 seal an ______________

6 전학생을 맞이하다 ______________ the new student

7 새해를 기념하다 ______________ New Year's Day

8 크리스마스트리를 장식하다 ______________ the Christmas tree

B

빈칸 (a)와 (b)에 공통으로 들어갈 단어를 쓰세요.

1 (a) The ______________ served delicious food.

주인은 맛있는 음식을 제공했다.

(b) The ______________ of the film festival is a famous actress.

그 영화제의 진행자는 유명한 여배우이다.

2 (a) Would you ______________ the door for me?

나를 위해 문을 좀 잡아줄 수 있니?

(b) This garage can ______________ three cars.

이 차고는 3대의 차를 수용할 수 있다.

VOCA Exercise

C

<보기>에서 알맞은 단어를 골라 문장을 완성하세요.

<보기>	announced	gathered	memorable	anniversary

1 People ________________ around to watch fireworks.

2 The surprise party was a ________________ event for me.

3 The teacher ________________ our new class president.

4 I bought some flowers for my parents' wedding ________________.

D

주어진 우리말에 맞게 빈칸에 알맞은 단어를 채워 문장을 완성하세요. (필요시 형태 바꿀 것)

1 그녀는 신문지로 유리잔을 감쌌다.

→ She ________________ the glass in newspaper.

2 행진 때문에 도로가 봉쇄되었다.

→ The roads are closed for the ________________.

3 연설이 끝나자 모두 박수를 쳤다.

→ Everyone ________________ at the end of the speech.

4 그 여배우는 화려한 드레스를 입고 나타났다.

→ The actress ________________ ________________ in a fancy dress.

5 그 식물은 그녀의 어머니를 따서 이름이 지어졌다.

→ The plant was ________________ ________________ her mother.

DAY 24

쇼핑, 외식

Preview Check

- [ ] bill
- [ ] pay
- [ ] shop
- [ ] sale
- [ ] waste
- [ ] choice
- [ ] main
- [ ] mall
- [ ] total
- [ ] tag
- [ ] amount
- [ ] goods
- [ ] brand
- [ ] receipt
- [ ] straw
- [ ] display
- [ ] deliver
- [ ] discount
- [ ] coupon
- [ ] exchange
- [ ] refund
- [ ] consume
- [ ] for free
- [ ] try on
- [ ] look around

쇼핑, 외식

0576 **bill**
[bil]

명 1. 청구서, 고지서　2. 지폐

- May I have the **bill** please?
  계산서 좀 갖다 주시겠습니까?
- I found a $5 **bill** on the street.
  나는 거리에서 5달러 **지폐**를 발견했다.

0577 **pay**
[pei]
paid – paid

동 (돈을) 지불하다, 내다
명 보수*, 급여**

쉬운뜻 *일한 대가로 주는 돈
**근로자에게 일의 대가로 주는 돈

- How would you like to **pay**, by cash or card?
  어떻게 **지불하시**겠습니까, 현금 또는 카드?
- The work is hard, but the **pay** is good.
  그 일은 힘들지만 **보수**가 좋다.

⊕ pay for　~에 대해 지불하다

0578 **shop**
[ʃap]
shopped – shopped

명 가게, 상점　동 사다, 쇼핑하다

- There is a flower **shop** next to the cafe.
  카페 옆에 꽃 **가게**가 있다.
- She loves to **shop** for clothes.
  그녀는 옷을 **사는** 것을 아주 좋아한다.

⊕ go shopping　쇼핑하러 가다

0579 **sale**
[seil]

명 1. 판매, 매매*　2. 할인 판매, 세일

쉬운뜻 *물건을 팔고 사는 일

- This house is for **sale**.
  이 집은 **판매** 중입니다.
- The store is having a big **sale** on shoes.
  그 가게는 신발을 대규모로 **할인 판매** 하고 있다.

⊕ for sale　판매용의, 팔려고 내놓은

0580 **waste**

[weist]

wasted – wasted

동 낭비하다 명 **1.** 쓰레기 **2.** 낭비

- I don't want to **waste** my money.
  나는 돈을 **낭비하고** 싶지 않다.
- Let's reduce **waste** and save animals.
  쓰레기를 줄여 동물들을 구하자.
- The movie was a **waste** of time.
  그 영화는 시간 **낭비**였다.

0581 **choice**

[tʃɔis]

명 **1.** 선택(하는 행동) **2.** 선택권

- Making the right **choice** is hard sometimes.
  올바른 **선택**을 하는 것은 때때로 어렵다.
- The store offers a wide **choice** of drinks.
  그 가게는 음료 **선택**의 폭이 넓다.

0582 **main**

[mein]

형 **1.** 주된, 주요한 **2.** 가장 큰

- The **main** course is salmon with mushrooms.
  주요리는 버섯을 곁들인 연어이다.
- Poor service is the **main** problem of the restaurant.
  형편없는 서비스가 그 식당의 **가장 큰** 문제이다.

0583 **mall**

[mɔːl]

명 쇼핑센터

- The **mall** gets crowded on weekends.
  그 **쇼핑센터**는 주말마다 사람들로 붐빈다.

0584 **total**

[tóutəl]

명 합계, 총액 형 전체의

- The **total** comes to $12.50.
  총액이 12.5달러가 나왔다.
- The service fee is included in the **total** amount.
  서비스 요금은 **전체** 비용에 포함되어 있습니다.

⊕ totally 부 완전히, 전적으로

⊕ in total 모두 합해서

0585 **tag**
[tæg]

명 꼬리표, 태그

- There's no price **tag** on this coat. How much is it?
  이 코트에 가격**표**가 없어요. 그건 얼마인가요?

0586 **amount**
[əmáunt]

명 **1.** (시간, 돈 등의) 양 **2.** (돈의) 액수, 총액

- The **amount** of rainfall is below the average.
  강우**량**이 평균 이하이다.
- You need to pay the full **amount** by this week.
  당신은 이번 주까지 전**액**을 지불해야 합니다.

0587 **goods**
[gudz]

명 상품, 물품

- The store sells many **goods** from clothing to furniture.
  그 상점은 의류부터 가구까지 많은 **상품**을 판매한다.

0588 **brand**
[brænd]

명 상표, 브랜드

- Which **brand** of smartphone do you use?
  너는 어떤 **브랜드**의 스마트폰을 사용하니?

⊕ brand-new 형 완전 새 것인

0589 **receipt**
[risíːt]

명 영수증

- You can't return any items without the **receipt**.
  영수증 없이는 어떤 물건도 반품하실 수 없습니다.

0590 **straw**
[strɔː]

명 **1.** 빨대 **2.** 짚, 밀짚

- The kid is drinking milk with a **straw**.
  그 아이는 **빨대**로 우유를 마시고 있다.
- I bought a **straw** hat for the upcoming summer.
  나는 다가오는 여름을 위해 **밀짚**모자를 하나 샀다.

0591 **display**
[displéi]
displayed – displayed

명 전시, 진열 동 전시하다, 진열하다

- The latest model will be on **display** in the shop.
  가장 최신 모델이 매장에 **진열**될 것이다.
- The artwork is **displayed** at the park.
  그 예술품은 공원에 **전시되어** 있다.

⊕ on display 전시된, 진열된

0592 **deliver**
[dilívər]
delivered – delivered

동 1. 배달하다, 전달하다 2. (연설을) 하다

- The restaurant will **deliver** food to your home.
  그 식당은 음식을 당신의 집으로 **배달해줄** 것이다.
- He **delivered** a long speech.
  그는 긴 연설을 **했다**.

⊕ delivery 명 배달, 전달

0593 **discount**
[dískaunt]

명 할인

- I got a **discount** on this dress.
  나는 이 원피스에 **할인**을 받았다.

0594 **coupon**
[kú:pɑn]

명 쿠폰, 할인권

- I have a **coupon** for 10% off on the main dish.
  나는 주 요리 10% 할인 **쿠폰**이 있다.

0595 **exchange**
[ikstʃéindʒ]
exchanged – exchanged

동 교환하다 명 교환, 주고받기

- Can I **exchange** this shirt for a smaller one?
  이 셔츠를 더 작은 것으로 **교환할** 수 있을까요?
- He wanted an **exchange** for the damaged chairs.
  그는 파손된 의자들에 대해 **교환**을 원했다.

⊕ exchange A for B A를 B로 바꾸다, 교환하다

0596 **refund**

[ri(:)fʌ́nd]

refunded – refunded

명 환불　동 환불하다

- He got a full **refund** on the shoes.
  그는 그 신발을 전액 **환불** 받았다.
- We will **refund** you in 7 days.
  7일 이내로 저희가 **환불해드릴** 것입니다.

0597 **consume**

[kənsjúːm]

consumed – consumed

동 1. 소비하다, 소모하다　2. 먹다, 마시다

- Our bodies **consume** energy when we exercise.
  우리의 신체는 운동할 때 에너지를 **소비한다**.
- It is important to **consume** enough water every day.
  충분한 물을 매일 **마시는** 것은 중요하다.

교과서 빈출 표현

0598 **for free**

무료로

- I'll give you an extra pair of socks **for free**.
  제가 **무료로** 양말 한 켤레 더 드릴게요.

0599 **try on**

tried – tried

입어 보다

- I **tried on** some dresses, but I didn't get any.
  나는 드레스를 몇 벌 **입어봤지만**, 아무것도 사지 않았다.

0600 **look around**

looked – looked

주위를 둘러보다

- A: May I help you?
  B: No thanks. I'**m** just **looking around**.
  A: 무엇을 도와 드릴까요?　B: 괜찮습니다. 그냥 좀 **둘러보는 거예요**.

VOCA Exercise

정답 p.378

A

빈칸에 알맞은 말을 넣어 어구를 완성하세요.

1 상품을 팔다 sell ________

2 엄청난 양의 돈 a large ________ of money

3 총 인구 the ________ population

4 할인을 요구하다 ask for a ________

5 주요 문제 the ________ issue

6 영수증을 버리다 throw away the ________

7 값비싼 브랜드 an expensive ________

8 현명한 선택을 하다 make a wise ________

B

빈칸에 알맞은 형태를 쓰세요.

1 pay - (과거형) ________ - (과거분사형) ________

2 shop - (과거형) ________ - (과거분사형) ________

3 waste - (과거형) ________ - (과거분사형) ________

4 display - (과거형) ________ - (과거분사형) ________

5 exchange - (과거형) ________ - (과거분사형) ________

6 deliver - (과거형) ________ - (과거분사형) ________

VOCA Exercise

C 다음 영영풀이에 해당하는 단어를 <보기>에서 골라 쓰세요.

<보기>	consume	straw	mall	sale

1 the act of selling something ______________

2 a thin plastic tube used to drink ______________

3 a large building with many stores ______________

4 to eat or drink something ______________

D 주어진 우리말에 맞게 빈칸에 알맞은 단어를 채워 문장을 완성하세요.

1 나는 이번 달 전화요금 고지서를 받았다.

→ I received this month's phone ______________.

2 3일 이내에 환불 받으실 수 있습니다.

→ You can get a ______________ within 3 days.

3 그 쿠폰은 무료 커피 한 잔을 제공합니다.

→ The ______________ is good for one free coffee.

4 그녀는 미용실에서 무료로 머리카락을 잘랐다.

→ She got her hair cut ______________ ______________ in a beauty salon.

5 이 갈색 코트를 입어 봐. 네게 잘 어울릴 거야.

→ ______________ ______________ this brown coat. It'll look good on you.

1001 Sentences

DAY 23-24

Review

정답 p.378

A

주어진 단어를 각각 빈칸에 채워 문장을 완성하세요.

491 Feel free to ______________ on any ______________. (costumes, try)

492 There were many ______________ at the ______________. (flags, parade)

493 She ______________ her friends to a ______________. (barbecue, invited)

494 I ______________ the ______________ as they arrived. (greeted, guests)

495 The ______________ will ______________ the winner shortly. (announce, host)

B

<보기>에서 알맞은 단어를 골라 문장을 완성하세요.

<보기>	event	mall	gathered	tag
	exchange	shopping	bill	paid
	congratulate	place		

496 Let's go ______________ at the ______________.

497 We ______________ to ______________ her on her win.

498 The ______________ will take ______________ next Sunday.

499 He ______________ for the ______________ with his credit card.

500 Don't remove the price ______________ if you want to ______________ the item.

C 주어진 우리말에 맞게 다음 빈칸에 알맞은 단어를 쓰세요. (필요시 형태 바꿀 것)

501 What is the ______________ ______________?

총 금액이 얼마인가요?

502 The new bike was on ______________ at the ______________.

새 자전거는 상점에 진열되어 있었다.

503 The store gives a ______________ on returned ______________.

그 가게는 반품된 상품에 할인을 제공한다.

504 We ______________ the gifts and ______________ the house.

우리는 선물을 포장했고 집을 장식했다.

505 She can't ______________ to ______________ her plans.

그녀는 자신의 계획을 발표하기를 간절히 원한다[빨리 발표하고 싶어 한다].

506 They ______________ the furniture ______________ ______________.

그들은 무료로 가구를 배달해 주었다.

507 For our ______________, we got a ______________ gift.

우리의 기념일에 우리는 잊혀지지 않을 선물을 받았다.

508 You need the ______________ if you want a ______________.

환불을 원하시면 영수증이 필요해요.

509 The ______________ dish was terrible and a ______________ of money.

주요리는 형편없었고 돈 낭비였다.

510 When he ______________ ______________ on the stage, everyone ______________.

그가 무대에 나타났을 때 모든 사람들이 박수를 쳤다.

DAY 25

스포츠, 운동

Preview Check

- ☐ train
- ☐ cheer
- ☐ shoot
- ☐ roll
- ☐ round
- ☐ beat
- ☐ tie
- ☐ silver
- ☐ stretch
- ☐ slide
- ☐ rank
- ☐ arrow
- ☐ spin
- ☐ strength
- ☐ sweat
- ☐ stadium
- ☐ pitch
- ☐ punch
- ☐ challenge
- ☐ competition
- ☐ champion
- ☐ gear
- ☐ whistle
- ☐ try one's best
- ☐ jump rope

스포츠, 운동

0601 **train**
[trein]
trained – trained

명 기차 동 훈련하다

- Check the **train** schedule first.
  먼저 **기차** 시간표를 확인해.
- The team **is training** for the next World Cup.
  그 팀은 다음 월드컵을 위해 **훈련하고 있다**.

⊕ trainer 명 교육시키는 사람, 트레이너

0602 **cheer**
[tʃiər]
cheered – cheered

명 환호 동 1. 환호하다 2. 응원하다

- Let's give a **cheer** for the team.
  그 팀을 **환호**해주자.
- The crowd **cheered** loudly as he scored a goal.
  관중들은 그가 골을 넣었을 때 큰 소리로 **환호했다**.
- We **cheered** for him during the race.
  우리는 경주하는 동안에 그를 **응원했다**.

⊕ cheer up 기운 내다, ~을 격려하다
⊕ cheerful 형 쾌활한, 명랑한

0603 **shoot**
[ʃuːt]
shot – shot

동 1. (총 등을) 쏘다 2. (영화·사진을) 촬영하다, 찍다

- He **shot** the arrow in the center.
  그는 가운데에 화살을 **쐈다**.
- The movie was **shot** in LA.
  그 영화는 LA에서 **촬영되었다**.

0604 **roll**
[roul]
rolled – rolled

동 구르다, 굴리다

- The golf ball **rolled** into the hole.
  그 골프공은 홀[구멍]로 **굴러** 들어갔다.
- He **rolled** the dice first in the game.
  그는 게임에서 첫 번째로 주사위를 **굴렸다**.

0605 **round**
[raund]

형 둥근, 원형의 명 한 차례, 한 회

- They are sitting at a **round** table.
  그들은 **원형** 테이블에 앉아 있다.
- She won the final **round** of the game.
  그녀는 경기 마지막 **회**[라운드]를 이겼다.

0606 **beat**
[biːt]
beat – beaten

동 1. 때리다, 두드리다 2. 이기다

- He started to **beat** the drum.
  그는 드럼을 **치기** 시작했다.
- I can **beat** her at tennis.
  나는 테니스에서 그녀를 **이길** 수 있다.

0607 **tie**
[tai]
tied – tied

명 1. 넥타이 2. 동점, 무승부 동 묶다, 매달다

- Do I have to wear a **tie**?
  저는 **넥타이**를 매야 하나요?
- The match ended in a **tie**.
  그 경기는 **무승부**로 끝났다.
- He stopped to **tie** his shoelaces.
  그는 신발 끈을 **묶기** 위해 멈췄다.

0608 **silver**
[sílvər]

명 은

- He won a **silver** medal in the Olympics.
  그는 올림픽에서 **은**메달을 땄다.

⊕ gold 명 금
⊕ bronze 명 동

0609 **stretch**
[stretʃ]
stretched – stretched

동 1. 늘이다, 늘어나다 2. (팔·다리를) 뻗다

- These jeans **stretch** easily.
  이 청바지는 쉽게 **늘어난다**.
- They **stretched** their arms and legs before the game.
  그들은 경기 전에 팔과 다리를 **뻗었다**[스트레칭 했다].

⊕ stretching 명 스트레칭

0610 **slide**
[slaid]
slid – slid

명 미끄럼틀 동 미끄러지다

- Let's go down the **slide**.
  미끄럼틀 타자.
- The batter ran and **slid** into first base.
  그 타자는 뛰어서 1루에 **미끄러져** 들어왔다.

0611 **rank**
[ræŋk]
ranked – ranked

명 지위*, 계급, 등급 쉬운뜻 *단체나 조직, 사회 안의 위치나 자리
동 (순위를) 매기다

- He has the **rank** of captain in the team.
  그는 팀에서 주장의 **지위**를 가지고 있다.
- The athletes are **ranked** by their performance.
  운동선수들은 그들의 실력으로 **순위가 매겨진다**.

0612 **arrow**
[ǽrou]

명 화살

- The **arrow** missed the mark.
  화살이 과녁을 빗나갔다.

0613 **spin**
[spin]
spun – spun

동 1. 돌다, 돌리다 2. 실을 내다, 자아내다

- He can **spin** a ball on his finger.
  그는 손가락으로 공을 **돌릴** 수 있다.
- A spider **spins** a web.
  거미는 거미줄을 **자아낸다**.

0614 **strength**
[streŋθ]

명 힘, 강점

- Her **strength** comes from years of training.
  그녀의 **힘**은 수년간의 훈련에서 나온다.

0615 **sweat**
[swet]
sweated – sweated

명 땀 동 땀을 흘리다

- His uniform was wet with his **sweat**.
  그의 유니폼은 **땀**으로 젖었다.
- I **sweated** a lot when I was playing soccer.
  나는 축구를 할 때 **땀을** 많이 **흘렸다**.

+ sweaty 형 땀에 젖은, 땀이 나는

0616 **stadium**
[stéidiəm]

명 경기장

• The **stadium** has 70,000 seats and huge screens.
그 **경기장**은 7만 석의 좌석과 거대한 스크린이 있다.

0617 **pitch**
[pitʃ]
pitched – pitched

명 투구* 동 (공을) 던지다

쉬운뜻 *야구에서 던지는 공, 또는 그 동작

• His first **pitch** was high and wide.
그의 첫 **투구**는 높고 넓었다.

• He **pitched** the ball at a fast speed.
그는 공을 빠른 속도로 **던졌다**.

+ pitcher 명 투수

+ bat 명 배트 동 (공을) 치다

0618 **punch**
[pʌntʃ]
punched – punched

동 주먹으로 치다 명 주먹질, 펀치

• He **punched** the wall in anger.
그는 화가 나서 **주먹으로** 벽을 **쳤다**.

• He threw a **punch** at the boxer's chin.
그는 권투 선수의 턱을 향해 **펀치**를 날렸다.

0619 **challenge**
[tʃǽlindʒ]
challenged – challenged

명 도전 동 도전하다

• Learning a new skill can be a **challenge**.
새로운 기술을 배우는 것은 **도전**이 될 수 있다.

• She **challenged** herself by running a marathon.
그녀는 마라톤을 함으로써 자신에게 **도전했다**.

0620 **competition**
[kɑ̀mpitíʃən]

명 1. 경쟁 2. 대회, 시합

• We need teamwork more than **competition** now.
우리는 지금 **경쟁**보다 팀워크가 더 필요하다.

• About 100 people entered the swimming **competition**.
약 100명이 그 수영 **대회**에 참가했다.

0621 **champion**
[tʃǽmpiən]

명 챔피언, 우승자

- He wants to become a world **champion**.
  그는 세계 **챔피언**이 되고 싶어 한다.

⊕ championship 명 선수권 대회

0622 **gear**
[giər]

명 (특정 활동에 필요한) 장비, 복장

- He packed his bag with his diving **gear**.
  그는 잠수용 **장비**를 그의 가방에 쌌다.

0623 **whistle**
[wísl]
whistled – whistled

동 1. 휘파람을 불다 2. 호루라기를 불다
명 1. 호루라기 2. 휘파람

- He **whistled** a song all day.
  그는 하루 종일 **휘파람으로** 노래를 **불렀다**.
- The referee **whistled** and the game stopped.
  심판이 **호루라기를 불고** 경기가 중단되었다.
- blow a **whistle**
  호루라기를 불다

교과서 빈출 표현

0624 **try one's best**
tried – tried

최선을 다하다

- I will **try my best** to win the game.
  나는 경기를 이기도록 **최선을 다할** 것이다.

0625 **jump rope**
jumped – jumped

줄넘기(를 하다)

- We played **jump rope** in the park.
  우리는 공원에서 **줄넘기**를 했다.
- My P.E. teacher made me **jump rope** every day.
  체육 선생님은 나를 매일 **줄넘기를 하게** 하셨다.

VOCA Exercise

정답 p.379

A 빈칸에 알맞은 말을 넣어 어구를 완성하세요.

1 굉장한 환호성 — a great ____________

2 은 목걸이 — a ____________ necklace

3 활과 화살 — a bow and ____________

4 둥근 접시 — a ____________ plate

5 국제 대회 — an international ____________

6 언덕을 굴러 내려가다 — ____________ down the hill

7 완벽한 투구 — a perfect ____________

8 지위가 높은 — high in ____________

B 빈칸에 알맞은 형태를 쓰세요.

1 spin - (과거형) ____________ - (과거분사형) ____________

2 beat - (과거형) ____________ - (과거분사형) ____________

3 slide - (과거형) ____________ - (과거분사형) ____________

4 shoot - (과거형) ____________ - (과거분사형) ____________

5 punch - (과거형) ____________ - (과거분사형) ____________

6 tie - (과거형) ____________ - (과거분사형) ____________

VOCA Exercise

C

다음 영영풀이에 해당하는 단어를 <보기>에서 골라 쓰세요.

<보기>	train	gear	stadium	challenge

1 to teach skills or actions ________________

2 an interesting or difficult problem or task ________________

3 special tools or clothing for an activity ________________

4 a large ground or place used for sports events ________________

D

주어진 우리말에 맞게 빈칸에 알맞은 단어를 채워 문장을 완성하세요. (필요시 형태 바꿀 것)

1 그는 20세에 올림픽 챔피언이 되었다.

→ He became an Olympic ________________ at the age of 20.

2 그 스웨터는 세탁 후에 늘어났다.

→ The sweater ________________ after being washed.

3 그녀는 크게 휘파람을 불려고 손가락을 사용했다.

→ She used her fingers to ________________ loudly.

4 그 역도선수는 역기를 들어 올림으로써 자신의 힘을 보여주었다.

→ The weightlifter showed her ________________ by lifting the barbell.

5 땀을 많이 흘렸을 때 물을 많이 마셔라.

→ Drink a lot of water when you ________________ a lot.

DAY 26

대중문화

Preview Check

- ☐ hit
- ☐ act
- ☐ pop
- ☐ live
- ☐ line
- ☐ record
- ☐ scene
- ☐ character
- ☐ perform
- ☐ chart
- ☐ audience
- ☐ critic
- ☐ fame
- ☐ crew
- ☐ highlight
- ☐ rumor
- ☐ romantic
- ☐ widely
- ☐ script
- ☐ series
- ☐ channel
- ☐ broadcast
- ☐ advertisement
- ☐ come out
- ☐ keep up with

DAY 26

대중문화

0626 **hit**
[hit]
hit – hit

동 1. 치다, 때리다 2. 부딪치다, ~에 맞다
명 1. 치기, 강타 2. 성공, 인기 작품

- He **hit** the wall with a hammer.
  그는 망치로 벽을 **쳤다**.
- I **hit** my head on the low ceiling.
  나는 낮은 천장에 머리를 **부딪쳤다**.
- The boxer took a **hit** to the stomach.
  그 권투선수는 배에 **타격**을 입었다.
- The band played their greatest **hits** at the concert.
  그 밴드는 콘서트에서 가장 큰 **성공을 거둔 곡들**을 연주했다.

0627 **act**
[ækt]
acted – acted

동 1. 행동하다 2. 연기하다 명 행동, 행위

- I **acted** like nothing happened.
  나는 아무 일도 없는 것처럼 **행동했다**.
- She loves **acting** and wants to be an actress.
  그녀는 **연기하는** 것을 아주 좋아해서 여배우가 되고 싶어 한다.
- His **act** of kindness touched many people.
  그의 친절한 **행동**은 많은 사람들을 감동시켰다.

0628 **pop**
[pɑp]
popped – popped

동 펑하고 터지다
명 1. 펑(하고 터지는) 소리 2. 《음악》 팝, 대중음악

- When the balloon **popped**, the kid started to cry.
  풍선이 **펑하고 터지자**, 그 아이는 울기 시작했다.
- I heard a loud **pop** from the kitchen.
  나는 부엌에서 크게 **펑하고 터지는 소리**를 들었다.
- I enjoy listening to **pop** music.
  나는 **팝** 음악을 즐겨 듣는다.

0629 **live**
동사 [liv]
형용사 [laiv]
lived – lived

동 살다 형 1. 살아있는 2. 생방송의, 라이브의

- At the zoo, you can see **live** animals.
  동물원에서, 당신은 **살아있는** 동물들을 볼 수 있다.
- We watched the band's **live** performance.
  우리는 그 밴드의 **라이브** 공연을 보았다.

0630 **line**
[lain]

명 1. 선, 줄 2. 대사, 가사

- We waited in **line** to enter the concert hall.
  우리는 콘서트홀에 들어가기 위해 **줄**을 서서 기다렸다.
- The actor forgot his **line** on the stage.
  그 배우는 무대에서 자신의 **대사**를 잊어버렸다.

0631 **record**
명사 [rekərd]
동사 [rikɔ́:rd]
recorded – recorded

명 1. 기록 2. 음반 동 1. 기록하다 2. 녹음하다

- set a new **record**
  신**기록**을 세우다
- My dad has a huge **record** collection.
  내 아빠는 엄청나게 많은 **음반**을 수집하셨다.
- She **records** her daily life in the diary.
  그녀는 일기에 자신의 일상생활을 **기록한다**.
- He **is recording** his new album in the studio.
  그는 스튜디오에서 자신의 새 앨범을 **녹음하고 있다**.

0632 **scene**
[si:n]

명 1. 장면 2. 현장

- The movie has battle **scenes**.
  그 영화는 전투 **장면들**이 등장한다.
- The police arrived at the **scene** of the crime.
  경찰들이 범죄 **현장**에 도착했다.

0633 **character**
[kǽriktər]

명 등장인물, 배역

- She will play the film's main **character**.
  그녀는 그 영화의 주요 **등장인물**[주인공]을 연기할 것이다.

0634 **perform**
[pərfɔ́:rm]
performed – performed

동 1. 공연하다, 연주하다 2. 실행하다

- The dance team will **perform** in the final stage.
  그 댄스 팀이 마지막 무대에서 **공연할** 것이다.
- The doctor **performed** surgery on my knee.
  그 의사가 내 무릎 수술을 **실행했다**.

⊕ performance 명 1. 공연 2. 실행

0635 **chart**
[tʃɑːrt]

명 도표, 차트

- The song climbed to number one on the **chart**.
  그 노래는 **차트** 1위에 올랐다.

0636 **audience**
[ɔ́ːdiəns]

명 청중*, 관객 쉬운뜻 *강연, 음악 등을 듣기 위해 모인 사람들

- The **audience** clapped as the curtain fell.
  커튼이 떨어지자 **관객들**은 박수를 쳤다.

0637 **critic**
[krítik]

명 비평가*, 평론가** 쉬운뜻 *평가하여 논하는 사람 **예술 작품 등을 논하여 평가하는 사람

- The film got great reviews from the **critics**.
  그 영화는 **평론가들**로부터 좋은 평을 받았다.

0638 **fame**
[feim]

명 명성* 쉬운뜻 *세상에 널리 퍼져 평판 높은 이름

- He gained both wealth and **fame** as a movie director.
  그는 영화감독으로 부와 **명성**을 모두 얻었다.

0639 **crew**
[kruː]

명 **1.** 승무원 (전원) **2.** (함께 일하는) 팀, 반, 조

- The flight **crew** prepared the plane.
  승무원은 비행기를 준비시켰다.
- The **crew** arrived early to set up cameras.
  그 **팀**은 카메라를 설치하기 위해 일찍 도착했다.

0640 **highlight**
[háilàit]
highlighted – highlighted

명 하이라이트, 가장 중요한 부분 동 강조하다

- The **highlight** of the concert was the fireworks.
  그 콘서트의 **하이라이트**는 불꽃놀이였다.
- Please **highlight** the important words in red.
  중요한 단어들을 빨간색으로 **강조해** 주세요.

0641 **rumor**
[rú:mər]

명 소문

- **Rumors** spread really quickly on social media.
  소문은 소셜 미디어에서 아주 빠르게 퍼진다.

0642 **romantic**
[roumǽntik]

형 낭만적인, 로맨틱한

- I love watching **romantic** comedies.
  나는 **로맨틱** 코미디를 보는 것을 정말 좋아한다.

0643 **widely**
[wáidli]

부 널리

- The event was **widely** reported by media.
  그 사건은 대중 매체를 통해 **널리** 보도되었다.

+ wide 형 넓은

0644 **script**
[skript]

명 대본

- Her dream is to write a film **script**.
  그녀의 꿈은 영화 **대본**을 쓰는 것이다.

0645 **series**
[síri:z]

명 1. 연속, 일련* 2. 시리즈

쉬운뜻 *(일정한 연관성을 가지고) 하나로 이어지는 것

- She answered a **series** of questions with a smile.
  그녀는 웃으면서 **일련**의 질문들을 답했다.
- The new TV **series** is on channel 8.
  새 TV **시리즈**는 8번 채널에서 방영된다.

+ a series of 일련의

0646 **channel**

[tʃǽnəl]

명 (TV) 채널

- My father changed the **channel** to watch the news.
  아빠는 뉴스를 보려고 **채널**을 돌리셨다.

0647 **broadcast**

[brɔ́:dkæ̀st]

broadcast – broadcast

broadcasted – broadcasted

명 방송 동 방송하다

- An evening news **broadcast** includes weather forecasts.
  저녁 뉴스 **방송**은 일기 예보를 포함한다.
- The radio station will **broadcast** the live concert.
  그 라디오 방송국은 라이브 콘서트를 **방송할** 것이다.

0648 **advertisement**

[æ̀dvərtáizmənt]

명 광고

- The Sunday papers are full of **advertisements** for cars.
  일요신문은 자동차 **광고**로 가득 차 있다.

⊕ advertise 동 광고하다

교과서 빈출 표현

0649 **come out**

came – come

나오다

- The artist's new song will **come out** in July.
  그 아티스트의 새 노래는 7월에 **나올** 것이다.

0650 **keep up with**

kept – kept

~에 뒤지지 않다, 따라잡다

- She **keeps up with** fashion trends.
  그녀는 패션 유행**에 뒤지지 않는다**.

VOCA Exercise

정답 p.379

A 빈칸에 알맞은 말을 넣어 어구를 완성하세요.

1 판매 도표 the sales ______________

2 명성을 잃다 lose ______________

3 구급 대원[팀] an ambulance ______________

4 널리 알려진 가수 a ______________ known singer

5 로맨틱한 저녁 식사 a ______________ dinner

6 여행의 하이라이트 the ______________ of the trip

7 대본을 외우다 memorize the ______________

8 실험을 수행하다 ______________ an experiment

B 빈칸 (a)와 (b)에 공통으로 들어갈 단어를 쓰세요.

1 (a) You need to ______________ your age.
너는 나이에 걸맞게 행동해야 한다.
(b) I want to ______________ on Broadway.
나는 브로드웨이에서 연기하고 싶다.

2 (a) We like to dance to ______________ music.
우리는 팝 음악에 맞춰 춤추는 것을 좋아한다.
(b) I heard a ______________ from the microwave.
나는 전자레인지에서 펑하는 소리를 들었다.

VOCA Exercise

C

다음 영영풀이에 해당하는 단어를 <보기>에서 골라 쓰세요.

<보기> character critic chart live

1 a person in a story, play, or movie ______________

2 broadcasting while an event is happening ______________

3 information in a graph or table ______________

4 a person who says opinions about music or movies ______________

D

밑줄 친 부분을 유의하여 우리말 해석을 완성하세요.

1 Look at line 6 of the text.

→ 본문 여섯째 ______________을 보세요.

2 I heard a bad rumor about my new neighbor.

→ 나는 새로 온 이웃에 대한 안 좋은 ______________을 들었다.

3 The singer signed with a major record company.

→ 그 가수는 유명 ______________ 회사와 계약했다.

4 The director shot a series of scenes in the same place.

→ 그 감독은 같은 장소에서 연이어 ______________을 촬영했다.

5 It's important to keep up with world news.

→ 세계의 소식에 ______________ 것은 중요하다.

DAY 27

미술, 예술

Preview Check

- [ ] play
- [ ] evil
- [ ] wax
- [ ] wire
- [ ] ballet
- [ ] opera
- [ ] pose
- [ ] artistic
- [ ] photography
- [ ] fantasy
- [ ] fiction
- [ ] unique
- [ ] carve
- [ ] original
- [ ] impressive
- [ ] instrument
- [ ] exhibition
- [ ] modern
- [ ] mysterious
- [ ] narrator
- [ ] portrait
- [ ] background
- [ ] classic
- [ ] classical
- [ ] make A out of B

미술, 예술

중등 기본

0651 **play**
[plei]
played – played

동 1. 놀다 2. (경기를) 하다 3. 연주하다 4. 연기하다
명 연극

- He **plays** the violin very well.
  그는 바이올린을 아주 잘 **연주한다**.
- She **played** the queen in the movie.
  그녀는 그 영화에서 여왕을 **연기했다**.
- We went to see the **play** by Shakespeare.
  우리는 셰익스피어 **연극**을 보러 갔다.

0652 **evil**
[íːvəl]

명 악 형 나쁜, 사악한

- good and **evil**
  선과 **악**
- The **evil** witch turned the prince into a frog.
  사악한 마녀가 왕자를 개구리로 만들었다.

0653 **wax**
[wæks]

명 밀랍, 왁스

- He used **wax** to make candles.
  그는 양초를 만들기 위해 **밀랍**을 사용했다.
- We saw **wax** figures of famous people in a museum.
  우리는 박물관에서 유명한 사람들의 **밀랍**인형을 봤다.

0654 **wire**
[waiər]

명 철사

- He bent the **wire** into the shape of a heart.
  그는 **철사**를 하트 모양으로 구부렸다.

0655 **ballet**
[bǽlei]

명 발레

- She is taking lessons to become a **ballet** dancer.
  그녀는 **발레** 무용수가 되기 위해 수업을 받고 있다.

0656 **opera**
[ápərə]

명 오페라

- The **opera** singer's performance was amazing.
  그 **오페라** 가수의 공연은 정말 멋졌다.

0657 **pose**
[pouz]
posed – posed

동 (그림·사진을 위해) 자세[포즈]를 취하다
명 자세, 포즈

- The model **posed** for the camera.
  그 모델은 카메라 앞에서 **포즈를 취했다**.
- Change your **pose** once an hour for your health.
  당신의 건강을 위해 한 시간에 한 번씩 **자세**를 바꿔라.

0658 **artistic**
[ɑːrtístik]

형 예술의, 예술적인

- The painter has great **artistic** talent.
  그 화가는 뛰어난 **예술적인** 재능을 가지고 있다.

⊕ art 명 미술, 예술
⊕ artist 명 미술가, 예술가

0659 **photography**
[fətágrəfi]

명 사진술, 사진촬영

- She studied **photography** in college.
  그녀는 대학교에서 **사진술**을 공부했다.

⊕ photograph 명 사진

0660 **fantasy**
[fǽntəsi]

명 공상, 상상

- I like to watch **fantasy** films.
  나는 **공상** 영화를 보는 것을 좋아한다.
- This **fantasy** novel was made into animation movie.
  이 **공상** 소설은 애니메이션 영화로 만들어졌다.

0661 **fiction**
[fíkʃən]

명 **1.** 소설 **2.** 허구, 지어낸 이야기

- His hobby is reading science **fiction**.
  그의 취미는 공상 과학 **소설**을 읽는 것이다.
- Her promise turned out to be pure **fiction**.
  그녀의 약속은 순전히 **허구**인 것으로 드러났다.

0662 **unique**
[juːníːk]

형 **1.** 독특한, 특별한 **2.** 고유의, 특유의

- Her talent makes her a **unique** artist.
  그녀의 재능은 그녀를 **특별한** 예술가로 만든다.
- Each person's signature is **unique**.
  각자의 서명은 **고유하다**.

0663 **carve**
[kɑːrv]
carved – carved

동 조각하다

- He **carved** wood to make a cutting board.
  그는 도마를 만들기 위해 나무를 **조각했다**.

0664 **original**
[ərídʒənəl]

형 **1.** 원래의, 본래의 **2.** 독창적인 명 원본, 원형

- The movie is very different from the **original** novel.
  그 영화는 **원작** 소설과 매우 다르다.
- The design of this car is highly **original**.
  이 차의 디자인은 대단히 **독창적이다**.
- Is this a copy or the **original**?
  이것은 복사본입니까, 아님 **원본**입니까?

0665 **impressive**
[imprésiv]

형 인상적인, 감명 깊은

- The ending of the musical was very **impressive**.
  그 뮤지컬의 엔딩은 매우 **인상적이었다**.

0666 **instrument**
[ínstrəmənt]

명 1. 기구, 도구 2. 악기

- She used a special **instrument** to create the design.
  그녀는 그 디자인을 만들어내기 위해 특별한 **도구**를 사용했다.
- Can you play any **instruments**?
  너는 연주할 수 있는 **악기**가 있니?

⊕ musical instrument 악기

0667 **exhibition**
[èksəbíʃən]

명 전시회, 박람회

- The art **exhibition** will be held this month.
  그 미술 **전시회**는 이번 달에 열릴 것이다.

0668 **modern**
[mádərn]

형 현대의, 현대적인

- Social media has become a part of **modern** society.
  소셜 미디어는 **현대** 사회의 한 부분이 되었다.

0669 **mysterious**
[mistíəriəs]

형 불가사의한, 신비한

- The book explains the **mysterious** universe.
  그 책은 **신비한** 우주에 대해 설명해준다.

0670 **narrator**
[næ̃reitər]

명 서술자*, 내레이터**

쉬운뜻 *이야기를 전달하는 펼치는 사람
**직접 등장하지 않고 장면 등을 해설하는 사람

- In the story, the **narrator** explains the background.
  이야기에서, **서술자**는 배경을 설명해준다.

0671 **portrait**
[pɔ́ːrtrit]

명 초상화

- She painted a **portrait** of her mother.
  그녀는 어머니의 **초상화**를 그렸다.

⊕ self-portrait 명 자화상

0672 **background**
[bǽkgràund]

명 (풍경·그림·무대의) 배경

- **background** music
  배경 음악
- I painted trees in the **background**.
  나는 **배경**에 나무를 그렸다.

0673 **classic**
[klǽsik]

형 1. 일류의, 최고의 2. 전형적인*, 대표적인
명 고전**, 명작

쉬운뜻 *특징을 가장 잘 나타내는
**오랫동안 많은 사람에게 사랑 받은 문학 작품

- *Pride and Prejudice* is a **classic** novel.
  '오만과 편견'은 **최고의** 소설이다.
- I have all the **classic** symptoms of the flu.
  나는 감기의 **전형적인** 증상들을 모두 가지고 있다.
- Shakespeare's *Hamlet* is a **classic**.
  셰익스피어의 『햄릿』은 **명작**이다.

0674 **classical**
[klǽsikl]

형 1. 고전적인*, 전통적인 2. 클래식의

쉬운뜻 *전통적이며 예스러운

- The teacher showed us examples of **classical** art.
  선생님은 **고전** 미술의 예시를 우리에게 보여주셨다.
- Mom enjoys listening to **classical** music.
  엄마는 **클래식** 음악을 즐겨 들으신다.

비교 Point classic vs. classical

classic: 질적으로 우수한 것을 의미하며, 주로 같은 종류 중에서 가장 뛰어난 것을 의미해요.

- **classic** art pieces **일류** 예술 작품

classical: 전통적인 서양 스타일이나 그리스 로마 시대와 관련된 것을 나타낼 때 사용해요.

- **classical** literature **고전** 문학 작품

교과서 빈출 표현

0675 **make A out of B**

made – made

B로 A를 만들다

- The artist **made** the artwork **out of** plastic bottles.
  그 예술가는 플라스틱 병들**로** 미술품**을 만들었다**.

VOCA Exercise

정답 p.379

A 빈칸에 알맞은 말을 넣어 어구를 완성하세요.

1 발레 학교 — a ____________ school

2 초상화를 그리다 — draw a ____________

3 독특한 문화 — a ____________ culture

4 악령 — ____________ spirits

5 인상적인 기록 — an ____________ record

6 현대사 — ____________ history

7 신비한 자연의 법칙 — a ____________ law of nature

8 악기를 배우다 — learn an ____________

B 빈칸 (a)와 (b)에 공통으로 들어갈 단어를 쓰세요.

1 (a) He was the ____________ owner of that car.
그가 저 차의 원래 주인이었다.

(b) Her idea for a book is so ____________.
그녀의 책에 대한 생각은 정말 독창적이다.

2 (a) Her job is to write ____________.
그녀의 직업은 소설을 쓰는 것이다.

(b) The rumors about him are ____________.
그에 대한 소문들은 허구였다.

VOCA Exercise

C

다음 영영풀이에 해당하는 단어를 <보기>에서 골라 쓰세요.

<보기>	classic	wire	fantasy	pose

1 thin thread of metal ______________

2 an example of excellence ______________

3 imagination or something imagined ______________

4 a way of standing or sitting for a picture ______________

D

주어진 우리말에 맞게 빈칸에 알맞은 단어를 채워 문장을 완성하세요. (필요시 형태 바꿀 것)

1 선생님께서 그의 예술적 솜씨를 칭찬하셨다.

→ The teacher praised his ______________ skills.

2 그녀는 비누를 조각해서 장미 한 송이를 만들었다.

→ She made a rose by ______________ soap.

3 결혼식에서 음악이 배경에 흐르고 있었다.

→ The music was playing in the ______________ at the wedding.

5 그의 취미는 나무로 가구를 만드는 것이다.

→ His hobby is to ______________ furniture ______________ ______________ wood.

5 '백조의 호수'는 가장 유명한 고전 발레 중 하나이다.

→ Swan Lake is one of the most famous ______________ ballets.

DAY 25-27 Review

정답 p.379

A 주어진 단어를 각각 빈칸에 채워 문장을 완성하세요.

511 The self ______________ was ______________. (impressive, portrait)

512 I ______________ a lot when I ______________ rope. (sweat, jump)

513 The ______________ got bad reviews from the ______________. (critics, play)

514 The ______________ ______________ as the team scored. (cheered, audience)

515 The ______________ set the new world ______________. (champion, record)

B <보기>에서 알맞은 단어를 골라 문장을 완성하세요.

<보기> widely, best, strength, silver, rumor, chart, competition, beat, shoot, pop

516 I tried my ______________ to ______________ him at chess.

517 The ______________ has ______________ spread in school.

518 The ______________ shows the rankings of ______________ songs.

519 She won a ______________ medal in the ______________.

520 It takes much ______________ to ______________ an arrow.

C 주어진 우리말에 맞게 다음 빈칸에 알맞은 단어를 쓰세요. (필요시 형태 바꿀 것)

521 She enjoys ______________ and ______________ music.

그녀는 오페라와 클래식 음악을 즐긴다.

522 The singer gained her ______________ with many ______________.

그 가수는 여러 성공을 거둔 작품들로 명성을 얻었다.

523 I still remember the ______________ from the ______________.

나는 아직도 그 장면의 대사들을 기억한다.

524 The ______________ style of the painting is ______________.

그 그림의 예술적 기법은 독특하다.

525 The ______________ dancers ______________ before the show.

발레 무용수들은 공연 전에 스트레칭 했다.

526 The ______________ clapped as she ______________.

관객들은 그녀가 공연할 때 박수쳤다.

527 The ______________ song ______________ ______________ in the 1990s.

원래의 노래[원곡]는 1990년대에 나왔다.

528 In the final ______________, he threw a powerful ______________.

마지막 라운드에서 그는 강력한 주먹(질)을 날렸다.

529 She played a ______________ ______________ in the movie.

그녀는 그 영화에서 신비한 배역을 연기했다.

530 The ______________ art ______________ is free on Sundays.

그 현대 미술 전시회는 일요일에 무료이다.

DAY 28

회사, 직장

Preview Check

- ☐ key
- ☐ sign
- ☐ report
- ☐ print
- ☐ interview
- ☐ skill
- ☐ company
- ☐ business
- ☐ career
- ☐ client
- ☐ schedule
- ☐ succeed
- ☐ copy
- ☐ screen
- ☐ manage
- ☐ mission
- ☐ chief
- ☐ presentation
- ☐ purpose
- ☐ quit
- ☐ clerk
- ☐ survey
- ☐ for a living
- ☐ get[be] used to (v-ing)
- ☐ make a mistake

DAY 28

회사, 직장

중등 기본

0676 **key**
[kiː]

명 1. 열쇠 2. 비결, 실마리 형 가장 중요한, 핵심적인

- He leaves his car **key** by the door.
  그는 차 **열쇠**를 문 근처에 둔다.
- The **key** to success is communication.
  성공의 **비결**은 소통이다.
- What is the **key** point of the project?
  그 프로젝트의 **가장 중요한** 점[핵심]은 무엇입니까?

0677 **sign**
[sain]
signed – signed

명 1. 징조* 2. 표지(판), 간판
동 서명하다

쉬운뜻 *어떤 일이 생길 분위기

- Dark clouds are a **sign** of rain.
  먹구름은 비가 온다는 **징조**다.
- The road **sign** means there will be a sharp curve.
  그 도로 **표지판**은 급커브가 나올 것임을 의미한다.
- I **signed** a contract after reading it.
  나는 계약서를 읽고 그곳에 **서명했다**.

0678 **report**
[ripɔ́ːrt]
reported – reported

명 보고서, 리포트 동 알리다, 발표하다

- Can you send me the final **report** on sales?
  최종 매출 **보고서**를 저에게 보내주시겠어요?
- He **reported** the results to his boss.
  그는 상사에게 결과를 **보고했다**.

+ reporter 명 기자, 리포터

0679 **print**
[print]
printed – printed

동 인쇄하다 명 1. 인쇄 2. 자국, 흔적

- I **printed** the document for the meeting.
  나는 회의를 위해 그 문서를 **인쇄했다**.
- The information in **print** was clear.
  인쇄된 정보는 분명했다.
- foot**print**/finger**print**
  발**자국**/지문

0680 **interview**
[íntərvjùː]
interviewed – interviewed

명 면접, 인터뷰 동 인터뷰하다
- She has a job **interview** next week.
  그녀는 다음 주에 취업 **면접**이 있다.
- We will **interview** customers about our products.
  우리는 고객들과 우리의 상품에 대해 **인터뷰할** 것이다.

0681 **skill**
[skil]

명 기술, 솜씨
- He has great communication **skills**.
  그는 훌륭한 의사소통 **기술**을 갖고 있다.

0682 **company**
[kʌ́mpəni]

명 1. 회사 2. 동료, 일행
- He works for a large IT **company** in Korea.
  그는 한국에 있는 큰 IT **회사**에서 일한다.
- Sorry, I didn't know you had **company**.
  죄송합니다. **일행**이 있으신 줄 몰랐네요.

0683 **business**
[bíznis]

명 1. 사업, 장사 2. (직장의) 일, 업무
- My dad runs his own **business**.
  나의 아빠는 직접 **사업**을 운영하신다.
- He is away on **business** trips.
  그는 **업무** 관련 여행[출장] 중입니다.

0684 **career**
[kəríər]

명 1. 직업 2. 경력
- He wants to have a **career** in medicine.
  그는 의학 분야에서 **직업**을 갖기를 원한다.
- She won prizes during her **career** as a scientist.
  그녀는 과학자로서의 **경력** 동안 상을 받았다.

0685 **client**
[kláiənt]

명 고객, 의뢰인*

쉬운뜻 *남에게 어떤 일을 맡긴 사람

- The lawyer is meeting with his **client**.
  변호사는 그의 **의뢰인**을 만나고 있다.

0686 **schedule**
[skédʒuːl]
scheduled – scheduled

명 일정, 스케줄 동 일정을 잡다

- I need to check my **schedule** first.
  나는 먼저 **일정**을 확인해 봐야 해.
- The meeting is **scheduled** for next Wednesday.
  미팅 **일정이** 다음 주 수요일에 **잡혀있다**.

0687 **succeed**
[səksíːd]
succeeded – succeeded

동 성공하다

- We want to **succeed** as a team.
  우리는 팀으로서 **성공하고** 싶다.

⊕ success 명 성공

0688 **copy**
[kápi]
copied – copied

동 복사하다, 베끼다 명 복사본, 한 부

- She **copied** the file to her computer.
  그녀는 그 파일을 자신의 컴퓨터에 **복사했다**.
- I sent him a **copy** of the book.
  나는 그에게 그 책의 **복사본**을 보내 주었다.

0689 **screen**
[skriːn]

명 화면, 스크린

- The monitor has a wide **screen**.
  그 모니터는 넓은 **화면**을 가지고 있다.

0690 **manage**
[mǽnidʒ]
managed – managed

동 관리하다

- She **manages** the kitchen staff at the restaurant.
  그녀는 식당에서 주방 직원들을 **관리한다**.
- How do you **manage** your stress?
  당신은 스트레스를 어떻게 **관리하나요**?

⊕ management 명 경영, 관리

0691 **mission**
[míʃən]

명 1. 임무 2. 사명

- I am on a **mission** to gather information.
  나는 정보를 수집하는 **임무** 중이다.
- Her **mission** is to help the sick children.
  그녀의 **사명**은 아픈 아이들을 돕는 것이다.

⊕ on a mission 임무 중인

0692 **chief**
[tʃi:f]

명 (조직·단체의) 장, 우두머리 형 주된, 가장 중요한

- The man is the **chief** of police.
  그 남자는 경찰서**장**이다.
- the **chief** executive officer(CEO)
  최고 경영자

0693 **presentation**
[prèzəntéiʃən]

명 프레젠테이션, 발표

- He gave a **presentation** about a new model.
  그는 새로운 모델에 대해 **프레젠테이션**을 했다.

0694 **purpose**
[pə́:rpəs]

명 목적, 용도

- What is the **purpose** of your visit?
  당신의 방문 **목적**이 무엇입니까?

0695 **quit**
[kwit]
quit – quit

동 그만두다

- I decided to **quit** my job.
  나는 일을 **그만두기**로 결심했다.
- She **quit** teaching because of her illness.
  그녀는 병 때문에 가르치는 것을 **그만뒀다**.

0696 **clerk**
[klə:rk]

명 (회사) 사무원, 직원, (가게) 점원

- The **clerk** helped me find the right size.
  그 **점원**은 내가 맞는 사이즈를 찾는 것을 도와주었다.

0697 **survey**
[səːrvéi]

명 (설문) 조사

- The **survey** results show high levels of customer satisfaction.
  그 **설문 조사** 결과는 높은 수준의 고객 만족도를 보여준다.

교과서 빈출 표현

0698 **for a living**

생계를 위해

- What do you do **for a living**?
  당신은 **생계를 위해** 무슨 일을 하시나요[직업이 무엇인가요]?
- She writes books **for a living**.
  그녀는 **생계를 위해** 책을 쓴다.

0699 **get[be] used to (v-ing)**

got – gotten/got
was[were] – been

~에 익숙해지다

- It takes time to **get used to** a new job.
  새로운 일**에 익숙해지기**까지는 시간이 걸린다.

0700 **make a mistake**

made – made

실수하다

- Don't worry about **making mistakes**.
  실수하는 것에 대해 두려워하지 마.

More <make + 명사>

동사 make는 '만들다'라는 의미이지만, 뒤에 오는 명사에 따라서 '~하다'라고 해석해요.

- make a change 변경하다
  - We need to **make a change** in our plan. 우리는 계획을 **변경할** 필요가 있다.
- make a decision 결심하다
  - I **made a decision** to stay. 나는 머물기로 **결심했다**.
- make a choice 선택하다
  - You have to **make a choice** now. 너는 이제 **선택해야** 해.

VOCA Exercise

정답 p.380

A

빈칸에 알맞은 말을 넣어 어구를 완성하세요.

1 일정대로[예정대로] on ________

2 기술을 배우다 learn a ________

3 사업을 시작하다 start a ________

4 컴퓨터 화면 a computer ________

5 프로젝트 보고서 a ________ on the project

6 이름을 서명하다 ________ one's name

7 성공적인 경력 a successful ________

8 2차 면접 a second ________

PART 6 Day 28

B

빈칸 (a)와 (b)에 공통으로 들어갈 단어를 쓰세요.

1 (a) The ________ of the tribe was wise.

그 부족의 우두머리[족장]는 현명했다.

(b) The ________ problem is a lack of communication.

주요 문제는 의사소통 부족이다.

2 (a) Regular exercise is the ________ to good health.

규칙적인 운동은 좋은 건강의 비결이다.

(b) She is the ________ player in the volleyball team.

그녀는 그 배구팀의 핵심적인 선수이다.

VOCA Exercise

C

<보기>에서 알맞은 단어를 골라 문장을 완성하세요.

<보기>	clerk	copy	succeed	manage

1 ________________ your time wisely.

2 She works as a ________________ in City Hall.

3 Can you make a ________________ of the paper for me?

4 Never give up, and you will ________________ someday.

D

밑줄 친 부분의 우리말 해석을 찾아 밑줄 치세요.

1 Which company do you work for?

→ 당신은 어느 회사에서 일하시나요?

2 The hairdresser had many clients today.

→ 그 미용사는 오늘 고객들이 많았다.

3 We took a survey to gather different opinions.

→ 우리는 다양한 의견을 모으기 위해 설문 조사를 실시했다.

4 His father makes shoes for a living.

→ 그의 아버지는 생계를 위해 신발을 만드신다.

5 The purpose of the project is to test for safety.

→ 그 프로젝트의 목적은 안전성을 검사하기 위함이다.

DAY 29

건물, 장소

Preview Check

- ☐ airport
- ☐ station
- ☐ tower
- ☐ factory
- ☐ gate
- ☐ bar
- ☐ exit
- ☐ entrance
- ☐ hall
- ☐ everywhere
- ☐ site
- ☐ stranger
- ☐ elevator
- ☐ ceiling
- ☐ booth
- ☐ shelter
- ☐ amusement
- ☐ hometown
- ☐ cinema
- ☐ drugstore
- ☐ fountain
- ☐ location
- ☐ get to
- ☐ drop by
- ☐ on one's way

건물, 장소

0701 **airport**
[ɛ́ərpɔ̀ːrt]

명 공항

- We are going to the **airport** to catch our flight.
  우리는 비행기를 타기 위해 **공항**으로 가고 있다.

0702 **station**
[stéiʃən]

명 1. 역, 정거장 2. (특정 서비스가 제공되는) -서, -소

- A train is arriving at the **station**.
  기차 한 대가 **역**으로 들어오고 있다.
- The suspect was taken to the police **station**.
  그 용의자는 경찰**서**로 연행되었다.

0703 **tower**
[táuər]

명 탑, 타워

- We enjoyed the city view from Namsan **Tower**.
  우리는 남산**타워**에서 도시 전망을 즐겼다.

0704 **factory**
[fǽktəri]

명 공장

- The **factory** produces about 800 cars a week.
  그 **공장**은 일주일에 약 800대의 자동차를 제조한다.

0705 **gate**
[geit]

명 1. 정문, 대문 2. 출입구

- I'll meet you at the school **gate**.
  학교 **정문**에서 보자.
- The man checked our tickets at the **gate**.
  그 남자는 **출입구**에서 우리의 입장권을 확인했다.

0706 **bar**
[baːr]

명 1. 매점, 전문점 2. 막대기 (모양의 것)

- I bought a drink at the snack **bar**.
  나는 **매점**에서 음료수를 하나 샀다.
- He broke the chocolate **bar** in half.
  그는 초콜릿 **바**를 반으로 쪼갰다.

0707 **exit**
[égzit]
exited – exited

명 출구 동 나가다, 퇴장하다

- The **exit** is on your right.
  출구는 당신의 오른편에 있습니다.
- Please **exit** the building in case of fire.
  화재 시 건물 밖으로 **나가세요**[대피하세요].

0708 **entrance**
[éntrəns]

명 입구, 문

- Do not park in front of the **entrance**.
  입구 앞에는 주차하지 마시오.

0709 **hall**
[hɔːl]

명 1. 복도 (=hallway) 2. 홀* 3. (건물 입구 안쪽의) 현관

쉬운뜻 *회의, 콘서트 등을 위한 큰 장소

- My classroom is at the end of the **hall**.
  내 교실은 **복도** 끝에 있다.
- The concert **hall** was crowded with people.
  콘서트**홀**은 사람들로 붐볐다.
- Please take off your shoes in the **hall**.
  현관에서 신발을 벗어주세요.

0710 **everywhere**
[évrihwὲər]

부 모든 곳에서, 어디에나

- My dog follows me **everywhere**.
  내 강아지는 **어디든** 나를 따라온다.

0711 **site**
[sait]

명 **1.** 터, 부지* **2.** 장소, 현장 쉬운뜻 *건물을 세우거나 도로를 만들기 위한 땅

- This is the **site** for a new shopping center.
  이곳은 새로운 쇼핑센터가 들어설 **부지**이다.
- construction **site**
  공사 **현장**

0712 **stranger**
[stréindʒər]

명 **1.** 낯선 사람 **2.** (어떤 곳에) 처음 온 사람

- Do not follow any **strangers**.
  낯선 사람을 따라가지 마.
- A: Excuse me. Where is the station?
  B: Sorry, I'm a **stranger** here myself.
  A: 실례합니다. 역이 어디에 있나요?
  B: 죄송하지만 저는 여기 **처음 온 사람**이에요[여기 처음 왔어요].

⊕ strange 형 1. 이상한 2. 낯선

0713 **elevator**
[éləvèitər]

명 엘리베이터

- This **elevator** doesn't go to the basement level.
  이 **엘리베이터**는 지하층으로 가지 않습니다.

0714 **ceiling**
[sí:liŋ]

명 천장

- Watch your head on the low **ceiling**.
  낮은 **천장**에 머리 부딪치지 않게 조심하세요.

0715 **booth**
[bu:θ]

명 (칸막이가 있는) 작은 공간, 부스

- We took funny pictures at the photo **booth**.
  우리는 사진 **부스**에서 재미있는 사진을 찍었다.

0716 **shelter**
[ʃéltər]

명 대피처, 보호소

- The animal **shelter** is looking for volunteers.
  그 동물 **보호소**는 자원봉사자들을 찾고 있다.

0717 **amusement**
[əmjú:zmənt]

명 재미, 오락

- He often reads comics for **amusement**.
  그는 **재미** 삼아 종종 만화책을 본다.
- I like riding roller coasters at the **amusement park**.
  나는 **놀이공원**에서 롤러코스터 타는 것을 좋아한다.

⊕ amusement park 놀이공원

0718 **hometown**
[hóumtáun]

명 고향

- I moved to a new city, and I miss my **hometown**.
  나는 새로운 도시로 이사를 와서 **고향**이 그립다.

0719 **cinema**
[sínəmə]

명 1. 영화관, 극장 (= movie theater) 2. 영화

- We watched the new movie at the **cinema**.
  우리는 **극장**에서 새로 나온 영화를 봤다.
- go to the **cinema**
  영화 보러 가다

0720 **drugstore**
[drʌ́gstɔ̀:r]

명 약국

- I got this cold medicine at the **drugstore**.
  나는 **약국**에서 이 감기약을 샀다.

⊕ drug 명 약

0721 **fountain**
[fáuntən]

명 분수, 음수대*

쉬운뜻 *물을 마실 수 있도록 해 놓은 곳

- Children love to play in the **fountain** in summer.
  아이들은 여름에 **분수**에서 노는 것을 아주 좋아한다.

0722 **location**
[loukéiʃən]

명 위치, 장소

- My apartment is in a good **location**.
  내 아파트는 좋은 **위치**에 있다.
- The store moved to a different **location**.
  그 가게는 다른 **장소**로 옮겼다.

교과서 빈출 표현

0723 **get to**
got – gotten/got

~에 도착하다

- We **got to** the movie theater on time.
  우리는 제때 영화관**에 도착했다**.

0724 **drop by**
dropped – dropped

~에 들르다

- I **dropped by** a supermarket for some snacks.
  나는 간식을 사려고 슈퍼마켓**에 들렀다**.

0725 **on one's way**

가는 길에, 도중에

- I'm **on my way** to the library.
  나는 도서관에 **가는 길**이야.

VOCA Exercise

정답 p.380

A 빈칸에 알맞은 말을 넣어 어구를 완성하세요.

1 주스 전문점 a juice ______________
2 기표소(투표를 위해 마련된 부스) a voting ______________
3 시계탑 the clock ______________
4 비상 출구 an emergency ______________
5 대문을 닫다 close a ______________
6 노숙자 보호소 a homeless ______________
7 지역 영화관 a local ______________
8 가장 좋아하는 오락 one's favorite ______________

B 빈칸 (a)와 (b)에 공통으로 들어갈 단어를 쓰세요.

1 (a) We stopped at the gas ______________ for fuel.
우리는 주유하기 위해 주유소에 멈춰 섰다.
(b) I walk to the subway ______________ every morning.
나는 매일 아침 지하철역에 걸어간다.

2 (a) She is a ______________ to Seoul.
그녀는 서울에 처음 온 사람이다[서울에 처음 왔다].
(b) He is a complete ______________ to me.
그는 나에게 완전히 낯선 사람이다[전혀 모르는 사람이다].

VOCA Exercise

C 다음 영영풀이에 해당하는 단어를 <보기>에서 골라 쓰세요.

<보기> hometown airport factory drugstore

1 a building where products are made ____________

2 a store that sells medicine ____________

3 a place where you take an airplane ____________

4 the town or city where someone grew up ____________

D 주어진 우리말에 맞게 빈칸에 알맞은 단어를 채워 문장을 완성하세요. (필요시 형태 바꿀 것)

1 그 호텔은 좋은 위치에 있다.

→ The hotel is in a good ____________.

2 나는 한 시간 동안 엘리베이터에 갇혔다.

→ I got stuck in the ____________ for an hour.

3 나는 분수대 안으로 동전을 던지고 소원을 빌었다.

→ I threw a coin into the ____________ and made a wish.

4 빵집에 들러서 빵 좀 사 올 수 있겠니?

→ Can you ____________ ____________ the bakery for some bread?

5 우리는 병원에 가는 길이다.

→ We are ____________ ____________ ____________ to the hospital.

DAY 28-29
Review

정답 p.380

A 주어진 단어를 각각 빈칸에 채워 문장을 완성하세요.

531 I'm on my __________ to the __________. (station, way)

532 The emergency __________ is at the front of the __________. (exit, hall)

533 Don't __________ now, or you won't __________. (succeed, quit)

534 Can you make a __________ of this __________? (report, copy)

535 What is the __________ of this __________? (purpose, survey)

B <보기>에서 알맞은 단어를 골라 문장을 완성하세요.

<보기>

airport	living	sign	clerk
client	gate	get	fountain
amusement	location		

536 He works as a sales __________ for a __________.

537 We asked the __________ to __________ the paper.

538 The __________ park is in a good __________.

539 Open the __________, and you can see a small __________.

540 How can I __________ to the __________?

C 주어진 우리말에 맞게 다음 빈칸에 알맞은 단어를 쓰세요. (필요시 형태 바꿀 것)

541 The ____________ visited the new ____________ today.

그 (부서)장은 오늘 새 공장을 방문했다.

542 The ____________ at the ____________ shows movie times.

입구에 있는 화면은 영화 (상영) 시간을 보여 준다.

543 It'll take time to get ____________ to the new ____________.

새로운 일정에 익숙해지려면 시간이 걸릴 것이다.

544 Communication ____________ are important in ____________.

의사소통 기술은 사업에서 중요하다.

545 I ____________ by the ____________ to get medicine.

나는 약을 사려고 약국에 들렀다.

546 He ____________ the project without making any ____________.

그는 어떤 실수도 없이 그 프로젝트를 관리했다.

547 Take this ____________ to the top of the ____________.

그 탑의 꼭대기로 가려면 이 엘리베이터를 타세요.

548 You need to know about the ____________ before the job ____________.

당신은 취업 면접 전에 그 회사에 대해 알고 있어야 한다.

549 He had to make a ____________ for the new ____________.

그는 새 고객을 위해 발표를 해야 했다.

DAY 30

교통, 도로

Preview Check

- [ ] land
- [ ] head
- [ ] direction
- [ ] turn
- [ ] block
- [ ] ride
- [ ] sail
- [ ] step
- [ ] reach
- [ ] tire
- [ ] wheel
- [ ] track
- [ ] speed
- [ ] traffic
- [ ] limit
- [ ] fuel
- [ ] carefully
- [ ] highway
- [ ] flight
- [ ] signal
- [ ] load
- [ ] transportation
- [ ] get off
- [ ] pick up
- [ ] be stuck (in)

DAY 30

교통, 도로

0726 **land**
[lænd]
landed – landed

명 육지, 땅 동 도착하다, 착륙하다

- Desert is dry **land** with little water.
  사막은 물이 거의 없는 건조한 **땅**이다.
- The airplane **landed** safely at the airport.
  그 비행기는 공항에 안전하게 **착륙했다**.

0727 **head**
[hed]
headed – headed

명 머리, 고개 동 가다, 향하다

- I shook my **head** to say no.
  나는 거절의 의미로 **고개**를 저었다.
- We **are heading for** a museum.
  우리는 박물관**으로 가고 있다**.

⊕ head for ~로 가다, 향하다

0728 **direction**
[dirékʃən]

명 1. 방향 2. 안내, 지시

- We are going in the wrong **direction**.
  우리는 잘못된 **방향**으로 가고 있어.
- The man gave me **directions** to the hospital.
  그 남자는 나에게 병원으로 가는 길을 **안내**해 주었다.

0729 **turn**
[təːrn]
turned – turned

동 1. 돌다 2. 변하다, ~되다 명 차례

- **Turn** left at the next corner.
  다음 골목에서 왼쪽으로 **도세요**.
- This sofa can **turn** into a bed.
  이 소파는 침대로 **변할** 수 있다.
- It's not your **turn** yet.
  아직 네 **차례**가 아니야.

0730 **block**
[blɑk]
blocked – blocked

명 구역, 블록 동 막다

- Go straight for two **blocks**.
  두 **블록** 직진하세요.
- The city **blocked** the roads for the marathon.
  시에서 마라톤을 위해 도로를 **막았다**.

0731 **ride**
[raid]
rode – ridden

동 (탈 것을) 타다 명 타기

- We **rode** bikes along the river.
  우리는 강을 따라 자전거를 **탔다**.
- Can you **give** me **a ride** to school?
  저 좀 학교까지 **태워주시겠어요**?

⊕ give a ride 태워주다

0732 **sail**
[seil]
sailed – sailed

동 항해하다*, 배로 가다 명 돛

쉬운뜻 *배를 타고 바다 위를 다니다

- The ship **sails** from here to the island.
  그 배는 여기부터 그 섬까지 **항해한다**.
- The boat needs a **sail** to catch the wind.
  그 배는 바람을 받기 위해서 **돛**이 필요하다.

0733 **step**
[step]
stepped - stepped

명 1. (발)걸음 2. 단계 3. 조치*
동 (발걸음을 떼서) 움직이다, 걸음을 옮기다

쉬운뜻 *어떤 문제를 해결하기 위한 계획이나 수단을 정함

- Please take a **step** back behind the safety line.
  안전선 뒤로 한 **걸음** 물러나 주세요.
- The first **step** to success is to set goals.
  성공의 첫 번째 **단계**는 목표를 세우는 것이다.
- We need to take **steps** to save the animals.
  우리는 그 동물들을 구하기 위해 **조치**를 취해야 한다.
- Be careful where you **step**. The floor is wet.
  걸음을 옮기는 곳을 조심하세요. 바닥이 젖었어요.

⊕ take steps 조치를 취하다

0734 **reach**
[riːtʃ]
reached – reached

동 ~에 이르다, 도착하다

- They finally **reached** the top of the mountain.
  그들은 마침내 산꼭대기**에 도착했다**.

0735 **tire**
[taiər]
tired - tired

명 (자동차 등의) 타이어 동 지치다, 지치게 하다

- He got a flat **tire** on his way to work.
  그는 회사 가는 길에 **타이어**에 펑크가 났다.

⊕ tired 형 피곤한, 지친

0736 **wheel**
[wi:l]

명 1. 바퀴 2. (자동차 등의) 핸들

- The **wheels** got stuck in the mud.
  바퀴가 진흙에 빠졌다.
- take the **wheel**
  핸들을 잡다

0737 **track**
[træk]

명 1. 길 2. (기차)선로 3. 경주로, 트랙

- We walked along the **track** to the forest.
  우리는 숲속으로 난 **길**을 따라 걸었다.
- railway **tracks**
  기차**선로**
- Runners are stretching their legs on the **track**.
  달리기 주자들은 **트랙** 위에서 다리를 스트레칭하고 있다.

0738 **speed**
[spi:d]

명 속도

- I slowed down my **speed** on the hill.
  나는 언덕에서 **속도**를 낮췄다.

중등 필수

0739 **traffic**
[trǽfik]

명 교통(량)

- There is always a lot of **traffic** in the morning.
  아침에는 항상 **교통량**이 많다.

0740 **limit**
[límit]
limited – limited

명 제한, 한계 동 제한하다

- The speed **limit** on this road is 60 km/h.
  이 도로의 **제한** 속도는 시속 60km이다.
- Parking is **limited** to residents only.
  주차는 오직 입주민들로 **제한됩니다**[입주민들만 주차할 수 있다].

0741 **fuel**
[fjú(:)əl]

명 연료

- My car stopped because it ran out of **fuel**.
  내 차는 **연료**가 다 떨어져서 멈췄다.

0742 **carefully**
[kɛ́ərfəli]

부 주의하여, 조심스럽게

- You should drive **carefully** in a school zone.
  어린이 보호 구역에서는 **주의하여** 운전해야 합니다.

➕ careful 형 조심하는, 주의 깊은

0743 **highway**
[háiwèi]

명 고속도로

- Can you take the **highway**? It's faster.
  고속도로를 타주실래요? 그게 더 빠르거든요.

0744 **flight**
[flait]

명 1. 비행, 날기 2. 항공편

- I will take a **flight** to Spain tomorrow.
  나는 내일 스페인으로 가는 **비행기**를 탈 것이다.
- The **flight** was canceled because of the bad weather.
  그 **항공편**은 악천후 때문에 결항되었다.

0745 **signal**
[sígnəl]
signaled – signaled

명 신호, 표시 (= sign) 동 신호를 보내다

- I'll give you a **signal** when I'm ready.
  내가 준비되면 너에게 **신호**를 보낼게.
- The police officer **signaled** us to stop.
  그 경찰관은 우리에게 멈추라고 **신호를 보냈다**.

More 상대방에게 무언가를 지시하거나 알리는 행동을 의미해요.

- She made a **signal** to leave the room. 그녀는 방에서 나가라는 **신호**를 보냈다.

또한, 방송이나 통신 전파를 위한 신호의 의미도 있어요.

- I couldn't get a **signal** on my phone. 내 전화에 **신호**가 잡히지 않았어.

0746 **load**

[loud]

loaded – loaded

명 짐, 화물 동 (짐을) 싣다

- The ship carries a heavy **load** of products.
  그 배는 **많은 양**의 상품을 나른다.
- They **are loading** the boxes onto the truck.
  그들은 트럭에 상자를 **싣고 있다**.

0747 **transportation**

[trӕnspərtéiʃən]

명 운송, 교통

- I use public **transportation** during rush hour.
  나는 혼잡 시간대에는 대중**교통**을 이용한다.

교과서 빈출 표현

0748 **get off**

got – gotten/got

내리다, 하차하다

- You need to **get off** at the next stop.
  너는 다음 정류장에서 **내려야** 한다.

반 get on ~을 타다, 승차하다

0749 **pick up**

picked – picked

1. ~을 집다, 집어 올리다 2. (차에) 태우다

- We **picked up** some trash in the park.
  우리는 공원에서 쓰레기를 **주웠다**.
- I asked mom to **pick** me **up** at the station.
  나는 엄마에게 역에서 **태워달라**고 부탁드렸다.

0750 **be stuck (in)**

was[were] – been

(~에) 갇히다, 꼼짝 못 하다

- We **are stuck in** heavy traffic.
  우리는 극심한 교통량**에 꼼짝 못 하고 있다**.

VOCA Exercise

정답 p.380

A 빈칸에 알맞은 말을 넣어 어구를 완성하세요.

1 육지 동물 a __________ animal

2 연료유 __________ oil

3 제한 시간 a time __________

4 타이어를 교체하다 change a __________

5 장시간 비행 a long __________

6 앞으로 걸음을 옮기다 __________ forward

7 한 방향으로 in one __________

8 대양을 항해하다 __________ across the ocean

B 빈칸 (a)와 (b)에 공통으로 들어갈 단어를 쓰세요.

1 (a) Let's __________ for the beach.
바다로 가자.
(b) I had a bump on my __________.
나는 머리에 혹이 하나 났다.

2 (a) The weather will __________ colder soon.
날씨가 금방 추워질 것이다.
(b) Whose __________ is it to do the dishes?
누가 설거지할 차례지?

VOCA Exercise

C 다음 영영풀이에 해당하는 단어를 <보기>에서 골라 쓰세요.

<보기>	highway	track	signal	block

1 a set of rails where trains travel ________________

2 to stop someone from passing ________________

3 a road where you can drive at high speeds ________________

4 a sound or an action to show or tell something ________________

D 주어진 우리말에 맞게 빈칸에 알맞은 단어를 채워 문장을 완성하세요. (필요시 형태 바꿀 것)

1 조심히 운전해. 도로가 미끄러워.

→ Drive ________________. The roads are slippery.

2 자전거는 언덕을 내려가면서 속도가 붙었다.

→ The bike gathered ________________ going down the hill.

3 우리는 두 시간의 운전 끝에 그 도시에 도착했다.

→ We ________________ the city after a two-hour drive.

4 그는 왼쪽으로 핸들을 돌렸다.

→ He tured the ________________ to the left.

5 정오에 오셔서 저를 태워주실래요?

→ Can you come and ________________ me ________________ at noon?

DAY 31

사회, 사회 문제

Preview Check

- [ ] face
- [ ] fair
- [ ] focus
- [ ] cause
- [ ] solution
- [ ] balance
- [ ] control
- [ ] noise
- [ ] matter
- [ ] continue
- [ ] freedom
- [ ] major
- [ ] environment
- [ ] increase
- [ ] decrease
- [ ] pollution
- [ ] necessary
- [ ] situation
- [ ] community
- [ ] society
- [ ] citizen
- [ ] government
- [ ] take care of
- [ ] make sure
- [ ] go green

DAY 31 사회, 사회 문제

중등 기본

0751 **face**
[feis]
faced – faced

명 얼굴
동 1. 향하다, 마주 보다 2. 직면하다* 쉬운뜻 *일이나 사물을 접하다

- She has a round **face** with big eyes.
  그녀는 둥근 **얼굴**에 큰 눈을 가지고 있다.
- The window in my room **faces** the mountain.
  내 방의 창문은 산을 **향해 있다**.
- The city **faced** a serious problem.
  그 도시는 심각한 문제에 **직면했다**.

0752 **fair**
[fɛər]

형 공평한, 공정한 명 박람회

- The rules should be **fair** for everyone.
  규칙은 모두에게 **공정해**야 한다.
- The artists will show their work at the **fair**.
  그 예술가들은 **박람회**에서 자신들의 작품을 선보일 것이다.

⊕ fairly 부 공정하게, 공평하게

0753 **focus**
[fóukəs]
focused – focused

동 집중하다 명 초점, 중점

- Let's **focus** our attention on the issue.
  그 안건에 (주의를) **집중합시다**.
- The **focus** of the research is on environment.
  그 연구의 **초점**은 환경이다.

0754 **cause**
[kɔːz]
caused – caused

명 원인, 이유 동 ~의 원인이 되다, 일으키다

- They couldn't find the **cause** of the fire.
  그들은 화재의 **원인**을 찾을 수 없었다.
- **cause** and effect
  원인과 결과[인과]
- The storm **caused** damage to the whole city.
  폭풍이 도시 전체에 피해를 **일으켰다**.

0755 **solution**
[səlúːʃən]

명 해결책, 해법

- We found a **solution** to the problem.
  우리는 그 문제에 대한 **해결책**을 찾았다.

⊕ solve 동 풀다

0756 **balance**
[bǽləns]
balanced – balanced

명 균형 동 균형을 잡다

- I lost my **balance** and fell down.
  나는 **균형**을 잃고 넘어졌다.
- People try to **balance** work and family.
  사람들은 일과 가정 사이의 **균형을 잡으려고** 노력한다.

⊕ balanced 형 균형 잡힌

0757 **control**
[kəntróul]
controlled – controlled

동 통제하다 명 지배, 통제

- The police **control** traffic on a busy road.
  경찰들은 복잡한 도로에서 교통을 **통제한다**.
- Don't worry. Everything is under **control**.
  걱정하지 마. 모든 것은 **통제** 아래에 있어.

0758 **noise**
[nɔiz]

명 소음, 소리

- **Noise** between floors is a big problem in our society.
  층간 **소음**은 우리 사회에서 큰 문젯거리이다.

⊕ noisy 형 시끄러운

0759 **matter**
[mǽtər]
mattered – mattered

명 일, 문제 동 중요하다

- What's the **matter**?
  무슨 **일**이야?
- Saving energy **matters** a lot to us.
  에너지를 절약하는 것은 우리에게 매우 **중요하다**.

0760 **continue**
[kəntínju(ː)]
continued – continued

동 계속되다, 계속하다

- The group will **continue** to fight for animal rights.
  그 단체는 동물의 권리를 위해 싸우는 것을 **계속할** 것이다.

⊕ continuous 형 지속적인, 계속되는

0761 **freedom**
[fríːdəm]

명 자유

- **freedom** of speech
  표현의 **자유**
- People have fought for **freedom**.
  사람들은 **자유**를 위해 싸워왔다.

⊕ freely 부 자유롭게

0762 **major**
[méidʒər]

형 주요한, 중대한 명 전공

- In many cities, garbage issues are a **major** problem.
  많은 도시에서 쓰레기는 **주요한** 문제이다.
- His **major** is computer science.
  그의 **전공**은 컴퓨터 공학이다.

0763 **environment**
[inváiərənmənt]

명 환경

- Plastic bags are bad for the **environment**.
  비닐봉지는 **환경**에 나쁘다.

0764 **increase**
[inkríːs]
increased – increased

동 증가하다* 명 증가, 인상**

쉬운뜻 *양이나 수치가 많아지다 **가격이나 요금 등을 올림

- The number of foreign tourists **increased**.
  외국인 관광객 수가 **증가했다**.
- an **increase** in gas prices
  석유 가격 **인상**

0765 **decrease**
[dikríːs]
decreased – decreased

동 감소하다* 명 감소

쉬운뜻 *양이나 수치가 줄다

- The population of the country **is decreasing**.
  그 나라의 인구는 **감소하고 있다**.
- This curve means a **decrease** in sales.
  이 곡선은 매출 **감소**를 의미한다.

0766 **pollution**
[pəljúːʃən]

명 오염, 공해

- Using public transportation can reduce **pollution**.
  대중교통을 이용하는 것은 **오염**을 줄일 수 있다.

0767 **necessary**
[nèsisέ(:)əri]

형 필요한, 필수적인

- Following traffic rules is **necessary** for safety.
  교통 규칙을 따르는 것은 안전을 위해 **필요하다**.
- It's not **necessary** to wear a tie.
  넥타이를 매는 것은 **필수가** 아닙니다.

+ necessity 명 필요, 필요성

0768 **situation**
[sìtʃuéiʃən]

명 상황, 상태

- Can you explain the **situation** now?
  지금 **상황** 좀 설명해 줄래?

0769 **community**
[kəmjúːnəti]

명 지역사회, 공동체

- **community** leaders
  공동체 지도자들
- The center serves the **community**.
  그 센터는 **지역사회**에 서비스를 제공한다.

0770 **society**
[səsáiəti]

명 사회, 단체

- changes in our **society**
  우리 **사회**의 변화
- Volunteering is a way to give back to **society**.
  자원봉사 하는 것은 **사회**에 환원하는 한 가지 방법이다.

+ social 형 사회의, 사회적인

비교 Point community vs. society

- community는 common(공통의)의 의미를 포함하고 있어서, 살고 있는 지역을 기반으로 인종, 문화, 종교 등의 공통점을 함께 공유하는 집단을 의미해요.
- society는 한 지역에서 법이나 규율에 따라 사는 집단을 나타내요. 따라서 society 안에 다양한 community가 존재할 수 있답니다.

0771 **citizen**
[sítizən]

명 시민

- Every **citizen** has the right to vote.
  모든 **시민**은 투표할 권리가 있다.

0772 **government**
[gʌ́vərnmənt]

명 정부, 정권

- The **government** promised to cut taxes.
  정부는 세금을 줄이기로 약속했다.

교과서 빈출 표현

0773 **take care of**

took – taken

1. ~을 돌보다 (= care for) 2. 처리하다

- We should **take care of** the elderly.
  우리는 노인들**을 돌봐야** 한다.
- Don't worry. I'll **take care of** the matter.
  걱정하지 마. 내가 그 문제를 **처리할** 거야.

0774 **make sure**

made – made

반드시 ~하다, ~을 확실히 하다

- **Make sure** you turn off the lights.
  반드시 불을 **끄세요**.

0775 **go green**

went – gone

친환경적이 되다

- Let's **go green** to save the environment.
  환경을 보존하기 위해 **친환경적으로 되자**.

VOCA Exercise

정답 p.381

A 빈칸에 알맞은 말을 넣어 어구를 완성하세요.

1 주된 원인 the main ________

2 도전에 직면하다 ________ a challenge

3 어려운 상황에 있는 in a difficult ________

4 시간 문제 a ________ of time

5 교통 통제 traffic ________

6 간단한 해결책 a simple ________

7 세계 무역 박람회 a world trade ________

8 환경을 파괴하다 destroy the ________

B 다음 빈칸에 알맞은 단어를 쓰세요.

1 noise : ________ = 소음 : 시끄러운

2 ________ : freely = 자유 : 자유롭게

3 ________ : social = 사회 : 사회의

4 balance : ________ = 균형 : 균형 잡힌

5 continue : ________ = 계속되다 : 지속적인

6 ________ : necessity = 필요한 : 필요성

VOCA Exercise

C 다음 영영풀이에 해당하는 단어를 <보기>에서 골라 쓰세요.

<보기> citizen decrease major government

1 very important and serious ____________

2 to become smaller in size or number ____________

3 a group that makes decisions for a country ____________

4 someone who lives in a certain city ____________

D 주어진 우리말에 맞게 빈칸에 알맞은 단어를 채워 문장을 완성하세요. (필요시 형태 바꿀 것)

1 대도시의 인구가 증가하고 있다.

→ The population in big cities is ____________.

2 수질 오염은 바다 동물에게 해를 끼칠 수 있다.

→ The water ____________ can harm sea animals.

3 나는 친절한 이웃들이 있는 지역사회에 산다.

→ I live in a ____________ with friendly neighbors.

4 나갈 때 반드시 문을 잠가라.

→ ____________ ____________ you lock the door when you leave.

5 모든 사람들은 건강을 돌봐야 한다.

→ Everyone should ____________ ____________ ____________ their health.

DAY 30-31

Review

정답 p.381

A

주어진 단어를 각각 빈칸에 채워 문장을 완성하세요.

550 Every ______________’s opinion ______________. (matters, citizen)

551 We are ______________ on the ______________. (highway, stuck)

552 Take ______________ to solve the ______________ problem. (noise, steps)

553 Let’s ______________ on finding a ______________. (focus, solution)

554 The plane ______________ for a ______________ emergency. (fuel, landed)

B

<보기>에서 알맞은 단어를 골라 문장을 완성하세요.

<보기>	turn	carefully	society	flight
	speed	major	sure	limit
	traffic	signal		

555 Always wait for the ______________ before you ______________.

556 Don’t break the ______________ ______________. It’s dangerous.

557 Drive ______________. There is heavy ______________ ahead.

558 What is the ______________ problem in our ______________?

559 Make ______________ you check your ______________ number.

C 주어진 우리말에 맞게 다음 빈칸에 알맞은 단어를 쓰세요. (필요시 형태 바꿀 것)

560 Let's ____________ ____________ the trash and ____________ ____________ of our environment.

쓰레기를 줍고 우리의 환경을 돌보자.

561 The ship ____________ to ____________ in the storm.

그 배는 폭풍 속에서 계속 항해했다.

562 Planning is a ____________ ____________ in any project.

계획은 어느 프로젝트에서나 필수적인 단계이다.

563 When you ____________ a difficult situation, keep your ____________.

어려운 상황을 마주할 때, 균형[평정심]을 유지해라.

564 The ____________ needs to ____________ rising fuel prices.

정부는 오르는 연료 가격을 통제해야 한다.

565 A ____________ ____________ of pollution is waste from factories.

오염의 주요 원인은 공장에서 나오는 폐기물이다.

566 The bus had a flat ____________, so everyone had to ____________ ____________.

버스 타이어에 펑크가 나서 모두가 내려야 했다.

567 The truck's ____________ was more than the weight ____________.

트럭의 짐은 무게 제한을 초과했다.

568 The chance of car accidents on ____________ ____________ when it rains or snows.

비나 눈이 올 때 고속도로에서 자동차 사고가 일어날 가능성이 증가한다.

569 The captain took the ____________ and ____________ controlled the ship.

선장은 핸들을 잡고 조심스럽게 배를 통제했다.

DAY 32

배려, 협동

Preview Check

- [ ] manner
- [ ] offer
- [ ] knock
- [ ] respect
- [ ] peaceful
- [ ] provide
- [ ] public
- [ ] raise
- [ ] importance
- [ ] role
- [ ] support
- [ ] donate
- [ ] responsible
- [ ] thoughtful
- [ ] movement
- [ ] aid
- [ ] charity
- [ ] reuse
- [ ] recycle
- [ ] adopt
- [ ] reduce
- [ ] overcome
- [ ] turn off
- [ ] thanks to
- [ ] give a hand

DAY 32

배려, 협동

0776 **manner**
[mǽnər]

명 1. 방법, 방식 2. (-s) 예의 3. 태도

- The work was done in the same **manner**.
  작업은 똑같은 **방식**으로 이루어졌다.
- Children learn **manners** by watching parents.
  아이들은 부모를 보고 **예의**를 배운다.
- He has a very kind **manner**.
  그는 매우 친절한 **태도**를 가졌다.

0777 **offer**
[ɔ́(:)fər]
offered – offered

동 권하다, 제안하다 명 제안, 제의

- She **offered** me some advice.
  그녀는 나에게 충고를 **권해주었다**.
- accept an **offer**
  제안을 수락하다

0778 **knock**
[nɑk]
knocked – knocked

동 두드리다, 노크하다 명 노크 소리

- Please **knock** first before you enter the room.
  방에 들어오기 전에 먼저 **노크해** 주세요.
- There was a **knock** on the door.
  문에서 **노크 소리**가 들렸다.

0779 **respect**
[rispékt]
respected – respected

동 존중하다 명 존중

- We should **respect** everyone's opinion.
  우리는 모든 사람의 의견을 **존중해야** 한다.
- He shows **respect** for everyone.
  그는 모든 사람들에게 **존중**을 표한다.

0780 **peaceful**
[píːsfəl]

형 평화로운

- The village is beautiful and **peaceful** to live in.
  그 마을은 살기 아름답고 **평화로운** 곳이다.

⊕ peace 명 평화

0781 **provide**

[prəváid]

provided – provided

동 제공하다, 주다

- The shelter **provides** food for free.
  그 보호소는 음식을 무료로 **제공한다**.

0782 **public**

[pʌ́blik]

형 공공의, 공중의 명 일반 사람들, 대중

- a **public** place
  공공장소
- The president shared a new policy with the **public**.
  대통령은 **대중들**에게 새로운 정책을 공유했다.

More <public + 단수/복수 동사>

public이 주어로 쓰일 때, 사람들을 하나의 집단으로 여기면 단수로 취급해서 단수 동사가 와요. 하지만 개개인을 강조할 때는 복수 동사를 사용하기도 해요.

0783 **raise**

[reiz]

raised – raised

동 1. 올리다 2. 모금하다 3. 기르다, 키우다

- **Raise** your hand if you have any questions.
  질문이 있으면 손을 **들어라**.
- They **raised** money for people in need.
  그들은 도움이 필요한 사람들을 위해 돈을 **모금했다**.
- He **raises** cows on his farm.
  그는 농장에 소를 **키운다**.

0784 **importance**

[impɔ́ːrtəns]

명 중요성

- Their success shows the **importance** of team work.
  그들의 성공은 팀워크의 **중요성**을 보여준다.

⊕ important 형 중요한

0785 **role**

[roul]

명 역할

- Each member has a **role** in a family.
  가족 내의 각 구성원은 **역할**을 가지고 있다.

⊕ role model 명 본보기, 모범이 되는 사람

0786 **support**
[səpɔ́:rt]
supported – supported

동 1. 지지하다* 2. 지원하다**
명 1. 지지 2. 지원

쉬운뜻 *사람, 단체, 의견 등을 찬성하여 돕다
**지지하여 돕다

- My parents **support** my decision to study abroad.
  부모님은 해외에서 공부하려는 내 결정을 **지지하신다**.
- The charity **supports** families in need.
  그 자선단체는 도움이 필요한 가정을 **지원한다**.
- The team gets a lot of **support** from its fans.
  그 팀은 팬들에게 많은 **지지**를 받는다.
- Thank you for your love and **support**.
  여러분의 사랑과 **지원**에 감사드립니다.

0787 **donate**
[dóuneit]
donated – donated

동 기부하다, 기증하다

- I **donated** my old clothes to help people.
  나는 사람들을 돕기 위해 오래된 옷들을 **기부했다**.

⊕ donation 명 기부, 기증

0788 **responsible**
[rispánsəbl]

형 1. 책임이 있는 2. 책임지고 있는

- We are all **responsible** for saving the environment.
  우리는 모두 환경을 보존할 **책임이 있다**.
- She is **responsible** for training new staff.
  그녀는 새로운 직원 교육을 **책임지고 있다**.

0789 **thoughtful**
[θɔ́:tfəl]

형 배려심 있는, 사려 깊은

- It was so **thoughtful** of him to remember my birthday.
  내 생일을 기억해 주다니 그는 정말 **사려 깊었다**.

0790 **movement**
[mú:vmənt]

명 1. 움직임 2. (사람들이 조직적으로 벌이는) 운동

- The dance has a lot of **movements**.
  그 춤은 많은 **움직임**을 포함한다.
- The peace **movement** is against war.
  평화 **운동**은 전쟁에 반대한다.

0791 **aid**
[eid]

명 도움, 원조*, 지원 쉬운뜻 *물품이나 돈 등을 지원해 도와줌

- The country received food **aid** during the war.
  그 나라는 전쟁 동안 식량 **원조**를 받았다.

⊕ a first aid kit 응급 처치 상자[구급상자]

0792 **charity**
[tʃǽrəti]

명 1. 자선 단체 2. 자선, 기부

- He donated most of his money to the **charity**.
  그는 자기 돈의 대부분을 **자선 단체**에 기부했다.
- The concert was held to raise money for **charity**.
  그 콘서트는 **자선**을 위한 돈을 모으기 위해 열렸다.

0793 **reuse**
[rijúːz]
reused – reused

동 재사용하다

- You can **reuse** plastic bags, so don't throw them away.
  비닐봉지를 **재사용할** 수 있으니 버리지 마.

⊕ reusable 형 재사용할 수 있는

0794 **recycle**
[riːsáikl]
recycled – recycled

동 재활용하다

- We **recycle** paper, glass, and plastic.
  우리는 종이, 유리, 플라스틱을 **재활용한다**.

More 접두사 re-는 '다시'라는 의미를 가지고 있어요.

- re-(다시) + use(사용하다) = **reuse** 재사용하다
- re-(다시) + cycle(회전하다) = **recycle** 재활용하다
- re-(다시) + spect(보다) = **respect** 존경하다

0795 **adopt**
[ədɑ́pt]
adopted – adopted

동 1. 입양하다 2. 채택하다

- We **adopted** a dog from an animal shelter.
  우리는 동물 보호소에서 개를 **입양했다**.
- The government **adopted** a new policy.
  정부는 새로운 정책을 **채택했다**.

0796 **reduce**

[ridjúːs]

reduced – reduced

동 줄이다, 축소하다

- We have to **reduce** the amount of waste.
  우리는 쓰레기양을 **줄여야** 한다.

0797 **overcome**

[òuvərkʌ́m]

overcame – overcome

동 (고난, 역경 등을) 극복하다

- The town **overcame** difficulties after the tsunami.
  그 도시는 쓰나미 이후 어려움을 **극복**했다.

교과서 빈출 표현

0798 **turn off**

turned – turned

(전기, 수도 등을) 끄다, 잠그다

- **Turn off** the computer when it's not in use.
  컴퓨터를 사용하지 않을 때는 전원을 **꺼라**.
- **Turn off** the water when you brush your teeth.
  양치질할 때는 물을 **잠가라**.

↔ turn on 켜다

0799 **thanks to**

~ 덕분에

- **Thanks to** your help, I could finish it on time.
  당신의 도움 **덕분에** 제시간에 끝낼 수 있었어요.

0800 **give a hand**

gave – given

돕다, 도와주다

- Can you **give** me **a hand** with the box?
  내가 박스 옮기는 것 좀 **도와줄래**?

VOCA Exercise

정답 p.381

A

빈칸에 알맞은 말을 넣어 어구를 완성하세요.

1 정부 지원 government ________

2 의견을 존중하다 ________ one's opinion

3 아이를 입양하다 ________ a child

4 계획의 중요성 the ________ of the plan

5 제의를 거절하다 turn down an ________

6 공공의 의견[여론] ________ opinion

7 문을 두드리다 ________ on the door

8 전쟁 반대 운동 a ________ against the war

B

빈칸 (a)와 (b)에 공통으로 들어갈 단어를 쓰세요.

1 (a) His ________ toward me suddenly changed.
나를 향한 그의 태도가 갑자기 바뀌었다.
(b) They solved the problem in a peaceful ________.
그들은 평화적인 방식으로 문제를 해결했다.

2 (a) We will ________ funds for poor children.
우리는 빈곤아동을 위해 모금할 것이다.
(b) She plans to ________ her children abroad.
그녀는 해외에서 자식들을 키울 계획이다.

VOCA Exercise

C 다음 영영풀이에 해당하는 단어를 <보기>에서 골라 쓰세요.

<보기>	reduce	charity	role	reuse

1 to use something again ________________

2 to make less in amount or size ________________

3 a job or part in a situation or in society ________________

4 an organization that helps those in need ________________

D 주어진 우리말에 맞게 빈칸에 알맞은 단어를 채워 문장을 완성하세요. (필요시 형태 바꿀 것)

1 나는 전쟁을 지지하지 않는다.

→ I don't ________________ the war.

2 그 시는 노숙자들에게 숙소를 제공한다.

→ The city ________________ shelter for the homeless.

3 내 친구 제인은 매우 친절하고 배려심 있다.

→ My friend, Jane, is very kind and ________________.

4 그는 매달 10달러를 적십자에 기부한다.

→ He ________________ $10 to the Red Cross every month.

5 나는 영화가 시작하기 전에 내 휴대전화를 껐다.

→ I ________________ ________________ my cell phone before the movie started.

DAY 33

사고, 안전

Preview Check

- ☐ cut
- ☐ fire
- ☐ burn
- ☐ kill
- ☐ hurt
- ☐ danger
- ☐ sink
- ☐ smoke
- ☐ rope
- ☐ happen
- ☐ accident
- ☐ safety
- ☐ badly
- ☐ harmful
- ☐ escape
- ☐ destroy
- ☐ survive
- ☐ crack
- ☐ slippery
- ☐ avoid
- ☐ rush
- ☐ prevent
- ☐ get out (of)
- ☐ fall down
- ☐ stay away (from)

DAY 33

사고, 안전

중등 기본

0801 **cut**
[kʌt]
cut – cut

[동] 자르다, 베다 [명] 상처

- I **cut** my finger on the paper.
  나는 종이에 손가락을 **베었다**.
- I had a deep **cut** on my arm.
  나는 팔에 깊은 **상처**가 났다.

0802 **fire**
[fáiər]
fired – fired

[명] 불, 화재 [동] 해고하다

- There was a **fire** in the building last night.
  어젯밤 그 건물에 **화재**가 있었다.
- Many factory workers were **fired**.
  많은 공장 근로자가 **해고됐다**.

0803 **burn**
[bəːrn]
burned – burned
burnt – burnt

[동] 1. (불이) 타오르다 2. 데다, 타다, 태우다

- The fire **burned** in the forest for days.
  불이 숲에서 수일간 **타올랐다**.
- I **burned** my hand on the stove.
  나는 난로에 손을 **데었다**.

0804 **kill**
[kil]
killed – killed

[동] 죽이다, 목숨을 빼앗다

- The poison **kills** rats.
  그 독은 쥐를 **죽인다**.
- People can get **killed** in a car crash.
  자동차 사고로 사람들이 **목숨을 빼앗길** 수 있다.

0805 **hurt**
[həːrt]
hurt – hurt

동 1. 다치게 하다 2. 아프다

- He **hurt** his back when he fell down.
  그가 넘어지면서 허리를 **다쳤다**.
- My feet **hurt** after a long walk.
  나는 오랜 산책 후에 발이 **아팠다**.

0806 **danger**
[déindʒər]

명 위험

- Keep yourself safe from **danger**.
  위험으로부터 자신을 안전하게 보호하세요.
- Some animals are **in danger** of disappearing.
  몇몇 동물들은 사라질 **위기에 처해있다**.

⊕ in danger 위험에 처한

0807 **sink**
[siŋk]
sank – sunk

동 가라앉다, 침몰하다 명 싱크대, 세면대

- The ship **sank** to the bottom of the sea.
  그 배는 바다 밑으로 **침몰했다**.
- He is doing the dishes in the **sink**.
  그는 **싱크대**에서 설거지하고 있다.

0808 **smoke**
[smouk]
smoked – smoked

명 연기 동 담배를 피우다, 흡연하다

- The **smoke** came from the oven.
  연기가 오븐에서부터 나왔다.
- This is a no-**smoking** area.
  이곳은 **흡연** 금지 구역입니다.

0809 **rope**
[roup]

명 밧줄

- Hold on to the **rope** when crossing the bridge.
  다리를 건널 때 **밧줄**을 잡아라.

0810 **happen**
[hǽpən]
happened – happened

동 일어나다, 발생하다

- What **happened** to the house?
  집에 무슨 일이 **일어났니**?
- I knew this would **happen**.
  나는 이 일이 **일어날** 줄 알았다.

0811 **accident**
[ǽksidənt]

명 사고

- He broke his leg in a car **accident**.
  그는 차 **사고**로 다리가 부러졌다.

⊕ accidental 형 우연한
⊕ accidentally 부 우연히, 실수로

0812 **safety**
[séifti]

명 안전

- Wear a life jacket for your **safety**.
  안전을 위해 구명조끼를 착용하세요.

⊕ safely 부 안전하게

0813 **badly**
[bǽdli]

부 대단히, 몹시

- He was **badly** hurt by falling off a ladder.
  그는 사다리에서 떨어져서 **몹시** 다쳤다.

0814 **harmful**
[hɑ́ːrmfəl]

형 해로운, 유해한

- Too much sunlight can be **harmful** for your skin.
  햇빛을 너무 많이 쐬는 것은 피부에 **해로울** 수 있다.

⊕ harm 명 손상, 손해 동 해치다
⊖ harmless 형 해롭지 않은

0815 **escape**
[iskéip]
escaped – escaped

동 도망치다, 탈출하다 명 탈출, 도피

- They **escaped** from the burning house.
  그들은 불타고 있는 집에서 **탈출했다**.
- In case of fire, use the fire **escape**.
  화재 시에는 비상 **탈출구**를 이용하세요.

0816 **destroy**
[distrɔ́i]
destroyed – destroyed

동 파괴하다, 파멸시키다

- The building was **destroyed** by fire.
  그 건물은 화재에 의해 **파괴되었다.**
- Pollution **destroys** the environment and harms humans. 오염은 환경을 **파괴하고** 인간을 해친다.

0817 **survive**
[sərváiv]
survived – survived

동 살아남다, 생존하다

- They **survived** the strong earthquake.
  그들은 강진으로부터 **살아남았다.**

⊕ survivor 명 생존자
⊕ survival 명 생존

0818 **crack**
[kræk]
cracked – cracked

명 갈라진 금, 틈 동 깨지다, 금이 가다

- There was a small **crack** in the wall.
  벽에 작은 **틈**이 나 있었다.
- Do not put hot water in the glass, or it will **crack**.
  유리잔에 뜨거운 물을 담지 마, 그렇지 않으면 잔에 **금이 갈 거야.**

⊕ cracked 형 금이 간, 갈라진

0819 **slippery**
[slípəri]

형 미끄러운

- Watch your step. The floor is **slippery**.
  발밑 조심해. 바닥이 **미끄러워.**

⊕ slip 동 미끄러지다

0820 **avoid**
[əvɔ́id]
avoided – avoided

동 피하다

- Stretching can help you **avoid** injuries.
  스트레칭은 부상을 **피하는데** 도움이 될 수 있다.

0821 **rush**
[rʌʃ]
rushed – rushed

㉿ 서두르다, 돌진하다

- **Rushing** can lead to accidents. Take your time.
  서두르는 것은 사고로 이어질 수 있어. 천천히 해.
- The injured man was **rushed** to the hospital.
  부상당한 남자는 **서둘러** 병원으로 **이송되었다**.

0822 **prevent**
[privént]
prevented – prevented

㉿ 막다, 예방하다

- Wash your hands to **prevent** the flu.
  독감을 **예방하**기 위해서는 손을 씻어라.

교과서 빈출 표현

0823 **get out (of)**
got – gotten/got

(~에서) 나가다, 떠나다

- **Get out of** this place. It's dangerous.
  이곳**에서 나가**. 위험해.

0824 **fall down**
fell – fallen

1. 넘어지다 2. 무너지다

- She **fell down** the stairs and broke her ankle.
  그녀는 계단에서 **넘어져서** 발목이 부러졌다.
- The bridge has to be closed because it**'s falling down**. 그 다리는 **무너지고 있으므로** 폐쇄되어야 한다.

0825 **stay away (from)**
stayed – stayed

(~에) 접근하지 않다, 가까이 가지 않다 (= keep away (from))

- **Stay away from** the construction site.
  공사 현장**에 접근하지 마라**.

VOCA Exercise

정답 p.381

A 빈칸에 알맞은 말을 넣어 어구를 완성하세요.

1 손가락을 데다 ________________ a finger
2 몹시 다치다[중상을 입다] ________________ injured
3 위험에 처한 in ________________
4 자욱한 연기 thick ________________
5 화재를 일으키다 start a ________________
6 팔을 다치다 ________________ one's arm
7 탈출을 시도하다 try to ________________
8 교통 체증을 피하다 ________________ heavy traffic

B 다음 빈칸에 알맞은 단어를 쓰세요.

1 slip : ________________ = 미끄러지다 : 미끄러운
2 ________________ : survivor = 살아남다, 생존하다 : 생존자
3 harm : ________________ = 손상, 손해 : 해로운, 유해한
4 ________________ : safely = 안전 : 안전하게
5 crack : ________________ = 갈라진 금, 틈 : 금이 간, 갈라진
6 ________________ : accidental = 사고 : 우연한

VOCA Exercise

C <보기>에서 알맞은 단어를 골라 문장을 완성하세요.

<보기>	rope	cut	happen	prevent

1 Be careful not to ______________ yourself.

2 A healthy diet can ______________ heart disease.

3 When did the accident ______________?

4 The ______________ broke and he fell to the ground.

D 주어진 우리말에 맞게 빈칸에 알맞은 단어를 채워 문장을 완성하세요. (필요시 형태 바꿀 것)

1 폭탄은 마을 전체를 파괴했다.
→ The bomb ______________ the whole village.

2 배가 가라앉기 전에 모든 사람이 구조되었다.
→ Everyone was rescued before the boat ______________.

3 나는 균형을 잃고 넘어졌다.
→ I lost my balance and ______________ ______________.

4 도로에 가까이 가지 말아야 해.
→ You should ______________ ______________ from the road.

5 만일 가스 누출이 발생하면, 집 밖으로 나가십시오.
→ If a gas leak occurs, ______________ ______________ ______________ the house.

DAY 32-33

Review

정답 p.382

A

주어진 단어를 각각 빈칸에 채워 문장을 완성하세요.

570 He tried hard to __________ __________. (accidents, avoid)

571 They __________ to the scene of a __________. (fire, rushed)

572 You cannot __________ in __________ places. (public, smoke)

573 He __________ himself __________ during the match. (badly, hurt)

574 The country __________ __________ for those in need. (provides, aid)

B

<보기>에서 알맞은 단어를 골라 문장을 완성하세요.

<보기>	escape	fell	danger	safety
	charity	away	smoke	slippery
	donate	get		

575 I almost __________ down on the __________ floor.

576 She will __________ her old clothes for __________.

577 Let's __________ out of here through the fire __________.

578 Teach children to stay __________ from __________.

579 There is a __________ alarm in every room for __________.

C 주어진 우리말에 맞게 다음 빈칸에 알맞은 단어를 쓰세요. (필요시 형태 바꿀 것)

580 The couple ______________ a child and ______________ her like their own.

그 부부는 아이를 입양했고 그들의 자식처럼 키웠다.

581 To ______________ waste, ______________ as much as possible.

쓰레기를 줄이기 위해, 가능한 한 많이 재활용해라.

582 She was ______________ to ______________ her seat.

자신의 자리를 권하다니 그녀는 사려 깊었다.

583 When the Titanic ______________, only 706 people ______________.

타이타닉 호가 가라앉았을 때, 단 706명의 사람들만이 살아남았다.

584 Try to ______________ ______________ food like sodas and fast food.

탄산음료와 패스트푸드와 같은 해로운 음식을 피하도록 하세요.

585 The ______________ of a leader is to be ______________ and kind.

지도자의 역할은 책임지고 친절한 것이다.

586 ______________ to you, many people came to ______________ blood.

당신 덕분에, 많은 사람들이 헌혈하러 왔어요.

587 She ______________ her fear of ______________ speaking.

그녀는 대중 앞에서 말하는 두려움을 극복했다.

588 Follow the ______________ rules to ______________ accidents.

사고를 예방하려면 안전 규칙을 따라라.

589 She has a rude ______________. She shows no ______________ for others.

그녀는 무례한 태도를 가지고 있다. 그녀는 다른 사람에 대한 존중을 보이지 않는다.

DAY 34

세계, 문화

Preview Check

- [ ] accept
- [ ] planet
- [ ] symbol
- [ ] last
- [ ] difference
- [ ] tradition
- [ ] cultural
- [ ] language
- [ ] global
- [ ] local
- [ ] opinion
- [ ] wisdom
- [ ] nod
- [ ] foreign
- [ ] national
- [ ] international
- [ ] myth
- [ ] saying
- [ ] folk
- [ ] tribe
- [ ] kingdom
- [ ] value
- [ ] give it a try
- [ ] pass A on to B
- [ ] stand for

DAY 34

세계, 문화

0826 **accept**
[æksépt]
accepted – accepted

동 받아들이다, 수락하다*   쉬운뜻 *요구, 부탁, 제안 등을 받아들이다

- The school decided to **accept** more students.
  그 학교는 더 많은 학생들을 **받아들이기로** 결정했다.
- He **accepted** a job offer.
  그는 일자리 제안을 **수락했다**.

⊕ acceptable 형 받아들일 수 있는

0827 **planet**
[plǽnit]

명 1. 행성 2. 지구

- Mars is one of the **planets** in space.
  화성은 우주의 **행성** 중 하나이다.
- We need to protect our **planet**.
  우리는 **지구**를 보호해야 한다.

0828 **symbol**
[símbəl]

명 1. 상징 2. 기호, 부호

- The red rose is a **symbol** of love and passion.
  빨간 장미는 사랑과 열정의 **상징**이다.
- The plus sign "+" is the **symbol** for addition.
  플러스 부호 '+'는 더하기 **기호**이다.

⊕ symbolic 형 상징적인

0829 **last**
[læst]
lasted – lasted

형 1. 마지막의 2. 지난 동 계속하다, 지속하다
부 마지막에, 마지막으로 (= lastly)

- The **last** train leaves at 11 p.m.
  마지막 열차는 오후 11시에 떠난다.
- My family traveled to London **last** year.
  내 가족은 **지난**해에 런던을 여행했다.
- The rainy season **lasted** for 2 weeks.
  장마가 2주 동안 **지속되었다**.
- Who is speaking **last**?
  마지막으로 말하는 사람은 누구인가요?

0830 **difference**
[dífərəns]

명 차이, 다름

- I can't tell the **difference** between the two.
  나는 그 둘의 **차이**를 구별할 수 없다.
- make a big **difference**
  큰 **차이**를 만들다

0831 **tradition**
[trədíʃən]

명 전통

- I learned about the **traditions** of other countries.
  나는 다른 나라의 **전통**에 대해 배웠다.
- **By tradition**, the celebration begins at midnight.
  전통에 따르면 축하 의식은 자정에 시작한다.

⊕ by tradition 전통에 따르면
⊕ traditional 형 전통의, 전통적인

0832 **cultural**
[kʌltʃərəl]

형 문화의

- We should understand the **cultural** differences.
  우리는 **문화** 차이를 이해해야 한다.

⊕ culture 명 문화

0833 **language**
[lǽŋgwidʒ]

명 언어, 말

- Korean is my first **language**.
  한국어는 나의 제1**언어**[모국어]다.
- It takes a lot of practice to learn a new **language**.
  새로운 **언어**를 배우는 것은 많은 연습을 필요로 한다.

0834 **global**
[glóubəl]

형 지구의, 세계적인

- **global** warming
  지구 온난화
- The pollution of the oceans is a **global** issue.
  해양 오염은 **세계적인** 문제이다.

⊕ globe 명 지구

0835 **local**
[lóukəl]

형 현지의, 지역의

- Try the **local** food when you travel abroad.
  외국에서 여행할 때 **현지** 음식을 시도해 봐.
- He found his new job in the **local** newspaper.
  그는 **지역** 신문에서 새 일자리를 찾았다.

0836 **opinion**
[əpínjən]

명 의견, 견해, 생각

- I'd like to hear your **opinion** on the issue.
  그 쟁점에 관한 당신의 **의견**을 듣고 싶습니다.
- In my **opinion**, you should eat less sugar.
  내 **생각**에, 너는 설탕을 덜 먹어야 한다.

⊕ in one's opinion ~의 생각[의견]에는

0837 **wisdom**
[wízdəm]

명 지혜, 교훈

- **Wisdom** helps us to make better choices.
  지혜는 우리가 더 나은 선택을 할 수 있게 도와준다.

0838 **nod**
[nɑd]
nodded – nodded

동 (고개를) 끄덕이다 명 끄덕임

- I **nodded** instead of saying yes.
  나는 알겠다고 대답하는 대신 **고개를 끄덕였다**.
- A **nod** is a sign of agreement.
  끄덕임은 동의의 표시다.

0839 **foreign**
[fɔ́:rin]

형 외국의

- a **foreign** language
  외국어
- Living in a **foreign** country has many difficulties.
  외국에서 사는 것에는 많은 어려움이 있다.

⊕ foreigner 명 외국인

0840 **national**
[nǽʃənəl]

형 국가의, 국립의

- The **national** team won two gold medals in swimming.
  그 **국가** 대표 팀은 수영에서 금메달을 두 개 획득했다.
- a **national** park
  국립공원

⊕ nation 명 국가

0841 **international**
[ìntərnǽʃənəl]

형 국제적인

- The Olympic Games are an **international** sports event.
  올림픽은 **국제적인** 스포츠 대회이다.

More 접두사 inter-는 '사이에, 서로'라는 의미가 있어요.
- inter-(사이에) + national(국가의) = **international** 국제적인
- inter-(사이에) + act(작용하다) = **interact** 상호작용하다
- inter-(사이에) + personal(개인의) = **interpersonal** 대인관계의

0842 **myth**
[miθ]

명 1. 신화 2. 근거 없는 믿음

- In Greek **myths**, Zeus is the king of all gods.
  그리스 **신화**에서, 제우스는 모든 신들의 왕이다.
- It is a **myth** that poisonous mushrooms are colorful.
  독버섯이 형형색색이라는 것은 **근거 없는 믿음**이다.

0843 **saying**
[séiiŋ]

명 속담, 격언*

쉬운뜻 *인생의 교훈이 될 만한 짧은 말

- There is an old **saying**, "No pain, no gain."
  '고통 없이는 얻는 것도 없다'는 오래된 **속담**이 있다.

0844 **folk**
[fouk]

형 민속의, 전통적인

- Tourists can experience traditional culture in **folk** villages.
  관광객들은 **민속**촌에서 전통문화를 체험할 수 있다.

0845 **tribe**
[traib]

명 부족

- Native American **tribes**
  아메리카 원주민 **부족**
- The **tribe** has its own language and traditions.
  그 **부족**은 그들만의 언어와 전통이 있다.

0846 **kingdom**
[kíŋdəm]

명 왕국

• The queen ruled the **kingdom** with wisdom.
그 여왕은 지혜롭게 **왕국**을 다스렸다.

0847 **value**
[vǽljuː]

명 가치

• The old painting has a high **value**.
그 오래된 그림은 높은 **가치**가 있다.

교과서 빈출 표현

0848 **give it a try**
gave – given

시도하다, 한번 해보다

• Let's **give it a try**. You might like it.
한번 **시도해**보자[먹어보자]. 네가 좋아할지도 몰라.

0849 **pass A on to B**
passed – passed

A를 B에게 넘겨주다, 전달하다

• He plans to **pass** his house **on to** his children.
그는 자신의 집을 자식들**에게 넘겨줄** 계획이다.

0850 **stand for**
stood – stood

~을 의미하다, 나타내다

• ASAP **stands for** "as soon as possible."
ASAP는 '가능한 한 빨리'를 **의미한다**.

VOCA Exercise

정답 p.382

A 빈칸에 알맞은 말을 넣어 어구를 완성하세요.

1 민속 음악 ________________ music

2 국제 무역 ________________ trade

3 집안 전통 a family ________________

4 공식 언어[공용어] an official ________________

5 지역 병원 the ________________ hospital

6 지혜를 나누어주다 share one's ________________

7 고개를 끄덕이다 give a ________________

8 다른 생각을 가지다 have a different ________________

B 다음 빈칸에 알맞은 단어를 쓰세요.

1 ________________ : global = 지구 : 지구의, 세계적인

2 nation : ________________ = 국가 : 국가의, 국립의

3 culture : ________________ = 문화 : 문화의

4 symbol : ________________ = 상징 : 상징적인

5 accept : ________________ = 받아들이다 : 받아들일 수 있는

6 ________________ : foreigner = 외국의 : 외국인

VOCA Exercise

C

<보기>에서 알맞은 단어를 골라 문장을 완성하세요.

<보기>	value	difference	tribes	myth

1 The home has a ________________ of $1 million.

2 The Amazon rainforest is home to many ________________.

3 What is the ________________ between these two models?

4 I enjoyed the stories about the gods of Roman ________________.

D

주어진 우리말에 맞게 빈칸에 알맞은 단어를 채워 문장을 완성하세요. (필요시 형태 바꿀 것)

1 각 수업은 한 시간 동안 계속된다.

→ Each lesson ________________ an hour.

2 수성은 태양에서 가장 가까운 행성이다.

→ Mercury is the closest ________________ to the sun.

3 내가 가장 좋아하는 속담은 '쥐구멍에도 볕들 날 있다'이다.

→ My favorite ________________ is "Every dog has its day."

4 할머니께서 이 요리법을 내게 전수해주셨다.

→ My grandmother ______________ this recipe ______________ ______________ me.

5 UFO는 '미확인 비행 물체'를 의미한다.

→ UFO ______________ ______________ "Unidentified Flying Object."

DAY 35

지리, 기후

Preview Check

- [ ] town
- [ ] storm
- [ ] heavy
- [ ] drop
- [ ] season
- [ ] melt
- [ ] sunlight
- [ ] mild
- [ ] wave
- [ ] cycle
- [ ] sunrise
- [ ] zone
- [ ] capital
- [ ] thunder
- [ ] lightning
- [ ] degree
- [ ] forecast
- [ ] temperature
- [ ] polar
- [ ] rainforest
- [ ] valley
- [ ] cliff
- [ ] coast
- [ ] continent
- [ ] all over the world

지리, 기후

0851 **town**
[taun]

명 소도시, 마을

- He comes from a small **town** in the countryside.
  그는 시골에 있는 작은 **마을** 출신이다.

0852 **storm**
[stɔːrm]

명 폭풍

- The **storm** will bring a lot of rain.
  그 **폭풍**은 많은 비를 가져올 것이다.
- During the **storm**, we lost power for an hour.
  폭풍우속에서 우리는 한 시간 동안 정전되었다.

0853 **heavy**
[hévi]

형 1. 무거운 2. (양·정도 등이) 심한, 많은

- I need a cart to pull these **heavy** boxes.
  나는 이 **무거운** 상자들을 끌 수레가 필요하다.
- The game was canceled because of the **heavy** rain.
  많은 비[폭우] 때문에 경기가 취소되었다.

⊕ heavily 부 심하게, 아주 많이

0854 **drop**
[drap]
dropped – dropped

동 1. 떨어지다, 떨어뜨리다
2. (양·수 등이) 내려가다, 낮춰지다

- I **dropped** the cup on the floor.
  나는 바닥에 컵을 **떨어뜨렸다**.
- In fall, temperatures **drop** suddenly at night.
  가을에는 밤에 기온이 갑자기 **내려간다**.

0855 **season**
[síːzn]
seasoned – seasoned

명 1. 계절 2. 철*, 시기
동 (양념을) 넣다, 치다

쉬운뜻 *일 년 중 어떤 일을 하기에 적절한 때

- My favorite **season** is spring.
  내가 가장 좋아하는 **계절**은 봄이다.
- Where are you going this holiday **season**?
  너는 이번 휴가**철**에 어디 가니?
- **Season** the steak with salt.
  소금으로 스테이크 **양념을 쳐라**.

0856 **melt**
[melt]
melted – melted

동 녹다, 녹이다

- The snow started to **melt** as it became warm.
  날이 따뜻해지면서 눈이 **녹기** 시작했다.

0857 **sunlight**
[sənlɑit]

명 햇빛

- The laundry dries well in bright **sunlight**.
  빨래는 밝은 **햇빛**에서 잘 마른다.

0858 **mild**
[maild]

형 (날씨가) 온화한, 포근한

- The weather in California is **mild** all year round.
  캘리포니아의 날씨는 일 년 내내 **온화하다**.

0859 **wave**
[weiv]
waved – waved

명 파도, 물결 동 손을 흔들다

- ocean **waves**
  파도
- She **waved** at me through the window.
  그녀는 창문을 통해 내게 **손을 흔들었다**.

0860 **cycle**
[sáikl]
cycled – cycled

명 주기, 순환 동 1. 순환하다 2. 자전거를 타다

- the **cycle** of life and death
  삶과 죽음의 **순환**
- The water is **cycled** through the filter.
  그 물은 필터를 통해 **순환된다**.
- We **cycled** around the park.
  우리는 공원 주변에서 **자전거를 탔다**.

0861 **sunrise**
[sənraiz]

명 일출, 해돋이, 동틀 녘

- We watched the **sunrise** on New Year's Day.
  우리는 새해 첫 날에 **일출**을 보았다.

⊕ sunset 명 일몰, 해 질 녘

0862 **zone**
[zoun]

명 지역, 구역

- a safety **zone**
  안전 **지역**
- You can't leave your car here. It's a no-parking **zone**.
  이곳에 차를 두시면 안 됩니다. 주차 금지 **구역**이에요.

0863 **capital**
[kǽpitəl]

명 1. 수도 2. 대문자 형 대문자의

- Seoul is the **capital** of Korea.
  서울은 한국의 **수도**이다.
- Write your name in **capitals**.
  당신의 이름을 **대문자**로 써라.
- a **capital** letter
  대문자

0864 **thunder**
[θʌ́ndər]

명 천둥

- I could hear the **thunder** in the distance.
  나는 멀리서 **천둥**을 들을 수 있었다.

0865 **lightning**
[láitniŋ]

명 번개, 벼락

- **Lightning** flashed through the dark clouds.
  번개가 먹구름 사이로 번쩍였다.
- The **lightning** struck a tree, and it fell down.
  나무가 **벼락**에 맞아서 쓰러졌다.

0866 **degree**
[digríː]

명 (온도·각도의 단위) 도

- Set the oven to 120 **degrees** Celsius[120°C].
  오븐을 섭씨 120**도**로 맞춰라.
- There are 360 **degrees**[360°] in a circle.
  원은 360**도**이다.

0867 **forecast**
[fɔ́ːrkæ̀st]

명 **예측, 예보***

쉬운뜻 *앞으로 일어날 일을 미리 알림

- Check the weather **forecast** for tomorrow.
  내일의 일기 **예보**를 확인해.

0868 **temperature**
[témpərətʃər]

명 **1. 기온, 온도 2. 체온**

- The **temperature** will go up to near 30°C tomorrow.
  내일 **기온**이 거의 30도 가까이 올라갈 것이다.
- The nurse took my **temperature** every hour.
  그 간호사는 매 시간마다 내 **체온**을 쟀다.

0869 **polar**
[póulər]

형 **북[남]극의, 극지방의**

- a **polar** bear
  북극곰
- As the earth gets warm, the **polar** ice melts faster.
  지구가 더워질수록, **극지방의** 얼음이 더 빨리 녹는다.

0870 **rainforest**
[réinfɔ̀(ː)rist]

명 **(열대)우림**

- The Amazon is the world's largest **rainforest**.
  아마존은 세계의 가장 큰 **열대우림**이다.

0871 **valley**
[vǽli]

명 계곡, 골짜기

- We crossed the bridge across a deep **valley**.
  우리는 깊은 **계곡**을 가로지르는 다리를 건넜다.

0872 **cliff**
[klif]

명 절벽, 낭떠러지

- Be careful near the edge of the **cliff**.
  절벽 끝에서는 조심하라.
- The waterfalls flow over the **cliff**.
  그 폭포는 **낭떠러지**를 흘러 떨어진다.

0873 **coast**
[koust]

명 해안

- We drove along the **coast** to enjoy the view.
  우리는 경치를 즐기기 위해 **해안**을 따라 운전했다.

0874 **continent**
[kɑ́:ntənənt]

명 대륙

- Asia is the largest **continent** in the world.
  아시아는 세계에서 가장 큰 **대륙**이다.

교과서 빈출 표현

0875 **all over the world**

전 세계에서, 전 세계로

- His dream is to travel **all over the world**.
  그의 꿈은 **전 세계**를 여행하는 것이다.

VOCA Exercise

정답 p.382

A 빈칸에 알맞은 말을 넣어 어구를 완성하세요.

1 생활 주기 a life ______________

2 전쟁 지역 the war ______________

3 온화한 산들바람 a ______________ breeze

4 평화로운 마을 a peaceful ______________

5 많은 교통량 ______________ traffic

6 강한 햇빛 strong ______________

7 버터를 녹이다 ______________ the butter

8 동틀 녘에 일어나다 get up at ______________

B 빈칸 (a)와 (b)에 공통으로 들어갈 단어를 쓰세요.

1 (a) Be careful not to ______________ your plate.
네 접시를 떨어뜨리지 않도록 조심해.

(b) The price may ______________ by half.
가격이 반으로 내려갈지도 모른다.

2 (a) We should prepare for the rainy ______________.
우리는 장마철에 대비해야 한다.

(b) Fall is a good ______________ to travel.
가을은 여행하기 좋은 계절이다.

VOCA Exercise

C

<보기>에서 알맞은 단어를 골라 문장을 완성하세요.

<보기>	cliff	capital	valley	continent

1 What is the ________________ of Poland?

2 A river flows through the ________________.

3 It's dangerous to stand on the edge of the ________________.

4 The railroad crosses the ________________ from east to west.

D

주어진 우리말에 맞게 빈칸에 알맞은 단어를 채워 문장을 완성하세요. (필요시 형태 바꿀 것)

1 그 도시는 해안에 위치해 있다.

→ The town lies on the ________________.

2 아이들은 큰 천둥소리를 듣고 비명을 질렀다.

→ The kids heard the loud ________________ and screamed.

3 140도에서 30분 동안 쿠키를 구우세요.

→ Bake the cookies at 140 ________________ for 30 minutes.

4 극지방 얼음의 양이 빠르게 줄어들고 있다.

→ The amount of ________________ ice is decreasing fast.

5 운동을 하면 우리의 체온이 오른다.

→ Our ________________ rises when we exercise.

DAY 36

자연, 동식물

Preview Check

- ☐ nature
- ☐ alive
- ☐ flow
- ☐ cave
- ☐ cage
- ☐ poison
- ☐ root
- ☐ insect
- ☐ pure
- ☐ exist
- ☐ soil
- ☐ seed
- ☐ creature
- ☐ shine
- ☐ mud
- ☐ shadow
- ☐ bark
- ☐ feather
- ☐ scenery
- ☐ disappear
- ☐ shell
- ☐ buzz
- ☐ leap
- ☐ footprint
- ☐ in harmony (with)

DAY 36

자연, 동식물

0876 **nature**
[néitʃər]

명 1. 자연 2. 천성*, 본성**

쉬운뜻 *본래 타고난 성격이나 성품
**사람이 본래 가지고 태어난 성질

- My parents love to spend time in **nature**.
  내 부모님은 **자연**에서 시간을 보내는 것을 아주 좋아하신다.
- She is kind and friendly **by nature**.
  그녀는 **천성적으로** 상냥하고 우호적이다.

⊕ by nature 천성적으로, 선천적으로
⊕ natural 형 자연의, 자연스러운

0877 **alive**
[əláiv]

형 살아 있는

- Plants need water and sunlight to stay **alive**.
  식물은 **살기** 위해 물과 햇빛이 필요하다.

⊖ dead 형 죽은

0878 **flow**
[flou]
flowed – flowed

동 흐르다, 흘러가다 명 흐름

- The river **flows** into the ocean.
  강은 바다로 **흘러간다**.
- The dam stopped the **flow** of water.
  그 댐은 물의 **흐름**을 막았다.

0879 **cave**
[keiv]

명 동굴

- Bats mostly live in **caves**.
  박쥐는 주로 **동굴** 안에 산다.

0880 **cage**
[keidʒ]

명 (동물의) 우리, 새장

- The zookeeper opened the **cage** to feed the pandas.
  동물원 사육사는 판다에게 먹이를 주기 위해 **우리**를 열었다.

0881 **poison**

[pɔ́izən]

poisoned – poisoned

명 독 동 (음식 등에) 독을 넣다

- The snake uses a dangerous **poison**.
  그 뱀은 위험한 **독**이 있어.
- The witch **poisoned** the apple.
  그 마녀는 사과에 **독을 넣었다**.

⊕ poisonous 형 독성의, 독이 있는

⊕ food poisoning 명 식중독

0882 **root**

[ru(:)t]

명 (식물의) 뿌리

- The **roots** of the tree grow about 2 m deep.
  그 나무의 **뿌리**는 약 2m 깊이로 자란다.
- Carrots are **root** vegetables.
  당근은 **뿌리**채소이다.

0883 **insect**

[ínsekt]

명 곤충

- There are many tiny **insects** on the leaves.
  나뭇잎들 위에는 작은 **곤충들**이 많이 있다.
- Swallows mainly live on flying **insects**.
  제비는 주로 날아다니는 **곤충**을 먹고 산다.

0884 **pure**

[pjuər]

형 1. 순수한* 2. 깨끗한, 맑은

쉬운뜻 *다른 것이 섞이지 않은

- This ring is made of **pure** gold.
  이 반지는 **순금**으로 만들어졌다.
- The air in the countryside is **pure** and clean.
  시골의 공기는 **맑고** 깨끗하다.

0885 **exist**

[igzíst]

existed – existed

동 존재하다

- Does life **exist** on Mars?
  화성에 생명체가 **존재할까**?

0886 **soil**
[sɔil]

명 토양, 흙

- The **soil** in this area is very rich.
  이 지역의 **토양**은 매우 비옥하다.
- The plants get water from the **soil**.
  식물은 **흙**에서 수분을 얻는다.

0887 **seed**
[siːd]

명 씨앗

- The farmer planted a **seed** in the ground.
  농부는 땅에 **씨앗**을 심었다.
- She grew all the vegetables from **seeds**.
  그녀는 모든 채소를 **씨앗**에서부터 키웠다.

0888 **creature**
[kríːtʃər]

명 생물, 생명체

- All **creatures** are in danger because of pollution.
  모든 **생물**은 오염 때문에 위험에 처해 있다.
- Dragons and unicorns are magical **creatures** in myths. 용과 유니콘은 신화에 나오는 신비한 **생물**이다.

0889 **shine**
[ʃain]
shone – shone

동 빛나다, 반짝이다

- The sun **shone** brightly this morning.
  오늘 아침 해가 밝게 **빛났다**.
- Her hair **was shining**.
  그녀의 머리카락은 (윤기로) **반짝였다**.

⊕ shiny 형 반짝이는, 빛나는

0890 **mud**
[mʌd]

명 진흙

- Elephants roll in the **mud** to cool off.
  코끼리는 몸을 식히기 위해 **진흙**에서 뒹군다.

0891 **shadow**
[ʃǽdou]

명 그림자, 그늘

- The cat's **shadow** slowly moved across the wall.
  고양이의 **그림자**는 벽을 가로질러 천천히 움직였다.
- We sat in the **shadow** of a tree.
  우리는 나무 **그늘**에서 쉬었다.

0892 **bark**
[bɑːrk]
barked – barked

동 (개가) 짖다 명 **1.** 나무껍질 **2.** (개 등이) 짖는 소리

- The dog started **barking** at us.
  그 개가 우리를 향해 **짖기** 시작했다.
- The tree **bark** can be useful in many ways.
  나무껍질은 많은 면에서 유용할 수 있다.
- The dog gave a loud **bark**.
  그 개는 큰 소리로 **짖었다**.

0893 **feather**
[féðər]

명 (새의) 털, 깃털

- Penguins stay warm with their thick **feathers**.
  펭귄은 두꺼운 **털**로 따뜻함을 유지한다.

0894 **scenery**
[síːnəri]

명 경치, 풍경

- We enjoyed the beautiful **scenery** of the Alps.
  우리는 알프스산맥의 아름다운 **경치**를 즐겼다.

0895 **disappear**
[dìsəpíər]
disappeared – disappeared

동 사라지다

- The dinosaurs **disappeared** 65 million years ago.
  공룡은 육천오백만 년 전에 **사라졌다**.
- The plane **disappeared** into the clouds.
  비행기가 구름 속으로 **사라졌다**.

⊕ appear 동 나타나다

More 접두사 dis-는 '반대'나 '부정'을 의미해요.

- dis-(반대) + like(좋아하다) = **dislike** 좋아하지 않다, 싫어하다
- dis-(반대) + agree(동의하다) = **disagree** 동의하지 않다, 의견이 다르다
- dis-(반대) + connect(연결하다) = **disconnect** 연결을 끊다

0896 **shell**
[ʃel]

명 1. (딱딱한) 껍데기, 껍질 2. 조개껍데기 (= seashell)

- A crab has a hard **shell** to protect its body.
  게는 몸을 보호하는 딱딱한 **껍질**이 있다.
- We collected colorful **shells** on the beach.
  우리는 해변에서 형형색색의 **조개껍데기**를 모았다.

0897 **buzz**
[bʌz]
buzzed – buzzed

동 윙윙거리다

- Bees make a **buzzing** noise.
  벌들은 **윙윙거리는** 소리를 낸다.

0898 **leap**
[li:p]
leaped – leaped
leapt – leapt

동 (높이·길게) 뛰다, 뛰어오르다, 넘다

- Look before you **leap**.
  뛰기 전에 봐라[돌다리도 두드려 보고 건너라].
- A frog suddenly **leaped** into the pond.
  개구리 한 마리가 갑자기 연못으로 **뛰어들었다**.

0899 **footprint**
[fútprìnt]

명 발자국

- We left our **footprints** on the sandy beach.
  우리는 모래사장 위에 **발자국**을 남겼다.

⊕ fingerprint 명 지문

교과서 빈출 표현

0900 **in harmony (with)**

(~와) 조화를 이루어

- Living **in harmony with** nature is necessary for the environment.
  자연**과 조화를 이루어** 살아가는 것은 환경에 필수적이다.

VOCA Exercise

정답 p.382

A 빈칸에 알맞은 말을 넣어 어구를 완성하세요.

1 건조한 토양 dry ________

2 아름다운 경치 wonderful ________

3 살아있는 생물 a living ________

4 치명적인 독 a deadly ________

5 곤충을 잡다 catch an ________

6 뿌리 작물 ________ crops

7 동굴을 탐험하다 explore the ________

8 시야에서 사라지다 ________ from view

B 빈칸 (a)와 (b)에 공통으로 들어갈 단어를 쓰세요.

1 (a) Some cultures use tree ________ for medicine.
몇몇 문화권에서는 나무껍질을 약으로 사용한다.

(b) I heard the dogs ________ in the middle of the night.
나는 한밤중에 개가 짖는 것을 들었다.

2 (a) This pillow is made of ________ cotton.
이 베개는 순면으로 만들어졌다.

(b) Can I have a bottle of ________ water?
깨끗한 물 한 병 주시겠어요?

VOCA Exercise

C

다음 영영풀이에 해당하는 단어를 <보기>에서 골라 쓰세요.

<보기> shine	mud	leap	alive

1 soft wet dirt ____________

2 having life, living ____________

3 to jump high in the air ____________

4 to produce bright light ____________

D

주어진 우리말에 맞게 빈칸에 알맞은 단어를 채워 문장을 완성하세요. (필요시 형태 바꿀 것)

1 그 강은 숲을 관통하여 흐른다.

→ The river ____________ through the forest.

2 나는 외계인이 존재한다고 믿지 않는다.

→ I don't believe that aliens ____________.

3 그 씨앗은 몇 주 뒤에 꽃으로 자랄 것이다.

→ The ____________ will grow into a flower in a few weeks.

4 그 나무는 호수 위에 긴 그림자를 드리웠다.

→ The tree threw a long ____________ over the lake.

5 사냥꾼은 여우들의 발자국들을 따라갔다.

→ The hunter followed the ____________ of the foxes.

DAY 34-36

Review

정답 p.383

A 주어진 단어를 각각 빈칸에 채워 문장을 완성하세요.

590 Respect the ____________ ____________. (differences, cultural)

591 The ____________ grow deep into the ____________. (soil, roots)

592 Learning a ____________ ____________ is fun. (foreign, language)

593 The ____________ is home to various ____________.
(rainforest, creatures)

594 The ____________ flag is the ____________ of the country.
(symbol, national)

B <보기>에서 알맞은 단어를 골라 문장을 완성하세요.

<보기>

traditions	tribe	seasons	folk
melted	sunlight	wisdom	forecast
local	scenery		

595 The ____________ changes with the ____________.

596 We visited the ____________ village to learn the ____________.

597 The snow ____________ under the warm ____________.

598 Here's the ____________ news and the weather ____________.

599 The chief in the ____________ has great ____________.

C 주어진 우리말에 맞게 다음 빈칸에 알맞은 단어를 쓰세요. (필요시 형태 바꿀 것)

600 The ______________ ______________ to 10 degrees.

기온이 10도로 떨어졌다.

601 There is a ______________ by the ______________.

해안가에 절벽이 하나 있다.

602 She ______________ and agreed to my ______________.

그녀는 고개를 끄덕였고 내 의견에 동의했다.

603 In Greek ______________, Zeus controls ______________ and thunder.

그리스 신화에서 제우스는 번개와 천둥을 통제한다.

604 We must act before forests ______________ from the ______________.

우리는 숲이 지구에서 사라지기 전에 행동해야만 한다.

605 ______________ differences and live in ______________ with all.

다른 점을 받아들이고 모두와 조화를 이루며 살아라.

606 The ______________ brought ______________ rainfall and strong winds.

그 폭풍은 많은 강수량과 강한 바람을 동반했다.

607 ______________ flights connect people ______________ ______________ the world.

국제 비행[국제선]은 사람들을 전 세계로 이어준다.

608 Some plants in the ______________ have their own ______________.

열대우림의 어떤 식물들은 그들만의 독을 가지고 있다.

609 We can learn the culture of a ______________ through ______________ music.

우리는 민속 노래를 통해 부족의 문화를 배울 수 있다.

DAY 37

컴퓨터, 통신

Preview Check

- [ ] file
- [ ] machine
- [ ] post
- [ ] form
- [ ] click
- [ ] reply
- [ ] website
- [ ] data
- [ ] code
- [ ] connect
- [ ] battery
- [ ] switch
- [ ] search
- [ ] delete
- [ ] select
- [ ] information
- [ ] impossible
- [ ] laptop
- [ ] software
- [ ] option
- [ ] network
- [ ] mobile
- [ ] automatic
- [ ] put up
- [ ] cut off

DAY 37

컴퓨터, 통신

0901 **file**
[fail]
filed – filed

명 파일, 서류철 동 (문서 등을 정리하여) 보관하다

- copy/save a **file**
  파일을 복사하다/저장하다
- You need to **file** these papers by date.
  너는 날짜별로 이 서류들을 **보관해야** 해.

0902 **machine**
[məʃíːn]

명 기계

- **Machines** make our lives faster and easier.
  기계는 우리의 삶을 더 빠르고 수월하게 만든다.

0903 **post**
[poust]
posted – posted

명 1. 우편 2. 게시물 동 올리다, 게시하다

- She sent the invitation by **post**.
  그녀는 **우편**으로 초대장을 보냈다.
- I read a **post** about movies on his social media.
  나는 그의 소셜 미디어에서 영화에 관한 **게시물**을 읽었다.
- He **posted** several pictures on his blog.
  그는 블로그에 여러 장의 사진을 **올렸다**.

0904 **form**
[fɔːrm]
formed – formed

명 1. 형태 2. 종류 3. 서식, 신청 용지
동 형성하다, 형성되다

- The medicine comes in different **forms**.
  약은 여러 가지의 **형태**로 나온다.
- Sunlight is a **form** of energy.
  햇빛은 에너지의 한 **종류**이다.
- an order **form**
  주문**서**
- The rainbow **formed** in the sky after the rain.
  비가 온 후 하늘에 무지개가 **형성되었다**.

0905 **click**
[klik]
clicked – clicked

동 **1.** 딸깍 소리가 나다 **2.** (마우스를) 클릭하다

- Close the lid until it **clicks**.
딸깍 소리가 날 때까지 뚜껑을 닫으세요.
- **Click** the "Play" button to start.
시작하려면 '재생' 버튼을 **클릭하세요**.

0906 **reply**
[riplái]
replied – replied

동 대답하다 명 답변, 대답

- She didn't **reply** to my email.
그녀는 내 메일에 **대답하지** 않았다.
- There was no **reply** from him.
그에게서 아무런 **답변**이 없었다.

More reply vs. answer
두 단어 모두 편지나 질문에 대답할 때 쓸 수 있지만, reply는 전치사 to와 함께 쓰여요.
- **reply to** the question = answer the question 질문에 **답하다**

0907 **website**
[websait]

명 웹사이트

- Can you send me the link to the **website**?
그 **웹사이트** 링크를 나에게 보내줄래?

0908 **data**
[déitə]

명 자료, 정보, 데이터

- His job is to collect and study the **data**.
그의 직업은 **자료**를 수집하고 연구하는 것이다.

0909 **code**
[koud]

명 **1.** 암호 **2.** (컴퓨터) 코드, 부호

- Enter the **code** to unlock the door.
문을 열려면 **암호**를 입력하세요.
- Scan the QR **code** to pay the bill.
요금을 내려면 QR **코드**를 스캔하세요.

0910 **connect**
[kənékt]
connected – connected

동 **1. 잇다, 연결하다 2. 접속하다**

- He **connected** the printer to the computer.
  그는 프린터기를 컴퓨터에 **연결했다**.
- Smartphones can easily **connect** to the internet.
  스마트폰은 인터넷에 쉽게 **접속할** 수 있다.

⊕ connect A to B A를 B에 연결하다

0911 **battery**
[bǽtəri]

명 **건전지, 배터리**

- The **battery** is dead. Can I borrow your charger?
  배터리가 나갔어. 네 충전기를 빌릴 수 있을까?

0912 **switch**
[switʃ]
switched – switched

명 **스위치** 동 **바뀌다, 전환되다**

- Turn off the **switch** when you go out.
  나가실 때 **스위치**를 끄세요.
- The traffic light **switched** to red.
  신호등이 빨간불로 **바뀌었다**.

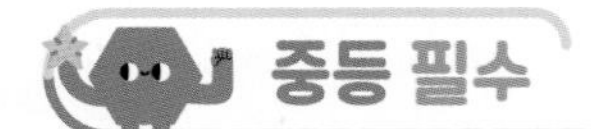

중등 필수

0913 **search**
[səːrtʃ]
searched – searched

명 **찾기, 검색** 동 **찾아보다, 검색하다**

- a **search** engine
  검색 엔진 《검색어를 입력해서 정보를 보여 주는 검색 시스템》
- I **searched** for the cheapest flight on the internet.
  나는 인터넷에서 최저가 항공권을 **찾아봤다**.

0914 **delete**
[dilíːt]
deleted – deleted

동 **삭제하다**

- I accidentally **deleted** your text message.
  나는 네 문자 메시지를 실수로 **삭제했다**.

0915 **select**
[silékt]
selected – selected

동 고르다, 선택하다

- Please **select** your language from the settings.
  설정에서 사용자의 언어를 **선택하세요**.

0916 **information**
[ìnfərméiʃən]

명 정보

- I found the **information** on the web.
  나는 웹에서 그 **정보**를 찾았다.
- Are you sure this **information** is correct?
  이 **정보**가 정확한 게 확실하니?

0917 **impossible**
[impάsəbl]

형 불가능한

- It's **impossible** to turn back time.
  시간을 되돌리는 것은 **불가능하다**.

반 possible 형 가능한

0918 **laptop**
[lǽptɑp]

명 휴대용 컴퓨터, 노트북 (컴퓨터)

- He uses his **laptop** in class to take notes.
  그는 필기하기 위해 수업시간에 **노트북**을 사용한다.

More 주로 lap(무릎) + top(위)에 놓고 쓰기 때문에 붙여진 이름이에요. notebook은 주로 공책이라는 의미로 쓰여요.

0919 **software**
[sɔ́(:)ftwὲər]

명 소프트웨어

- I learned how to use the new **software**.
  나는 새로운 **소프트웨어**를 사용하는 방법을 배웠다.

0920 **option**
[άpʃən]

명 선택(권) (= choice), (기기의) 옵션

- There are three **options** to choose from.
  고를 수 있는 세 가지 **선택권**이 있다.
- There is a list of **options** in the menu.
  메뉴에 **옵션** 목록이 있다.

0921 **network**
[nétwə̀ːrk]

명 (컴퓨터의) 네트워크, 통신망

- A **network** allows us to share files.
  네트워크는 우리가 파일을 공유할 수 있게 해준다.

0922 **mobile**
[móubail]

형 이동하는, 움직이는

- We can call from anywhere with a **mobile** phone.
  우리는 **이동** 전화[휴대전화]를 이용해 어디에서든 통화할 수 있다.

⊕ smartphone 명 스마트폰

0923 **automatic**
[ɔ̀ːtəmǽtik]

형 자동의

- The house has an **automatic** heating system.
  그 집에는 **자동** 난방 시스템이 있다.

⊕ automatically 부 자동으로

교과서 빈출 표현

0924 **put up**

put – put

1. 올리다, 세우다 2. 게시하다, 붙이다

- We **put up** a fence in front of the house.
  우리는 집 앞에 울타리를 **세웠다**.
- The company **put up** a notice on their website.
  그 기업은 웹사이트에 공지 사항을 **게시했다**.

0925 **cut off**

cut – cut

잘라내다, 끊다

- She **cut off** the damaged part of my hair.
  그녀는 내 머리카락의 손상된 부분을 **잘라냈다**.
- The internet connection was suddenly **cut off**.
  인터넷 연결이 갑자기 **끊겼다**.

VOCA Exercise

정답 p.383

A

빈칸에 알맞은 말을 넣어 어구를 완성하세요.

1 암호를 풀다 break a ______________

2 소프트웨어를 가동하다 run ______________

3 데이터를 입력하다 enter ______________

4 전기 스위치 a light ______________

5 배터리를 충전하다 charge a ______________

6 서식을 작성하다 fill out a ______________

7 커피 만드는 기계 a coffee ______________

8 최신 정보 the latest ______________

B

빈칸 (a)와 (b)에 공통으로 들어갈 단어를 쓰세요.

1 (a) Can you send me the ______________?
그 파일을 나에게 보내줄래?

(b) I ______________ the documents in alphabetical order.
나는 서류를 알파벳 순서로 보관한다.

2 (a) They will ______________ the results on their website.
그들은 웹사이트에 결과를 올릴 것이다.

(b) She wrote a ______________ about her trip.
그녀는 여행에 관한 게시물을 작성했다.

VOCA Exercise

C 다음 영영풀이에 해당하는 단어를 <보기>에서 골라 쓰세요.

<보기>	reply	click	laptop	delete

1 to answer someone ____________

2 a small, light computer that you can carry ____________

3 to remove things like words or files ____________

4 to choose something with a mouse ____________

D 주어진 우리말에 맞게 빈칸에 알맞은 단어를 채워 문장을 완성하세요.

1 그 계획은 실행하기 불가능해 보인다.

→ The plan seems ____________ to carry out.

2 나는 자동문 앞에서 뒤로 물러섰다.

→ I stepped back from the ____________ door.

3 나는 지금 인터넷에 접속할 수 없다.

→ I can't ____________ to the internet right now.

4 기차표를 예매할 때 좌석을 고르실 수 있습니다.

→ You can ____________ a seat when you buy a train ticket.

5 제목별로 책을 찾으려면 이 컴퓨터를 사용하세요.

→ Use this computer to ____________ for books by titles.

DAY 38

과학 기술, 실험

Preview Check

- metal
- tube
- invent
- rocket
- sample
- closely
- electricity
- discover
- force
- explore
- improve
- experiment
- expand
- combine
- scientific
- advance
- technology
- robotic
- pressure
- virus
- bacteria
- artificial
- intelligent
- make up
- take a look (at)

DAY 38

과학 기술, 실험

0926 **metal**
[métəl]

명 금속

- The door handle is made of **metal**.
그 문의 손잡이는 **금속**으로 만들어졌다.

0927 **tube**
[tju:b]

명 **1.** 관, 통 **2.** 튜브

- Pour water slowly into a test **tube**.
물을 시험**관** 안으로 천천히 부어라.
- a **tube** of toothpaste
치약 **튜브**

0928 **invent**
[invént]
invented – invented

동 발명하다

- Thomas Edison **invented** the light bulb.
토마스 에디슨은 전구를 **발명했다**.

+ inventor 명 발명가
+ invention 명 1. 발명 2. 발명품

0929 **rocket**
[rákit]

명 로켓

- People watched the **rocket** go off into the sky.
사람들은 **로켓**이 하늘로 날아가는 것을 지켜봤다.

0930 **sample**
[sǽmpl]

명 샘플, 표본, 견본(품)

- The nurse took blood **samples** from patients.
간호사는 환자들로부터 혈액 **샘플**을 채취했다.

0931 **closely**
[klóusli]

부 1. 밀접하게, 친밀하게 2. 면밀히* 쉬운뜻 *자세하고 빈틈이 없이

- Sleep and health are **closely** connected.
  수면과 건강은 **밀접하게** 연관되어 있다.
- The scientist watched **closely** for patterns in the data.
  과학자는 데이터의 패턴을 **면밀히** 관찰했다.

0932 **electricity**
[ilektrísəti]

명 전기, 전력

- Because of the heavy snow, the **electricity** was cut off for a few days. 폭설 때문에 며칠 동안 **전기**가 끊겼다.

0933 **discover**
[diskʌ́vər]
discovered – discovered

동 1. 발견하다 2. (무엇에 대한 정보를) 찾다, 알아내다

- The scientists **discovered** a cure for the disease.
  과학자들은 그 질병의 치료법을 **발견했다**.
- We **discover** new facts by using science.
  우리는 과학을 이용하여 새로운 사실들을 **알아낸다**.

0934 **force**
[fɔːrs]
forced – forced

명 힘 동 강요하다, ~하게 만들다

- The powerful **force** of wind knocked down the trees.
  바람의 강력한 **힘**이 나무들을 쓰러뜨렸다.
- He didn't **force** me. I wanted to go.
  그는 나에게 **강요하지** 않았다. 내가 가고 싶었던 것이다.

0935 **explore**
[iksplɔ́ːr]
explored – explored

동 탐험하다, 탐구하다

- The astronaut was on a mission to **explore** space.
  그 우주비행사는 우주를 **탐험하는** 임무를 수행 중이었다.

⊕ explorer 명 탐험가
⊕ exploration 명 탐험, 탐구

0936 **improve**
[imprúːv]
improved – improved

동 향상시키다*, 개선하다**

쉬운뜻 *이전보다 나아지게 하다
**잘못된 것 등을 고쳐 더 좋게 하다

- The city plans to **improve** public transportation systems.
  그 시는 대중교통 시스템을 **개선할** 계획이다.

중등 필수

0937 **experiment**
[ikspérəmənt]
experimented – experimented

명 실험 동 실험하다

- The researchers did an **experiment** on college students.
  연구진들은 대학생들을 대상으로 **실험**을 했다.
- The scientists will **experiment** with new drugs.
  과학자들은 신약을 **실험할** 것이다.

0938 **expand**
[ikspǽnd]
expanded – expanded

동 확장하다*, 팽창하다**

쉬운뜻 *무언가를 늘려 넓히다
** 늘어나거나 커지다

- The balloon **expanded** and then popped.
  그 풍선은 **팽창하더니** 펑 하고 터졌다.

0939 **combine**
[kəmbáin]
combined – combined

동 1. 섞다, 결합하다
2. 겸비하다*, 병행하다**

쉬운뜻 *두 가지 이상을 갖추다
** 둘 이상의 일을 한꺼번에 하다

- She **combined** red and blue paints to make purple.
  그녀는 보라색을 만들기 위해 빨간색과 파란색 물감을 **섞었다**.
- The new program **combines** both speed and accuracy.
  새로운 프로그램은 속도와 정확성을 모두 **겸비하고 있다**.

⊕ combination 명 조합, 결합

0940 **scientific**
[sàiəntífik]

형 과학의, 과학적인

- A study should be based on **scientific** evidence.
  연구는 **과학적인** 증거를 기반으로 해야 한다.

⊕ science 명 과학
⊕ scientist 명 과학자

0941 **advance**
[ədvǽns]

명 발전

- **Advances** in science brought many changes to us.
  과학의 **발전**은 우리에게 많은 변화를 가져다주었다.

⊕ advanced 형 발전된

0942 **technology**
[teknálədʒi]

명 (과학) 기술

- advanced **technology**
  첨단 **기술**
- Some people have no faith in new **technology**.
  어떤 사람들은 새로운 **기술**에 대한 믿음이 없다.

0943 **robotic**
[roubátik]

형 로봇식의, 로봇을 이용하는

- **Robotic** technology is used in many fields.
  로봇을 이용하는 기술은 많은 분야에서 사용되고 있다.

⊕ robot 명 로봇

⊕ robotics 명 로봇 공학

0944 **pressure**
[préʃər]

명 압박, 압력

- The **pressure** in the gas tank is low.
  가스탱크의 **압력**은 낮다.
- Air **pressure** gets low when the temperature goes down. 기온이 내려가면 기**압**은 낮아진다.

0945 **virus**
[váiərəs]

명 바이러스

- The vaccine can protect you from the flu **virus**.
  백신은 당신을 독감 **바이러스**로부터 지켜줄 수 있다.

0946 **bacteria**
[bæktí(:)əriə]

명 박테리아, 세균

- Some **bacteria** can be helpful to humans.
  어떤 **박테리아**는 인간에게 유익할 수 있다.

0947 **artificial**

[ὰːrtəfíʃəl]

형 인공적인, 인조의

- Soda contains **artificial** colors and flavors.
  탄산음료에는 **인공**색소와 **인공**조미료가 들어가 있다.

0948 **intelligent**

[intélidʒənt]

형 똑똑한, 총명한

- **Intelligent** machines learn and change by themselves.
  똑똑한 기계들은 스스로 학습하고 변화한다.

⊕ intelligence 명 지능

More 인간이 가진 지능을 갖추어 여러 가지에 응용되는 컴퓨터 기술을 '인공지능'이라 불러요.

Artificial(인공적인) + **Intelligence**(지능) = **AI** 인공지능

교과서 빈출 표현

0949 **make up**

made – made

1. ~을 이루다 / 2. 만들어 내다, 지어내다

- Oceans **make up** 70% of the earth.
  바다는 지구의 70%**를 이루고 있다**[차지한다].
- He didn't **make up** these stories.
  그는 이 이야기들을 **지어내지** 않았다.

0950 **take a look (at)**

took – taken

(~을) 보다, 살펴보다

- Let's **take a look at** the research result.
  연구 결과**를 살펴보자**.

VOCA Exercise

정답 p.383

A 빈칸에 알맞은 말을 넣어 어구를 완성하세요.

1 면밀히 보다 — look ______________

2 DNA 샘플 — a DNA ______________

3 우주 로켓 — a space ______________

4 전기를 공급하다 — supply ______________

5 감기 바이러스 — a cold ______________

6 현대 과학 기술 — modern ______________

7 치약 튜브[치약 한 통] — a ______________ of toothpaste

8 사업을 확장하다 — ______________ the business

B 다음 빈칸에 알맞은 단어를 쓰세요.

1 robot : ______________ = 로봇 : 로봇을 이용하는

2 explore : ______________ = 탐험하다 : 탐험가

3 advance : ______________ = 발전 : 발전된

4 invent : ______________ = 발명하다 : 발명품

5 science : ______________ = 과학 : 과학의, 과학적인

6 combine : ______________ = 섞다, 결합하다 : 조합, 결합

VOCA Exercise

C

다음 영영풀이에 해당하는 단어를 <보기>에서 골라 쓰세요.

<보기>	metal	bacteria	discover	improve

1. to make something better ____________
2. to find or see before anyone else ____________
3. a hard material such as iron and steel ____________
4. very small living things that can cause disease ____________

D

밑줄 친 부분의 우리말 해석을 찾아 밑줄 치세요.

1. Those artificial flowers look real.
   → 저 인공 꽃[조화]들은 진짜처럼 보인다.
2. Students feel pressure to do well in school.
   → 학생들은 학교생활을 잘해야 한다는 압박을 느낀다.
3. The scientist did some experiments with bats.
   → 그 과학자는 박쥐를 이용해 몇 가지 실험을 했다.
4. Dolphins are more intelligent than other animals.
   → 돌고래는 다른 동물들보다 더 똑똑하다.
5. The police had to use some force to open the door.
   → 경찰은 문을 열기 위해 힘을 좀 써야 했다.

DAY 37-38 Review

정답 p.383

A

주어진 단어를 각각 빈칸에 채워 문장을 완성하세요.

610 ____________ to ____________ the menu. (select, click)

611 I accidentally ____________ a ____________. (deleted, file)

612 ____________ can ____________ when it gets hot. (expand, metal)

613 My ____________ ____________ is running low. (battery, laptop)

614 I need to ____________ to the Wi-Fi ____________. (connect, network)

B

<보기>에서 알맞은 단어를 골라 문장을 완성하세요.

<보기>	machine	post	cut	samples
	switch	reply	improving	tubes
	technology	electricity		

615 They collected water ____________ in ____________.

616 Use this ____________ to start the old ____________.

617 I left a ____________ on that ____________ in your blog.

618 Robot ____________ is ____________ day by day.

619 The ____________ was ____________ off during the storm.

C 주어진 우리말에 맞게 다음 빈칸에 알맞은 단어를 쓰세요. (필요시 형태 바꿀 것)

620 ______________ unnecessary ______________ from your computer.

컴퓨터에서 불필요한 데이터를 삭제해라.

621 You can use this ______________ to check your blood ______________.

혈압을 확인하기 위해 이 기계를 사용하실 수 있습니다.

622 I ______________ my ______________ phone to silent mode.

나는 내 휴대전화를 무음 모드로 바꿨다.

623 We can learn through ______________ ______________.

우리는 과학적 실험들을 통해 배울 수 있다.

624 Scientists work hard to ______________ and ______________ new things.

과학자들은 새로운 것을 발견하고 발명하려고 열심히 노력한다.

625 Before making a decision, look at the ______________ ______________.

결정하기 전에, 선택(지)들을 면밀히 살펴봐라.

626 This ______________ can protect computers from ______________.

이 소프트웨어는 바이러스들로부터 컴퓨터를 보호할 수 있다.

627 Let's ______________ for more ______________ on the topic.

그 주제에 관한 더 많은 정보를 찾아보자.

628 ______________ in ______________ are changing our everyday lives.

기술의 발전은 우리의 일상생활을 변화시키고 있다.

629 Before the meeting, please take a ______________ ______________ our product ______________.

회의 전에 저희 상품의 샘플들을 한번 보세요.

DAY 39

법, 경제

Preview Check

- ☐ rise
- ☐ earn
- ☐ fee
- ☐ law
- ☐ order
- ☐ rent
- ☐ trade
- ☐ steal
- ☐ crime
- ☐ case
- ☐ judge
- ☐ chase
- ☐ thief
- ☐ produce
- ☐ court
- ☐ tax
- ☐ jail
- ☐ trap
- ☐ lower
- ☐ credit
- ☐ allowance
- ☐ agreement
- ☐ up to
- ☐ add up
- ☐ get away (from)

DAY 39

법, 경제

0951 **rise**
[raiz]
rose – risen

동 오르다, 증가하다 명 증가, 상승

- The price of gas could **rise** next month.
  기름값이 다음 달에 **오를** 수도 있다.
- a **rise** in temperature
  기온 **상승**

0952 **earn**
[əːrn]
earned – earned

동 1. (돈을) 벌다 (= make money) 2. ~을 획득하다, 얻다

- He **earns** as much as me.
  그는 나만큼 많이 **돈을 번다**.
- The teacher **earned** the respect of his students.
  그 선생님은 자신의 학생들로부터 존경을 **얻었다**.

0953 **fee**
[fiː]

명 요금, 수수료 (= charge)

- There is an entrance **fee** for the gallery.
  미술관에는 입장**료**가 있습니다.

More fee vs. charge

fee는 전문적인 서비스 또는 회원 가입에 대한 수수료를 나타낼 때 쓰여요.

- a membership **fee** 회비
- tuition **fees** 수업료

charge는 주로 상품 또는 서비스 이용에 대한 요금을 나타낼 때 쓰여요.

- a delivery **charge** 배달료

0954 **law**
[lɔː]

명 법, 법률

- Every country has its own system of **law**.
  각 나라는 그들만의 **법** 제도가 있다.
- **By law**, you must wear a seatbelt all the time.
  법적으로 당신은 항상 안전벨트를 매야 합니다.

⊕ by law 법적으로
⊕ lawyer 명 변호사

0955 **order**

[ɔ́ːrdər]

ordered – ordered

동 1. 명령하다 2. 주문하다

명 1. 명령, 지시 2. 주문 3. 순서

- The general **ordered** the soldiers to move back.
  장군은 군인들에게 뒤로 물러날 것을 **명령했다**.
- We **ordered** a cheese pizza for lunch.
  우리는 점심으로 치즈피자를 **주문했다**.
- You need to follow the doctor's **orders**.
  당신은 의사의 **지시**를 따라야 합니다.
- The files are in the wrong **order**.
  그 파일들은 잘못된 **순서**로 나열되어 있다.

0956 **rent**

[rent]

rented – rented

동 빌리다

- We **rented** a car on the trip.
  우리는 그 여행에서 차를 **빌렸다**[렌트했다].

More 돈을 지불하여 무언가를 빌릴 때 사용해요.

- **rent** an apartment/room 아파트/방을 **빌리다**

0957 **trade**

[treid]

traded – traded

명 거래, 무역 동 거래하다, 무역하다

- Korea has a long history of **trade** with China.
  한국은 중국과 오래된 **무역** 역사가 있다.
- People traveled along the Silk Road to **trade**.
  사람들은 **무역하기** 위해 실크로드를 따라 이동했다.

0958 **steal**

[stiːl]

stole – stolen

동 훔치다

- He broke into a shop and **stole** cash.
  그는 가게에 침입해 현금을 **훔쳤다**.

0959 **crime**

[kraim]

명 범죄

- Hunting animals can be a **crime** in some countries.
  어떤 나라에서는 동물을 사냥하는 것이 **범죄**가 될 수 있다.

➕ criminal 형 범죄의 명 범인

0960 **case**
[keis]

명 **1. 상자, 용기 2. 경우, 사례 3. 사건**

- She put her violin in its **case**.
  그녀는 자신의 바이올린을 **케이스** 안에 넣었다.
- Press the stop button in **case** of emergency.
  비상의 **경우**[비상시]에는 멈춤 버튼을 누르세요.
- The police are working on this **case**.
  경찰은 이 **사건**을 조사 중이다.

0961 **judge**
[dʒʌdʒ]
judged – judged

동 판단하다 명 판사, 심판관

- Don't **judge** a book by its cover.
  표지를 보고 책을 **판단하지** 마라.
- A **judge** makes a fair decision.
  판사는 공정한 판결을 한다.

⊕ judgment/judgement 명 판단력, 심판

0962 **chase**
[tʃeis]
chased – chased

동 뒤쫓다, 추격하다 명 추격, 추적

- The police **chased** the criminal.
  경찰들은 그 범인을 **뒤쫓았다**.
- The car **chase** was the best scene in the movie.
  자동차 **추격전**은 그 영화에서 최고의 장면이었다.

0963 **thief**
[θiːf]

명 도둑

- The **thief** climbed over the wall and ran away.
  그 **도둑**은 담을 넘어 달아났다.

0964 **produce**
[prədjúːs]
produced – produced

동 생산하다, 만들어내다

- The power plant can **produce** electricity for the entire city.
  그 발전소는 도시 전체를 위한 전력을 **생산할** 수 있다.

⊕ producer 명 생산자, 제작자

⊕ product 명 생산물, 제품

0965 **court**
[kɔːrt]

명 1. 법정, 법원 2. (테니스 등의) 코트, 경기장 3. 궁궐

- You must tell the truth in **court**.
  당신은 **법정**에서 진실을 말해야 합니다.
- There is a new tennis **court** in my town.
  나의 도시에는 새로운 테니스 **경기장**이 있다.
- the **courts** of Europe
  유럽 **궁궐**

0966 **tax**
[tæks]

명 세금

- The price is $12.50 with **tax**.
  그 가격은 **세금**을 포함해서 12.50달러이다.
- raise/cut **taxes**
  세금을 올리다/내리다

0967 **jail**
[dʒeil]
jailed – jailed

명 교도소, 감옥 동 투옥하다*

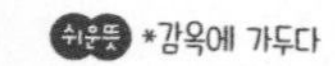

- He will spend 10 years in **jail**.
  그는 **교도소**에서 10년을 보내게 될 것이다.
- She was **jailed** for murder.
  그녀는 살인죄로 **투옥되었다**.

0968 **trap**
[træp]
trapped – trapped

명 덫, 함정 동 1. 가두다 2. (덫으로) 잡다

- set a **trap**
  덫을 놓다
- Get out of the building before you get **trapped**.
  건물에 **갇히기** 전에 얼른 나가세요.
- The mouse was **trapped** in the mousetrap.
  그 쥐는 쥐덫에 **잡혔다**.

0969 **lower**
[lóuər]
lowered – lowered

동 낮추다, 내리다

- The government plans to **lower** taxes.
  정부는 세금을 **낮출** 것을 계획한다.

⊕ low 형 낮은 부 낮게

0970 **credit**

[krédit]

credited – credited

명 신뢰, 신용 동 믿다, 신용하다

- Can I pay by **credit** card?
  신용카드로 계산해도 될까요?
- We can't **credit** your story.
  우리는 너의 이야기를 **믿을** 수 없다.

0971 **allowance**

[əláuəns]

명 용돈

- My parents give me a weekly **allowance**.
  부모님은 매주 나에게 **용돈**을 주신다.

0972 **agreement**

[əgríːmənt]

명 동의, 합의

- They reached an **agreement** after a long discussion.
  그들은 긴 논의 끝에 **합의**에 도달했다.

⊕ agree 동 동의하다

교과서 빈출 표현

0973 **up to**

(특정한 수·정도) ~까지

- The store has a sale **up to** 70% off.
  그 가게는 70%**까지** 세일을 진행한다.

0974 **add up**

added – added

1. 합산하다 2. (조금씩) 늘어나다

- **Add up** all the money.
  모든 돈을 **합산해라**.
- The travel costs started to **add up** quickly.
  여행 비용이 빠르게 **늘어나기** 시작했다.

0975 **get away (from)**

got – gotten/got

(~에서) 탈출하다, 벗어나다

- The criminal **got away from** the scene.
  그 범인은 현장**에서 탈출했다**.

VOCA Exercise

정답 p.384

A 빈칸에 알맞은 말을 넣어 어구를 완성하세요.

1 자유 무역 free ______________

2 감옥에 가다 go to ______________

3 상품에 대한 세금 ______________ on goods

4 한 달 요금 a monthly ______________

5 급격히 오르다 ______________ rapidly

6 범죄를 저지르다 commit a ______________

7 아파트를 빌리다 ______________ an apartment

8 화재가 날 경우 in ______________ of fire

B 빈칸 (a)와 (b)에 공통으로 들어갈 단어를 쓰세요.

1 (a) The ______________ found him innocent.
판사는 그가 무죄라는 판결을 내렸다.

(b) Don't ______________ others by their appearance.
겉모습으로 다른 사람들을 판단하지 마라.

2 (a) I ______________ about $50,000 a year.
나는 일 년에 약 5만 달러를 번다.

(b) She wants to ______________ respect from her coworkers.
그녀는 직장 동료들로부터 존경을 얻고 싶어 한다.

VOCA Exercise

C 다음 영영풀이에 해당하는 단어를 <보기>에서 골라 쓰세요.

<보기>	allowance	court	steal	produce

1 to take something that is not yours ____________

2 a place where judges make decisions ____________

3 to create something for people to buy and use ____________

4 money that is given to children by their parents ____________

D 주어진 우리말에 맞게 빈칸에 알맞은 단어를 채워 문장을 완성하세요.

1 그 도둑은 문을 열려고 했다.

→ The ____________ tried to unlock the door.

2 모든 시민은 법을 따라야만 한다.

→ Every citizen must obey the ____________.

3 그는 긴 추격 끝에 잡혔다.

→ He was caught after a long ____________.

4 우리 햄버거와 감자튀김을 주문하는 게 어때?

→ Why don't we ____________ hamburgers and fries?

5 작은 행위가 큰 변화로 늘어날 수 있다.

→ Small actions can ____________ ____________ to big changes.

DAY 40

역사, 종교

Preview Check

- ☐ rule
- ☐ army
- ☐ battle
- ☐ ghost
- ☐ heaven
- ☐ vote
- ☐ attack
- ☐ honor
- ☐ defend
- ☐ royal
- ☐ servant
- ☐ spirit
- ☐ religion
- ☐ treasure
- ☐ empire
- ☐ dynasty
- ☐ president
- ☐ priest
- ☐ faith
- ☐ miracle
- ☐ pray
- ☐ command
- ☐ historic
- ☐ historical
- ☐ take away

DAY 40 역사, 종교

중등 기본

0976 **rule**
[ru:l]
ruled – ruled

명 규칙, 원칙 동 지배하다

- You should not break the **rules** in any situation.
  어떤 상황에서도 **규칙**을 어기면 안 됩니다.
- The king **ruled** the country for 30 years.
  그 왕은 나라를 30년 동안 **지배했다**.

0977 **army**
[á:rmi]

명 군대

- He is going to serve the **army** next year.
  그는 내년에 **군대**에 복역할 예정이다.

⊕ navy 명 해군

0978 **battle**
[bǽtl]

명 1. 전투, 교전* 2. 싸움, 투쟁

쉬운뜻 *서로 병력을 가지고 전쟁을 함

- The soldiers fought bravely in the **battle**.
  그 군인들은 **전투**에서 용감하게 싸웠다.
- She finally won her **battle** with cancer.
  그녀는 마침내 암과의 **투쟁**에서 이겼다.

More war vs. battle

war는 오랜 기간 동안 지속된 군대 간의 싸움을 의미해요.

- The World **War** II 세계 2차대**전**
- The Korean **War** 한국 **전쟁**

battle은 개별적인 전투 또는 싸움을 의미하며, war의 일부로 표현되기도 해요.

- **Battle** of Myeongnyang 명량 해**전**[명량대첩]

0979 **ghost**
[goust]

명 유령, 귀신

- Some people believe in **ghosts**.
  어떤 사람들은 **귀신**의 존재를 믿는다.

0980 **heaven**
[hévən]

명 천국, 천당

- Some people believe they go to **heaven** after death.
  어떤 사람들은 죽음 이후에 **천국**에 간다고 믿는다.

0981 **vote**
[vout]
voted – voted

동 투표하다 명 **1.** (선거 등에서의) 표 **2.** 투표

- We **vote** to choose a new leader.
  우리는 새로운 지도자를 선택하기 위해 **투표한다**.
- He received more **votes** than me.
  그는 나보다 더 많은 **표**를 받았다.
- Let's take a **vote** on that issue.
  그 안건에 대해서 **투표**를 해보자.

0982 **attack**
[ətǽk]
attacked – attacked

동 공격하다 명 공격

- North Korea **attacked** South Korea in 1950.
  북한은 1950년에 남한을 **공격했다**.
- Many people died in the 9/11 **attacks**.
  9/11 **공격**[테러]에 의해 많은 사람이 목숨을 잃었다.

0983 **honor**
[ɑ́nər]
honored – honored

명 **1.** 명예* **2.** 영광
동 존경하다, 예우하다**

쉬운뜻 *세상에서 훌륭하다고 인정되는 이름, 자랑
**예의를 갖추어 정중하게 대우하다

- The men fought for the **honor** of their country.
  그 남성들은 조국의 **명예**를 위해서 싸웠다.
- It's an **honor** to be here.
  이곳에 서게 되어 **영광**입니다.
- We should **honor** them for their service to the country. 우리는 국가에 봉사한 그들을 **예우해야** 한다.

0984 **defend**
[difénd]
defended – defended

동 **1.** 방어하다, 지키다 **2.** (스포츠) 수비하다

- The soldiers **defended** their country.
  그 군인들은 나라를 **지켰다**.
- Your job is to **defend** the goal.
  네 임무는 골을 **수비하는**[막는] 것이다.

0985 **royal**
[rɔ́iəl]

형 국왕의, 왕실의

- She comes from the **royal** family.
  그녀는 **왕**가 출신이다.

0986 **servant**
[sə́:rvənt]

명 부하, 하인

- Long ago, the wealthy used to have **servants**.
  오래전에, 부자들은 **부하**를 거느렸다.

중등 필수

0987 **spirit**
[spírit]

명 1. 마음, 정신 2. 영혼 3. 기분

- Yoga can help you connect with your **spirit**.
  요가는 당신이 **정신**과 연결될 수 있도록 돕습니다.
- He is dead, but his **spirit** lives on.
  그는 죽었지만, 그의 **영혼**은 여전히 살아있다.
- She seems to be in good **spirits**.
  그녀는 **기분**이 좋아 보인다.

0988 **religion**
[rilídʒən]

명 종교

- **Religion** is important in many people's lives.
  종교는 많은 사람들의 삶에서 중요하다.

0989 **treasure**
[tréʒər]

명 보물

- a hidden **treasure**
  숨겨진 **보물**
- The old map may lead us to **treasure**.
  그 오래된 지도는 우리를 **보물**로 이끌어 줄지도 모른다.

0990 **empire**
[émpaiər]

명 제국

- The Roman **Empire** lasted for over a thousand years.
  로마**제국**은 천년이 넘는 기간 동안 존속했다.

0991 **dynasty**
[dáinəsti]

명 시대, 왕조*   쉬운뜻 *같은 왕가에 속하는 통치자, 또는 그 왕가가 다스린 시대

- The Joseon **dynasty** was the last **dynasty** of Korea.
  조선**시대**는 한국의 마지막 **왕조**였다.

0992 **president**
[prézidənt]

명 **1. 대통령 2. 회장**

- Lincoln was the 16th U.S **president**.
  링컨은 제16대 미국 **대통령**이었다.
- The **president** set goals for the company.
  회장은 기업을 위해 목표를 세웠다.

0993 **priest**
[pri:st]

명 성직자, 신부

- The **priest** performed the couple's wedding ceremony. 그 **신부**는 커플의 결혼식을 거행해 주었다.

0994 **faith**
[feiθ]

명 믿음, 신뢰

- She has **faith** in God.
  그녀는 신에 대한 **믿음**이 있다.

0995 **miracle**
[mírəkl]

명 기적

- His recovery was a **miracle**.
  그의 회복은 **기적**이었다.

0996 **pray**
[prei]
prayed – prayed

동 (신에게) 기도하다, 빌다

- Muslims **pray** five times a day.
  무슬림들은 하루에 다섯 번 **기도한다**.

⊕ prayer 명 기도, 빌기

0997 **command**
[kəmǽnd]

명 1. 명령, 지시 2. 지휘, 통솔*

쉬운뜻 *무리를 거느려 다스림

- Wait until I give the **command**.
  내가 **지시**할 때까지 기다려라.
- The soldiers were under the **command** of the general. 군인들은 장군의 **지휘**하에 있다.

0998 **historic**
[histɔ́(:)rik]

형 역사적으로 중요한, 역사적인

- Gyeongju is famous for its Korean **historic** sites.
  경주는 한국의 **역사적** 유적지로 유명하다.

⊕ history 명 역사

⊕ historian 명 역사가, 역사학자

0999 **historical**
[histɔ́(:)rikəl]

형 역사적인, 역사상의

- The library has a lot of **historical** records.
  그 도서관은 많은 **역사** 기록물을 보유하고 있다.

비교 Point historic vs. historical

historic은 역사상 기념할 만한 중대한 사건 등을 말할 때 사용해요.

- August 15th is a **historic** day in Korea. 8월 15일은 한국에서 **역사적인** 날이다.

historical은 단순히 역사와 관련 있는 것을 말할 때 사용해요.

- He studies **historical** science. 그는 **역사**학을 공부한다.

교과서 빈출 표현

1000 **take away**

took – taken

제거하다, 빼앗다

- **Take** the scissors **away** from the child.
  아이로부터 가위를 **빼앗아라**.
- No one can **take away** the rights to free speech.
  아무도 언론 자유의 권리를 **빼앗을** 수 없다.

VOCA Exercise

정답 p.384

A

빈칸에 알맞은 말을 넣어 어구를 완성하세요.

1 보물 상자 — a ________ chest
2 대영제국 — the British ________
3 입대하다 — join the ________
4 왕궁 — the ________ palace
5 폭탄 공격 — a bomb ________
6 천국과 지옥 — ________ and hell
7 ~에 믿음이 있다 — have ________ in
8 국가의 명예 — national ________

B

빈칸 (a)와 (b)에 공통으로 들어갈 단어를 쓰세요.

1 (a) He was in low ________s from the bad news.
그는 나쁜 소식으로 기분이 좋지 않았다.
(b) She may be old, but she still feels young in ________.
그녀는 나이가 많지만, 마음은 여전히 젊다.

2 (a) Everyone needs to follow the ________.
모두는 그 규칙을 따를 필요가 있다.
(b) How long did the king ________ the empire?
얼마나 오랫동안 그 왕이 제국을 지배했니?

VOCA Exercise

C 다음 영영풀이에 해당하는 단어를 <보기>에서 골라 쓰세요.

<보기>	vote	historical	religion	miracle

1 the belief in a God or gods ____________

2 an unusual or wonderful event ____________

3 relating to history or past events ____________

4 to make a choice in an election or decision ____________

D 밑줄 친 부분을 유의하여 우리말 해석을 완성하세요.

1 They fought with swords and shields in a battle.

→ 그들은 ____________에서 검과 방패로 싸웠다.

2 Some children like to hear stories about ghosts.

→ 어떤 아이들은 ____________에 관한 이야기를 듣는 것을 좋아한다.

3 The Joseon dynasty ruled Korea for a long time.

→ 조선 ____________는 한국을 오랫동안 다스렸다.

4 The servant prepared meals and did house chores.

→ ____________은 식사를 준비하고 집안일을 했다.

5 A president makes important decisions for the country.

→ ____________은 국가를 위해 중요한 결정을 내린다.

1001 Sentences

DAY 39-40

Review

정답 p.384

A

주어진 단어를 각각 빈칸에 채워 문장을 완성하세요.

630 ______________ is a ______________. (crime, stealing)

631 The police ______________ after the ______________. (thief, chased)

632 Some people ______________ for ______________. (miracles, pray)

633 We ______________ for ______________ every five years. (vote, president)

634 The ______________ showed up in the ______________. (judge, court)

B

<보기>에서 알맞은 단어를 골라 문장을 완성하세요.

<보기>	heaven	up	royal	treasure
	historic	trade	religions	servants
	agreement	allowance		

635 The ______________ wore uniforms in the ______________ palace.

636 This ______________ site is a national ______________.

637 In some ______________, people believe in ______________.

638 The two countries signed the ______________ ______________.

639 I usually save ______________ to 20% of my ______________.

C 주어진 우리말에 맞게 다음 빈칸에 알맞은 단어를 쓰세요. (필요시 형태 바꿀 것)

640 The Goryeo ______________ ______________ with many countries.

고려 왕조는 많은 나라와 무역했다.

641 We ______________ those who ______________ our country.

우리는 나라를 지키셨던 분들을 존경한다.

642 The ______________ started when the enemy ______________.

그 전쟁은 적들이 공격했을 때 시작되었다.

643 The ______________ waited until the general gave ______________.

군대는 장군이 명령을 내릴 때까지 기다렸다.

644 The emperor ______________ the Roman ______________ for 40 years.

그 황제는 40년 동안 로마제국을 지배했다.

645 People ______________ money and pay ______________ on it.

사람들은 돈을 벌고 그것에 대한 세금을 낸다.

646 He doesn't have enough ______________ to ______________ a house.

그는 집을 빌리기에 신용이 충분하지 않다.

647 There will be a cancellation ______________ of $10 in that ______________.

그 경우에는 취소 수수료 10달러가 있습니다.

648 Criminals are sent to ______________ by the ______________.

범죄자들은 법에 의해 감옥에 보내진다.

ANSWERS

1001 sentences
VOCA

DAY 01
pp.19-20

A 1 brain 2 gorgeous 3 height
4 shoulder 5 beard 6 lovely
7 adult 8 knee

B 1 female 2 slim 3 weigh
4 curly 5 teenager 6 beauty

C 1 elderly 2 thumb 3 waist
4 heels

D 1 cheeks 2 ankle 3 wrist
4 jaw 5 grow, up

해석

C 1 연세가 드신 분들을 존중해라.
2 그녀는 엄지손가락으로 버튼을 눌렀다.
3 그녀의 머리는 허리까지 내려온다.
4 나는 굽이 높은 구두[하이힐]를 신을 수 없다. 그것은 전혀 편하지 않다.

DAY 02
pp.27-28

A 1 clever 2 familiar 3 caring
4 talkative 5 silly 6 gentle
7 friendly 8 talent

B 1 honesty 2 creative 3 silent
4 wisely 5 impolite 6 active

C 1 awake 2 curious 3 rude
4 weak

D 1 personality 2 mad
3 was, able, to 4 busy, working

해석

C 1 자고 있지 않은
2 알거나 배우고 싶어 하는
3 나쁜 태도를 보이는, 예의가 없는
4 근력이나 힘이 별로 없는

DAY 01-02
1001 Sentences Review
pp.29-30

A 296 weak, ankles 297 slim, waist
298 curly, beard 299 cheeks, lovely

B 300 curious, asking 301 caring, elderly
302 creative, talent
303 blond, shoulders 304 mad, rude

C 305 Outgoing, active 306 polite, friendly
307 gentle, familiar 308 height, weight
309 able, awake 310 teenage, adult
311 grow, up, personalities
312 Silly, wise 313 female, knee
314 talkative, silent

해석

296 나는 발목이 약하다.
297 너는 허리가 날씬하구나.
298 그는 곱슬곱슬한 흰 수염을 가지고 있다.
299 그녀의 붉은 볼은 그녀를 사랑스러워 보이게 한다.
300 호기심 많은 그 남자아이는 질문을 하느라 바빴다.
301 연세가 드신 분들을 더 배려하라.
302 그는 창의적이고 음악에 재능이 있다.
303 그녀의 금발 머리는 어깨까지 온다.
304 모두는 그가 버릇없게 굴어서 몹시 화가 났다.

DAY 03
pp.37-38

A 1 alone 2 scream 3 surprise
4 worried 5 terrible 6 calm
7 horror 8 jealous

B 1 serious 2 pity

C 1 anxious 2 comfortable
3 shock 4 amusing

D 1 anger 2 pleased 3 emotions
4 touching 5 am, tired, of

해석

C 1 걱정되거나 초조한 기분이 드는
2 편안하게 해주는
3 격하게 놀란 감정
4 재미있고 즐거운

DAY 04

pp.45-46

A	1 stomach	2 cure	3 sore
	4 blood	5 diet	6 pill
	7 disease	8 condition	
B	1 painful	2 suffering	3 itchy
	4 stressed	5 health	6 breathe
C	1 blind	2 ache	3 bump
	4 appointment		
D	1 sense	2 patient	3 throat
	4 deaf	5 care, for	

해석

C 1 볼 수 없는
2 통증으로 아파하다
3 사고로 부딪히다
4 합의된 시간과 장소에서의 만남

DAY 05

pp.53-54

A	1 designer	2 partner	3 twin
	4 senior	5 neighbor	6 director
	7 enemy	8 guard	
B	1 captain	2 master	
C	1 chef	2 nephew	3 author
	4 composer		
D	1 staff	2 boss	3 coworkers
	4 enemies	5 makes, a, living	

해석

C 1 레스토랑이나 호텔에 있는 숙련된 요리사
2 남자 형제나 여자 형제의 아들
3 책을 쓰는 사람
4 음악을 쓰는[작곡하는] 사람

DAY 03-05 1001 Sentences Review

pp.55-56

A	315 serious, condition	
	316 diet, health	317 stomach, ache
	318 care, patients	319 anger, calm
B	320 cure, disease	321 touching, tears
	322 suffered, terrible	323 anxious, breath
	324 screamed, fear	
C	325 pill, sore	326 chef, awesome
	327 comfortable, coworkers	
	328 neighbors, jealous	
	329 blind, sense	330 tears, cheer
	331 guards, enemies	
	332 dream, author	333 itchy, blow
	334 sorry, in, the, hospital	

해석

315 그녀는 지금 심각한 상태[중태]이다.
316 나는 건강을 위해 식이 요법을 바꾸었다.
317 나는 배가 아프기 시작했다.
318 간호사들은 환자들을 돌본다.
319 화를 참고 침착하게 있어라.
320 과학자는 그 병에 대한 치료법을 발견했다.
321 감동적인 이야기는 나를 눈물이 나게 했다[울렸다].
322 그는 심한 치통을 앓았다.
323 불안할 때 심호흡하세요.
324 그 아이는 겁에 질려 비명을 질렀다.

DAY 06

pp.63-64

A	1 action	2 break	3 lift
	4 bend	5 appear	6 push
	7 treat	8 fall	
B	1 hid, hidden	2 pulled, pulled	
	3 blew, blown	4 shook, shaken	
	5 bit, bitten	6 bent, bent	
C	1 pause	2 blink	3 tap
	4 grab		
D	1 lie	2 chew	3 pretended
	4 quickly	5 is, about, to	

해석

C 1 잠시 동안 멈추다
2 눈을 빠르게 감았다 뜨다

ANSWERS

3 사람이나 물건을 가볍게 치다
4 무언가를 잡고 들다

DAY 07

pp.71-72

A 1 belief 2 blame 3 attention
4 mind 5 seem 6 point
7 clue 8 decide
B 1 expectation 2 confusing
3 personally 4 preference
5 positive 6 disagree
C 1 certain 2 wonder 3 Hopefully
4 imagine
D 1 image 2 realized 3 think, of
4 find, out 5 looking, forward, to

해석

C 1 나는 그가 거짓말하고 있다고 확신해.
2 나는 이 펜이 누구의 것인지 궁금하다.
3 바라건대, 내일 날씨가 맑으면 좋겠다.
4 눈을 감고 아름다운 해변을 상상해 봐.

DAY 06-07
1001 Sentences Review

pp.73-74

A 335 Hopefully, realize 336 seems, bother
337 shook, agreed 338 pause, break
339 broke, pushed
B 340 mind, think 341 about, blow
342 grabbed, hurry 343 quickly, hid
344 tapped, attention
C 345 wonder, lied 346 decided, lay
347 allows, imagine 348 seem, mind
349 certain, clue 350 point, confused
351 prefers, personal
352 admire, positive 353 Bend, lift
354 Watch, out, bite

해석

335 바라건대 그녀가 자신의 실수를 깨달으면 좋겠다.
336 아무것도 그를 많이 괴롭히는 것 같지 않다.
337 그들은 악수를 하고 그 계획에 동의했다.
338 여기서 잠시 멈춰서 휴식을 갖자.
339 내가 책상을 밀면서 꽃병을 깨버렸다.
340 가을을 생각하면 네 마음에 무엇이 떠오르니?
341 그녀는 막 촛불을 불려고 한다.
342 그는 자신의 외투를 움켜잡고 서둘러 떠났다.
343 그 아이는 재빨리 자신의 엄마 뒤에 숨었다.
344 그는 주의를 끌기 위해서 탁자를 톡톡 두드렸다.

DAY 08

pp.81-82

A 1 trip 2 favor 3 message
4 reason 5 repeat 6 complain
7 truth 8 detail
B 1 spread 2 text
C 1 explain 2 promise 3 express
4 comment
D 1 communicate 2 excuse
3 advised 4 in, person 5 go, on

해석

C 1 그 문제를 다시 설명해 주실래요?
2 너에게 그걸 다시 돌려줄 것을 약속할게.
3 네 의견을 자유롭게 표현해도 된다.
4 코치는 팀의 실적에 대해 언급을 했다.

DAY 09

pp.89-90

A 1 result 2 easily 3 even
4 loudly 5 else 6 truly
7 recently 8 clearly
B 1 like 2 throughout
C 1 altogether 2 please 3 yet
4 instead
D 1 such 2 probably 3 Luckily
4 Surprisingly 5 Actually

해석

C 1 비가 완전히 그쳤다.
2 불 좀 켜주시겠어요?
3 우리는 아직 떠날 필요가 없다.
4 엄마가 아프셔서 내가 대신 저녁 식사를 만들었다.

DAY 08-09
1001 Sentences Review
pp.91-92

A 355 Please, yell
356 Surprisingly, favor
357 truly, result 358 Promise, truth
359 Instead, complaining

B 360 recommend, ask
361 advised, express
362 repeat, loudly 363 such, excuses
364 especially, example

C 365 tip, comment 366 else, message
367 explain, clearly
368 dialogue, communicate
369 respond, yet
370 spread, throughout
371 reason, probably
372 By, the, way, recently
373 like, and, so, on

해석

355 저한테 소리 좀 지르지 마세요.
356 놀랍게도, 그는 나에게 부탁을 했다.
357 우리는 그 결과에 대해 진심으로 유감입니다.
358 나에게 진실을 말하겠다고 약속해.
359 불평하는 대신에 해결책을 찾아보자.
360 나는 네가 그녀의 의견을 요청하는 것을 권한다.
361 그녀는 나에게 솔직하게 감정을 표현하라고 조언했다.
362 그녀는 그에게 큰 목소리로 대답을 반복해달라고 했다.
363 어쨌든, 나는 그런 변명은 안 믿어.
364 과일은 특히 비타민 함량이 높은데, 예를 들어 비타민 C가 많다.

DAY 10
pp.99-100

A	1 spend	2 relax	3 contact
	4 press	5 share	6 leave
	7 rest	8 place	
B	1 fixed	2 wipe	3 owner
	4 usual	5 daily	6 clearly
C	1 set	2 arrange	3 Cover
	4 regularly		
D	1 rest	2 remove	3 fed
	4 ordinary	5 clean, up	

해석

C 1 나는 의자 6개짜리 세트를 샀다.
2 그녀는 결혼식을 위해 꽃을 준비할 것이다.
3 그녀에게 담요를 덮어 줘. 그녀는 추운 것 같아.
4 그는 정기적으로 조부모님 댁을 방문한다.

DAY 11
pp.107~108

A	1 plate	2 pile	3 tidy
	4 laundry	5 calendar	6 apartment
	7 curtain	8 cushion	
B	1 handle	2 space	
C	1 shelf	2 lid	3 refrigerator
	4 kit		
D	1 power	2 carpet	3 nail
	4 ran, out, of	5 mess	

해석

C 1 책과 접시들을 받치는 데 쓰이는 것
2 상자, 캔, 병 등의 덮개
3 음식을 차갑게 유지하기 위한 기계
4 어떠한 활동을 위한 도구 세트

DAY 10-11
1001 Sentences Review
pp.109-110

A 374 cover, lid
375 show, apartment
376 place, plate
377 removed, carpet
378 feed, leave

B 379 spent, relaxing 380 pile, laundry
381 usually, nap 382 contact, fix
383 arrange, shelf

C 384 Clean, up, mess 385 blanket, pillow
386 placed, counter
387 woke, up, curtains
388 usually, stay, up 389 kit, tools
390 clear, space 391 Set, press
392 refrigerator, ran, out

374 뚜껑으로 냄비를 덮어주세요.
375 내가 너에게 내 아파트를 구경시켜 줄게.

ANSWERS

376 내가 식기세척기에 네 접시를 놓을게.
377 우리는 오래된 카펫을 치웠다.
378 네가 나가기 전에 개에게 먹이를 줄 수 있니?
379 나는 집에서 휴식을 취하면서 지난 주말을 보냈다.
380 바구니 안에 세탁물 한 더미가 있다.
381 나는 대개 오후에 낮잠을 잔다.
382 싱크대를 고칠 수리공에게 연락할게.
383 선반에 있는 책들을 정리해 줄 수 있나요?

DAY 12

pp.117-118

A 1 fried 2 curry 3 meal
4 slice 5 pour 6 grocery
7 tea
B 1 sour 2 dish
C 1 serve 2 pepper 3 beef
4 noodle
D 1 freezes 2 nuts 3 filled
4 flour 5 flavor

해석

C 1 누군가에게 음식이나 음료수를 주다
2 매운맛을 더하기 위해 쓰이는 가루
3 소로부터 나오는 고기
4 국물에 요리되는 길고 가는 음식 조각

DAY 13

pp.125-126

A 1 loose 2 style 3 hang
4 material 5 clothing 6 closet
7 pair 8 pattern
B 1 suit 2 fit
C 1 match 2 wallet 3 tight
4 boots
D 1 sweater 2 dressed 3 cotton
4 fancy 5 took, off

해석

C 1 무언가와 잘 어울리다
2 돈과 카드를 담는 작은 케이스
3 몸에 매우 꼭 맞는
4 다리의 일부를 덮는 신발

DAY 12-13 1001 Sentences Review

pp.127-128

A 393 boots, match 394 sweater, loose
395 dress, fit 396 filled, grocery
397 sour, flavor
B 398 Hang, closet 399 slice, pie
400 pattern, scarf 401 Pour, tea
402 cut, pork
C 403 wallet, grocery 404 pepper, flavor
405 curry, beans 406 nuts, honey
407 put, on, slippers
408 serve, at, a, time
409 change, into, fancy
410 noodles, beef
411 cotton, material 412 take, off, tight

해석

393 그 부츠는 그녀의 치마와 완벽하게 어울린다.
394 이 니트 스웨터는 너무 헐렁하다.
395 이 원피스는 내게 더 이상 맞지 않는다.
396 우리는 식료품 카트를 과일로 채웠다.
397 나는 그 요리에서 나는 신맛을 좋아하지 않았다.
398 네 정장을 옷장 안에 걸어라.
399 나는 후식으로 파이 한 조각을 먹고 싶다.
400 나는 네 스카프 무늬가 아주 마음에 든다.
401 차를 컵에 부어라.
402 그녀는 돼지고기를 썰었다.

DAY 14

pp.135-136

A 1 topic 2 helpful 3 unit
4 secret 5 essay 6 hint
7 advice 8 effort
B 1 aloud 2 fail 3 correct
4 prepare
C 1 false 2 education 3 check
4 college
D 1 fault 2 skipped 3 sentence
4 goal 5 on, her, own

해석

B 1 관객들은 크게 웃고 박수치기 시작했다.
2 실패하기를 두려워하지 마. 네 자신을 믿어.

3 당신의 정확한 주소를 써 주세요.
4 나는 말하기 대회를 준비해야 한다.

C 1 틀린, 사실이 아닌
2 가르치고 배우는 행위
3 문제점을 찾기 위해 어떤 것을 보다
4 고등학교를 마친 후 가는 학교

DAY 15

pp.143-144

A	1 activity	2 term	3 lend
	4 award	5 campaign	6 volunteer
	7 relay	8 exercise	
B	1 enter	2 remain	
C	1 glued	2 achieve	3 choir
	4 rewarded		
D	1 칭찬	2 명심하라	3 참가[참여]했다
	4 논의[토론]할	5 받을 만하다	

해석

C 1 나는 종이비행기의 큰 날개들을 붙였다.
2 그는 내가 목표를 달성하도록 도와주었다.
3 나는 크리스마스 콘서트를 위해 교회 합창단에 가입했다.
4 그 선생님은 학생들이 열심히 한 것에 대해 보상했다.

DAY 14-15 1001 Sentences Review

pp.145-146

A	413 reward, correct	414 glue, stick
	415 discuss, topic	416 sign, contest
	417 praise, effort	
B	418 check, essay	419 skip, activity
	420 deserved, award	421 helpful, advice
	422 College, education	
C	423 difficulty, decisions	
	424 fault, failed	
	425 achieve, goal	426 remain, secret
	427 essay, aloud	
	428 take, part, campaign	
	429 enter, contest	
	430 prepared, my, own	
	431 volunteers, relay	
	432 correct, make, fun	

해석

413 그녀는 정답(을 맞춘 것)에 대한 보상을 얻었다.
414 풀이 잘 붙지 않았다.
415 그 주제에 대해 자세히 논의해 보자.
416 대회에 (참가) 신청해 주세요.
417 그녀는 노력에 대한 칭찬을 받았다.
418 나는 내 과제물에 오류가 있는지 확인해야 한다.
419 나는 오늘 방과 후 활동을 빠질 것이다.
420 그들은 열심히 했기에 그 상을 받을 만했다.
421 그는 내게 미래의 계획에 대해 유용한 조언을 해주었다.
422 대학은 한 사람의 교육에 있어 중요한 단계이다.

DAY 16

pp.153-154

A	1 narrow	2 part	3 cross
	4 triangle	5 complete	6 broad
	7 almost	8 length	
B	1 light	2 square	
C	1 tiny	2 chip	3 entire
	4 bright		
D	1 weigh	2 level	3 empty
	4 full, of	5 cone	

해석

C 1 아주 작은
2 작게 부서진 부분
3 모든 부분을 포함하는, 전체의
4 빨리 배우는, 똑똑한

DAY 17

pp.161-162

A	1 dry	2 rough	3 sharp
	4 normal	5 flat	6 simple
	7 bold	8 average	
B	1 base	2 common	3 string
	4 various		
C	1 giant	2 unlike	3 extra
	4 similar		
D	1 object	2 without	3 edge
	4 upside, down		5 go, bad

해석

B 1 이 램프의 맨 아랫부분은 무겁다.
2 성장통은 아이들 가운데 흔히 일어난다.
3 내가 바이올린을 연주했을 때 줄이 끊어졌다.

4 그 식당은 다양한 종류의 음식을 제공한다.

C 1 크기에 있어 매우 큰
2 어떤 것과 다른
3 어떤 것의 더 많은 양
4 누군가 혹은 다른 무언가와 거의 같은

DAY 16-17
1001 Sentences Review pp.163-164

A 433 base, square 434 various, useful
435 tiny, objects 436 length, weighs
437 flat, rough
B 438 string, least 439 full, chip
440 cross, without 441 bright, light
442 complete, entire
C 443 sharp, edge 444 flat, simple
445 narrow, almost 446 normal, part
447 average, level 448 empty, without
449 upside, down, dark
450 unlike, bold
451 whole, row 452 tiny, dot

해석

433 그 피라미드의 맨 아랫부분은 정사각형이다.
434 그 공구 상자에는 여러 가지 유용한 도구들이 있다.
435 나는 아주 작은 물건들을 이 상자 안에 보관한다.
436 그것은 길이가 1m이고 무게는 약 3kg이다.
437 그 타이어는 거친 도로에서 바람이 빠져 평평해졌다.
438 이 줄은 적어도 30cm 길이이다.
439 그 병은 초콜릿 칩 쿠키로 가득 차 있다.
440 다리 없이는 그 강을 건널 수 없다.
441 그 밝은 빛은 내 눈을 깜빡이게 만들었다.
442 전 과정을 완료하려면 한 달이 걸린다.

DAY 18 pp.171-172

A 1 half 2 dozen 3 bowl
4 per 5 single 6 quite
7 volume 8 quarter
B 1 once 2 great
C 1 Each 2 thousand 3 few
4 couple
D 1 None 2 million 3 several
4 all, the, time
5 again, and, again

C 1 각 학생은 자신만의 사물함을 가지고 있다.
2 약 2천 명의 사람들이 이 소도시에 산다.
3 그녀는 시험에서 약간의 실수를 했다.
4 그 커플은 함께 행복해 보였다.

DAY 19 pp.179-180

A 1 recent 2 final 3 century
4 period 5 moment 6 beginning
7 weekly 8 following
B 1 until 2 While 3 since
4 Since 5 while 6 until
C 1 decade 2 lately 3 eve
4 dawn
D 1 still 2 midnight 3 ever
4 past 5 At, first

해석

B 1 그녀는 다음 버스가 올 때까지 기다려야 했다.
2 나는 운전하는 동안 아름다운 꽃들을 보았다.
3 그는 태어났을 때부터 그 도시에서 계속 살아왔다.
4 네가 바쁘니까 다른 사람에게 물어볼게.
5 나는 잠시 동안 그 방에 머물렀다.
6 세일은 이번 주 금요일까지 계속됩니다.

C 1 10년의 기간
2 최근에, 너무 오래 전이 아닌
3 명절이나 특별한 날의 전날
4 하루 중 햇빛이 나오기 시작하는 시점

DAY 20 pp.187-188

A 1 aside 2 position 3 away
4 below 5 against 6 nearby
7 among 8 indoor
B 1 above 2 outdoor 3 low
4 bottom
C 1 beside 2 straight 3 front
4 through
D 1 toward 2 across 3 middle
4 out, of 5 up, and, down

해석

B 1 나는 다리 위에 뜬 무지개를 보았다.
2 너는 하이킹을 위한 야외용 의류를 사야 한다.

3 그 벽은 넘을 수 있을 만큼 낮았다.
4 네 신발의 밑바닥에 검이 있어.

C 1 옆에
2 곡선이 없는
3 시작 지점
4 한쪽에서 다른 쪽으로

DAY 18-20
1001 Sentences Review pp.189-190

A	453 quite, outdoor	454 until, midnight
	455 None, dozen	456 bottom, each
	457 Neither, final	
B	458 nearby, across	459 weekly, time
	460 half, over	461while, through
C	462 past, through	463 Among, several
	464 straight, ahead	465 great, volume
	466 position, toward	467 a, bit, moment
	468 end, forward	469 Less, thousand
	470 across, couple	

해석

453 나는 야외 활동을 꽤 즐긴다.
454 그 파티는 자정까지 계속되었다.
455 그 12개짜리 계란 중 아무것도 깨지지 않았다.
456 각 페이지의 맨 아랫부분에 서명해 주세요.
457 그들 중 어느 한쪽도 그 마지막 경기를 보지 않았다.
458 내 생각에 버스 정류장은 이 근처, 바로 길 건너편에 있는 것 같아.
459 주간 직원회의는 제시간에 시작되었다.
460 면 위에 물 반 컵을 부어라.
461 터널을 통과해 운전할 때는 조심해라.

DAY 21 pp.197-198

A	1 camp	2 trick	3 puzzle
	4 interest	5 sew	6 riddle
	7 canvas	8 fold	
B	1 draw	2 surf	
C	1 film	2 journal	3 pleasure
	4 craft		
D	1 hiking	2 comic	3 theater
	4 leisure	5 model	

C 1 화면에 움직이는 그림들
2 한 사람의 생각을 기록한 것
3 행복과 즐거움의 감정
4 손으로 물건을 만드는 재능

DAY 22 pp.205-206

A	1 lively	2 charge	3 view
	4 passport	5 seat	6 tent
	7 abroad	8 cancel	
B	1 traveler	2 crowded	3 experienced
	4 attraction	5 including	6 arrival
C	1 sight	2 landmark	3 tour
	4 adventure		
D	1 disturb	2 led	3 guidebook
	4 booked	5 set, foot	

C 1 볼 수 있는 능력
2 한 장소에 있는 유명한 물체
3 어떤 장소를 여행하며 다니는 것
4 흥미진진하거나 위험한 경험

DAY 21-22
1001 Sentences Review pp.207-208

A	471 into, animation	
	472 drawing, canvas	
	473 camp, tent	474 travel, journal
	475 attractions, crowded	
B	476 includes, tour	477 lead, surfing
	478 leisure, model	479 book, view
	480 passport, abroad	
C	481 riddles, puzzles	
	482 guidebook, attraction	
	483 seat, theater	484 arrival, film
	485 Traveling, experiencing	
	486 lively, crowded	
	487 Hiking, adventure	
	488 charge, cancel	
	489 collection, includes	
	490 fill, check, in	

해석

471 너는 애니메이션 영화에 관심이 있니?
472 그는 캔버스에 그림 그리는 것을 즐긴다.
473 우리는 캠핑을 할 때 텐트에서 잔다.
474 나는 내 여행을 기억하기 위해 여행일지를 쓴다.
475 대부분의 관광명소는 보통 붐빈다.
476 그 가격은 도시 관광 가이드를 포함한다.
477 그녀가 우리를 최고의 서핑 장소로 이끌어 줄 거야.
478 나는 여가 시간에 모형 자동차 만드는 것을 좋아한다.
479 나는 바다가 보이는 전망의 방을 예약할 것이다.
480 해외로 여행할 때 여권이 필요하다.

DAY 23

pp.215-216

A 1 guest 2 costume 3 event
4 flag 5 envelope 6 greet
7 celebrate 8 decorate
B 1 host 2 hold
C 1 gathered 2 memorable 3 announced
4 anniversary
D 1 wrapped 2 parade 3 clapped
4 showed, up 5 named, after

해석

C 1 사람들이 불꽃놀이를 보기 위해 모여들었다.
2 그 깜짝 파티는 내게 기억할 만한 이벤트였다.
3 선생님께서 우리의 새로운 반장을 발표하셨다.
4 나는 부모님의 결혼기념일을 위해 꽃을 조금 샀다.

DAY 24

pp.223-224

A 1 goods 2 amount 3 total
4 discount 5 main 6 receipt
7 brand 8 choice
B 1 paid, paid 2 shopped, shopped
3 wasted, wasted
4 displayed, displayed
5 exchanged, exchanged
6 delivered, delivered
C 1 sale 2 straw 3 mall
4 consume
D 1 bill 2 refund 3 coupon
4 for, free 5 Try, on

해석

C 1 무언가를 파는 행위
2 음료를 마실 때 쓰이는 얇은 플라스틱 튜브
3 많은 상점이 있는 큰 건물
4 무언가를 먹거나 마시다

DAY 23-24 1001 Sentences Review

pp.225-226

A 491 try, costumes 492 flags, parade
493 invited, barbecue 494 greeted, guests
495 host, announce
B 496 shopping, mall
497 gathered, congratulate
498 event, place 499 paid, bill
500 tag, exchange
C 501 total, amount 502 display, shop
503 discount, goods
504 wrapped, decorated
505 wait, announce
506 delivered, for, free
507 anniversary, memorable
508 receipt, refund
509 main, waste
510 showed, up, clapped

해석

491 아무 의상이나 자유롭게 입어보세요.
492 퍼레이드에 많은 깃발들이 있었다.
493 그녀는 친구들을 바비큐 파티에 초대했다.
494 나는 손님들이 도착했을 때 그들을 맞이했다.
495 진행자가 곧 우승자를 발표할 것이다.
496 쇼핑센터에 쇼핑하러 가자.
497 우리는 그녀의 우승을 축하하기 위해 모였다.
498 그 행사는 다음 주 일요일에 열릴 것이다.
499 그는 신용 카드로 계산서를 지불했다.
500 상품을 교환하고 싶으시면 가격표를 제거하지 마세요.

DAY 25

pp.233-234

A 1 cheer 2 silver 3 arrow 4 round 5 competition 6 roll 7 pitch 8 rank
B 1 spun, spun 2 beat, beaten 3 slid, slid 4 shot, shot 5 punched, punched 6 tied, tied
C 1 train 2 challenge 3 gear 4 stadium
D 1 champion 2 stretched 3 whistle 4 strength 5 sweat

해석

C 1 기술이나 행동을 가르치다
2 흥미롭거나 어려운 문제나 과제
3 어떤 활동을 위한 특별한 도구나 옷
4 스포츠 행사를 위해 쓰이는 넓은 땅이나 장소

DAY 26

pp.241-242

A 1 chart 2 fame 3 live 4 widely 5 romantic 6 highlight 7 script 8 perform
B 1 act 2 pop
C 1 character 2 live 3 chart 4 critic
D 1 줄[선] 2 소문 3 음반 4 장면들 5 뒤지지 않는[따라잡는]

해석

C 1 이야기, 극, 또는 영화에 있는 인물
2 행사가 일어나는 동안 방송하는
3 그래프나 표에 있는 정보
4 음악이나 영화에 대한 자신의 생각을 말하는 사람

DAY 27

pp.249-250

A 1 ballet 2 portrait 3 unique 4 evil 5 impressive 6 modern 7 mysterious 8 instrument
B 1 original 2 fiction
C 1 wire 2 classic 3 fantasy 4 pose
D 1 artistic 2 carving 3 background 4 make, out, of 5 classical

해석

C 1 금속으로 된 얇은 실
2 뛰어남의 예시
3 상상력 또는 상상된 무언가
4 사진을 찍기 위해 서 있거나 앉아있는 방법

DAY 25-27
1001 Sentences Review

pp.251-252

A 511 portrait, impressive
512 sweat, jump
513 play, critics
514 audience, cheered
515 champion, record
B 516 best, beat 517 rumor, widely
518 chart, pop
519 silver, competition
520 strength, shoot
C 521 opera, classical 522 fame, hits
523 lines, scene 524 artistic, unique
525 ballet, stretched
526 audience, performed
527 original, came, out
528 round, punch
529 mysterious, character
530 modern, exhibition

511 그 자화상은 인상적이었다.
512 나는 줄넘기를 할 때 땀을 많이 흘린다.
513 그 연극은 비평가들에게 혹평을 받았다.
514 그 팀이 득점하자 관중들이 환호하였다.

515 그 챔피언은 세계 신기록을 세웠다.
516 나는 체스에서 그를 이기기 위해 최선을 다했다.
517 그 소문은 학교에 널리 퍼졌다.
518 그 차트는 팝 음악의 순위를 보여 준다.
519 그녀는 대회에서 은메달을 땄다.
520 화살을 쏘는 데 많은 힘이 든다.

DAY 28

pp.259-260

A 1 schedule 2 skill 3 business
4 screen 5 report 6 sign
7 career 8 interview
B 1 chief 2 key
C 1 Manage 2 clerk 3 copy
4 succeed
D 1 회사 2 고객들 3 설문 조사
4 생계를 위해 5 목적

해석

C 1 네 시간을 현명하게 관리해라.
2 그녀는 시청에서 사무원으로 일한다.
3 그 종이를 한 부 복사해 줄래?
4 절대 포기하지 마, 그러면 언젠가 성공할 거야.

DAY 29

pp.267-268

A 1 bar 2 booth 3 tower
4 exit 5 gate 6 shelter
7 cinema 8 amusement
B 1 station 2 stranger
C 1 factory 2 drugstore 3 airport
4 hometown
D 1 location 2 elevator 3 fountain
4 drop, by 5 on, our, way

해석

C 1 상품들이 만들어지는 건물
2 의약품을 파는 상점
3 비행기를 타는 장소
4 사람이 자란 마을이나 도시

DAY 28-29
1001 Sentences Review

pp.269-270

A 531 way, station 532 exit, hall
533 quit, succeed 534 copy, report
535 purpose, survey
B 536 clerk, living 537 client, sign
538 amusement, location
539 gate, fountain 540 get, airport
C 541 chief, factory
542 screen, entrance
543 used, schedule 544 skills, business
545 dropped, drugstore
546 managed, mistakes
547 elevator, tower
548 company, interview
549 presentation, client

해석

531 나는 역에 가는 길이야.
532 비상 탈출구는 복도 앞에 있습니다.
533 지금 그만두지 마, 그렇지 않으면 너는 성공하지 못할 거야.
534 이 보고서를 한 부 복사해 줄래?
535 이 설문 조사의 목적은 무엇인가요?
536 그는 생계를 위해 판매원으로 일한다.
537 우리는 고객에게 그 종이에 서명할 것을 요청했다.
538 그 놀이공원은 좋은 위치에 있다.
539 문을 열어라, 그러면 작은 분수가 보일 것이다.
540 공항에 어떻게 갈 수 있나요?

DAY 30

pp.277-278

A 1 land 2 fuel 3 limit
4 tire 5 flight 6 step
7 direction 8 sail
B 1 head 2 turn
C 1 track 2 block 3 highway
4 signal
D 1 carefully 2 speed 3 reached
4 wheel 5 pick, up

해석

C 1 기차가 이동하는 철도
2 누군가가 지나가지 못하도록 막다

3 높은 속도로 운전할 수 있는 도로
4 무언가를 보여주거나 알려주기 위한 소리 또는 행위

DAY 31

pp.285-286

A 1 cause 2 face 3 situation
4 matter 5 control 6 solution
7 fair 8 environment
B 1 noisy 2 freedom 3 society
4 balanced 5 continuous 6 necessary
C 1 major 2 decrease
3 government 4 citizen
D 1 increasing 2 pollution 3 community
4 Make, sure 5 take, care, of

해석

C 1 매우 중요하고 중대한
2 크기나 수가 작아지다
3 나라를 위한 결정을 내리는 조직
4 특정한 도시에 사는 사람

DAY 30-31 1001 Sentences Review

pp.287-288

A 550 citizen, matters 551 stuck, highway
552 steps, noise 553 focus, solution
554 landed, fuel
B 555 signal, turn 556 speed, limit
557 carefully, traffic 558 major, society
559 sure, flight
C 560 pick, up, take, care
561 continued, sail
562 necessary, step 563 face, balance
564 government, control
565 major, cause
566 tire, get, off 567 load, limit
568 highways, increases
569 wheel, carefully

해석

550 모든 시민의 의견은 중요하다.
551 우리는 고속도로에서 꼼짝 못 하고 있다.
552 그 소음 문제를 해결하기 위해 조치를 취해라.
553 해결책을 찾는 것에 집중합시다.
554 비행기는 연료 비상사태로 착륙했다.
555 (코너를) 돌기 전에 항상 신호를 기다려라.
556 제한 속도를 어기지 마. 그것은 위험해.
557 조심히 운전해라. 앞에 교통이 혼잡하다.
558 우리 사회의 주요한 문제는 뭐니?
559 반드시 네 비행기 번호를 확인해라.

DAY 32

pp.295-296

A 1 aid 2 respect 3 adopt
4 importance 5 offer 6 public
7 knock 8 movement
B 1 manner 2 raise
C 1 reuse 2 reduce 3 role
4 charity
D 1 support 2 provides 3 thoughtful
4 donates 5 turned, off

해석

C 1 무언가를 다시 사용하다
2 양이나 크기를 적게 만들다
3 어떤 상황이나 사회 속에서 맡게 되는 직업이나 역할
4 도움이 필요한 사람들을 돕는 조직

DAY 33

pp.303-304

A 1 burn 2 badly 3 danger
4 smoke 5 fire 6 hurt
7 escape 8 avoid
B 1 slippery 2 survive 3 harmful
4 safety 5 cracked 6 accident
C 1 cut 2 prevent 3 happen
4 rope
D 1 destroyed 2 sank 3 fell, down
4 stay, away 5 get, out, of

해석

C 1 베이지 않도록 조심해라.
2 건강한 식이요법은 심장병을 예방할 수 있다.
3 그 사고는 언제 일어났니?
4 밧줄이 끊어져서 그는 넘어졌다.

DAY 32-33
1001 Sentences Review pp.305-306

A 570 avoid, accidents 571 rushed, fire
572 smoke, public 573 hurt, badly
574 provides, aid
B 575 fell, slippery 576 donate, charity
577 get, escape 578 away, danger
579 smoke, safety
C 580 adopted, raised 581 reduce, recycle
582 thoughtful, offer 583 sank, survived
584 avoid, harmful
585 role, responsible 586 Thanks, donate
587 overcame, public 588 safety, prevent
589 manner, respect

해석

570 그는 사고를 피하려고 애를 썼다.
571 그들은 화재 현장으로 서둘러 갔다.
572 공공장소에서는 담배를 피우시면 안 됩니다.
573 그는 경기 중에 심하게 다쳤다.
574 그 나라는 어려운 사람들에게 도움을 제공한다.
575 나는 미끄러운 바닥에서 거의 넘어질 뻔했다.
576 그녀는 자선 단체에 자신의 오래된 옷들을 기부할 것이다.
577 비상 탈출구를 통해 이곳에서 나가자.
578 아이들에게 위험에 가까이 가지 않도록 가르쳐라.
579 안전을 위해 모든 방에 화재경보기가 있다.

DAY 34 pp.313-314

A 1 folk 2 international 3 tradition
4 language 5 local 6 wisdom
7 nod 8 opinion
B 1 globe 2 national 3 cultural
4 symbolic 5 acceptable 6 foreign
C 1 value 2 tribes 3 difference
4 myth
D 1 lasts 2 planet 3 saying
4 passed, on, to 5 stands, for

해석

C 1 그 집은 백만 달러의 가치를 가지고 있다.
2 아마존 열대우림은 많은 부족들의 집이다.
3 두 모델의 차이점이 무엇인가요?
4 나는 로마 신화의 신들에 대한 이야기를 즐겼다.

DAY 35 pp.321-322

A 1 cycle 2 zone 3 mild
4 town 5 heavy 6 sunlight
7 melt 8 sunrise
B 1 drop 2 season
C 1 capital 2 valley 3 cliff
4 continent
D 1 coast 2 thunder 3 degrees
4 polar 5 temperature

해석

C 1 폴란드의 수도가 어디인가요?
2 강은 계곡을 지나 흐른다.
3 절벽의 가장자리에 서 있는 것은 위험하다.
4 그 철도는 대륙을 동쪽에서 서쪽으로 가로지른다.

DAY 36 pp.329-330

A 1 soil 2 scenery 3 creature
4 poison 5 insect 6 root
7 cave 8 disappear
B 1 bark 2 pure
C 1 mud 2 alive 3 leap
4 shine
D 1 flows 2 exist 3 seed
4 shadow 5 footprints

해석

C 1 부드럽고 축축한 흙
2 생명을 갖고 있는, 살아있는
3 공중으로 높이 점프하다
4 밝은 빛을 내다

DAY 34-36
1001 Sentences Review pp.331-332

A 590 cultural, differences
591 roots, soil
592 foreign, language
593 rainforest, creatures
594 national, symbol

B 595 scenery, seasons 596 folk, traditions
597 melted, sunlight 598 local, forecast
599 tribe, wisdom

C 600 temperature, dropped
601 cliff, coast
602 nodded, opinion 603 myth, lightning
604 disappear, planet
605 Accept, harmony
606 storm, heavy
607 International, all, over
608 rainforest, poison
609 tribe, folk

해석

590 문화적 차이를 존중하라.
591 뿌리는 땅속 깊이 자란다.
592 외국어를 배우는 것은 재미있다.
593 열대우림은 다양한 생명체들의 서식지이다.
594 국기는 나라의 상징이다.
595 그 경치는 계절에 따라 변한다.
596 우리는 전통을 배우기 위해 민속촌을 방문했다.
597 따뜻한 햇볕 아래서 눈이 녹았다.
598 여기 지역 뉴스와 일기 예보입니다.
599 그 부족의 족장은 훌륭한 지혜를 가지고 있다.

DAY 37

pp.339-340

A	1 code	2 software	3 data
	4 switch	5 battery	6 form
	7 machine	8 information	
B	1 file	2 post	
C	1 reply	2 laptop	3 delete
	4 click		
D	1 impossible	2 automatic	3 connect
	4 select	5 search	

C 1 누군가에게 대답하다
2 가지고 다닐 수 있는 작고 가벼운 컴퓨터
3 단어나 파일 같은 것들을 삭제하다
4 마우스를 이용하여 무언가를 고르다

DAY 38

pp.347-348

A	1 closely	2 sample	3 rocket
	4 electricity	5 virus	6 technology
	7 tube	8 expand	
B	1 robotic	2 explorer	3 advanced
	4 invent	5 scientific	6 combination
C	1 improve	2 discover	3 metal
	4 bacteria		
D	1 인공	2 압박	3 실험
	4 똑똑하다	5 힘	

해석

C 1 무언가를 더 낫게 만들다
2 다른 누군가보다 먼저 찾거나 보게 되다
3 철이나 강철과 같이 단단한 물질
4 질병을 일으킬 수 있는 매우 작은 생명체들

DAY 37-38
1001 Sentences Review pp.349-350

A 610 Click, select 611 deleted, file
612 Metal, expand 613 laptop, battery
614 connect, network

B 615 samples, tubes 616 switch, machine
617 reply, post
618 technology, improving
619 electricity, cut

C 620 Delete, data
621 machine, pressure
622 switched, mobile
623 scientific, experiments
624 discover, invent 625 options, closely
626 software, viruses
627 search, information
628 Advances, technology
629 look, at, samples

해석

610 메뉴를 고르려면 클릭하시오.
611 나는 실수로 파일 하나를 삭제해 버렸다.
612 금속은 열을 받으면 팽창할 수 있다.
613 내 노트북 컴퓨터 배터리가 다 돼간다.
614 나는 와이파이 네트워크에 연결해야 한다.
615 그들은 물 샘플들을 관에 모았다.
616 그 오래된 기계를 사용하려면 이 스위치를 사용하세요.
617 나는 네 블로그에 있는 그 게시물에 답변을 남겼어.
618 로봇 기술은 나날이 개선되고 있다.
619 폭풍우가 치는 동안 전기가 끊겼다.

DAY 39

pp.357-358

A 1 trade 2 jail 3 tax
4 fee 5 rise 6 crime
7 rent 8 case
B 1 judge 2 earn
C 1 steal 2 court 3 produce
4 allowance
D 1 thief 2 law 3 chase
4 order 5 add, up

해석

C 1 자기 것이 아닌 것을 가져가다
2 판사가 결정을 내리는 장소
3 사람들이 구매하고 사용하도록 무언가를 만들어내다
4 부모님이 아이들에게 주는 돈

DAY 40

pp.365-366

A 1 treasure 2 Empire 3 army
4 royal 5 attack 6 heaven
7 faith 8 honor
B 1 spirit 2 rule
C 1 religion 2 miracle 3 historical
4 vote
D 1 전투[교전] 2 유령[귀신] 3 왕조[시대]
4 하인[부하] 5 대통령

해석

C 1 신 또는 신들을 향한 믿음
2 흔치 않거나 훌륭한 사건
3 역사나 지난 사건과 관련된
4 선거 또는 결정에 대해 선택하다

DAY 39-40
1001 Sentences Review

pp.367-368

A 630 Stealing, crime 631 chased, thief
632 pray, miracles 633 vote, president
634 judge, court
B 635 servants, royal
636 historic, treasure
637 religions, heaven
638 trade, agreement
639 up, allowance
C 640 dynasty, traded
641 honor, defended
642 battle, attacked
643 army, command
644 ruled, Empire 645 earn, tax
646 credit, rent 647 fee, case
648 jail, law

해석

630 훔치는 것은 범죄이다.
631 경찰들은 그 도둑의 뒤를 쫓았다.
632 어떤 사람들은 기적을 위해 기도한다.
633 우리는 5년마다 대통령을 뽑기 위해 투표한다.
634 판사는 법정에 나타났다.
635 그 하인들은 왕궁에서 제복을 입었다.
636 이 유적지는 국가적 보물[국보]이다.
637 어떤 종교에서는 사람들이 천국을 믿는다.
638 그 두 나라는 무역 협정에 서명했다.
639 나는 보통 용돈의 20%까지 저축한다.

INDEX

1001 sentences
VOCA

A

B

C

D

E

F

G

H

I

INDEX

J

K

L

M

N

S

T

U

V

W

Y

Z

MEMO

쎄듀런

① 구문

판매 1위 '천일문' 콘텐츠를 활용하여 정확하고 다양한 구문 학습

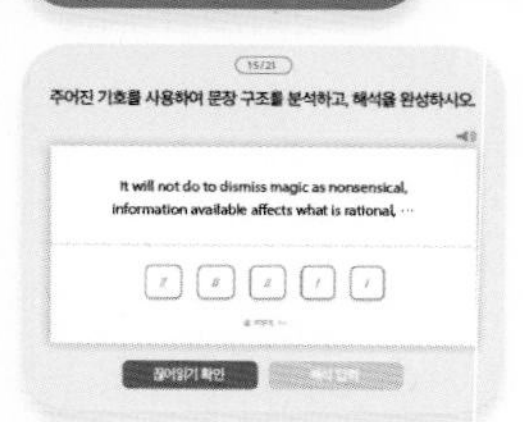
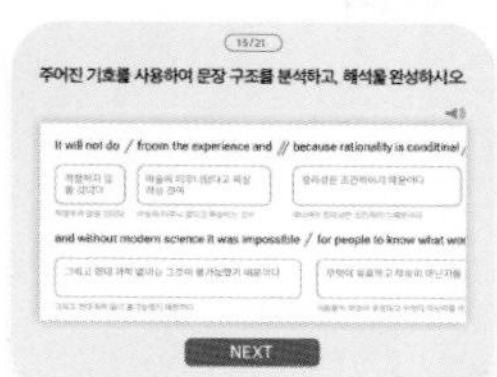

끊어읽기 | 해석하기 | 문장 구조 분석 | 해설·해석 제공 | 단어 스크램블링 | 영작하기

② 문법·서술형

쎄듀의 모든 문법 문항을 활용하여 내신까지 해결하는 정교한 문법 유형 제공

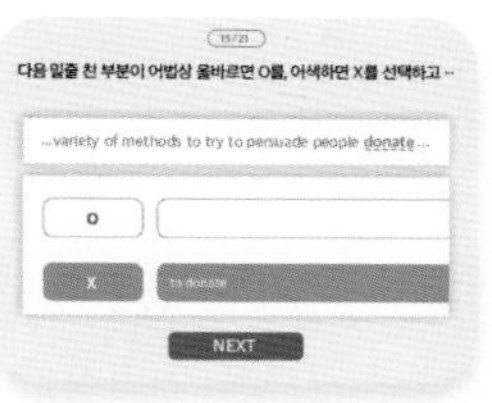
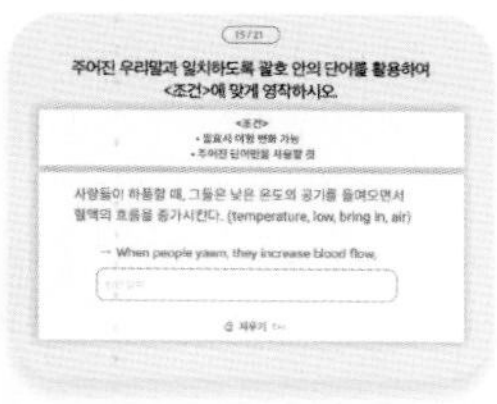
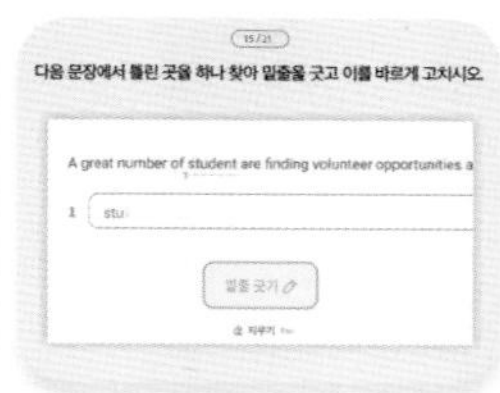

객관식과 주관식의 결합 | 문법 포인트별 학습 | 보기를 활용한 집합 문항 | 내신대비 서술형 | 어법+서술형 문제

③ 어휘

초·중·고·공무원까지 방대한 어휘량을 제공하며 오프라인 TEST 인쇄도 가능

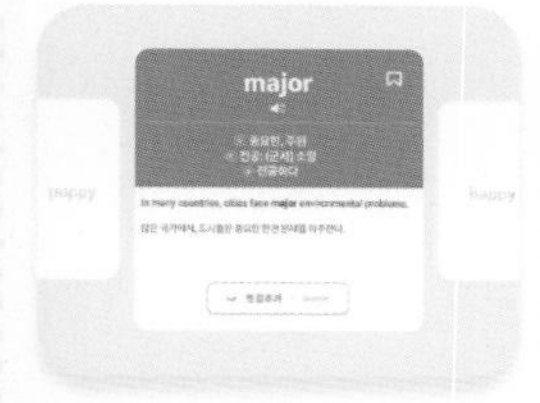
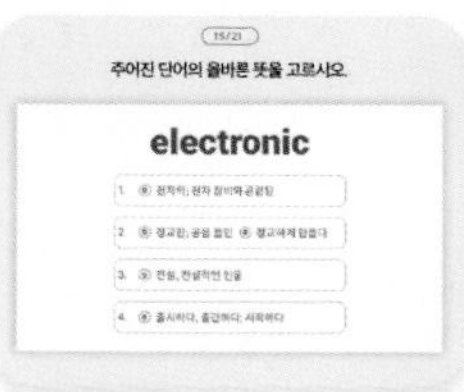
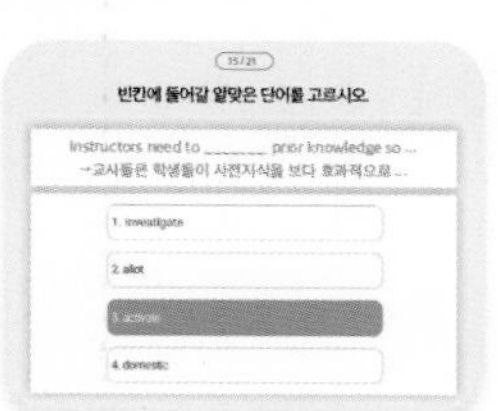
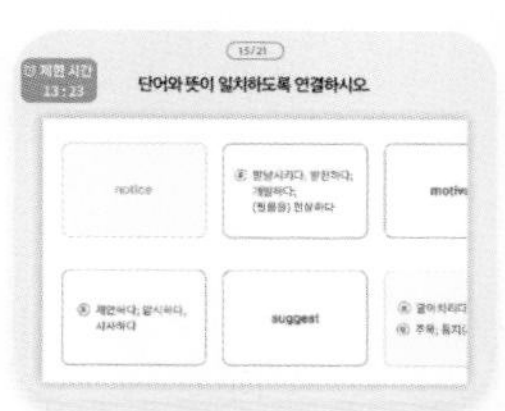

영단어 카드 학습 | 단어 ↔ 뜻 유형 | 예문 활용 유형 | 단어 매칭 게임

④ 선생님 보유 문항 이용

Online Test | OMR Test

쎄듀런 학습 정보가 궁금하다면?

쎄듀런 Cafe

· 쎄듀런 사용법 안내 & 학습법 공유
· 공지 및 문의사항 QA
· 할인 쿠폰 증정 등 이벤트 진행

1001개 문장으로 완성하는 중등 필수 영단어

천일문 VOCA

Mobile & PC 단어암기 서비스 제공

1001개 문장으로 완성하는 중등 필수 영단어

천일문 VOCA

Mobile & PC 단어암기 서비스 제공

모르겠어?

까먹을 수 없는 암기 7회독, 쎄듀런!

Mobile & PC

단어암기 서비스 제공

천일문 VOCA 단어를 암기할 때 어휘 가리개를 활용해 보세요.

모르겠어?

까먹을 수 없는 암기 7회독, 쎄듀런!

Mobile & PC

단어암기 서비스 제공

천일문 VOCA 단어를 암기할 때 어휘 가리개를 활용해 보세요.